文明互鉴
中国与世界

STUDY ON THE IMAGE OF CONFUCIUS IN THE FRENCH-SPEAKING WORLD

国家社科基金青年项目"法语世界的孔子形象研究"（17CWW003）

Study on the Image of Confucius in the French-speaking World

法语世界的
孔子形象研究

成蕾　柴立立／著

四川大学出版社
SICHUAN UNIVERSITY PRESS

图书在版编目（CIP）数据

法语世界的孔子形象研究 / 成蕾，柴立立著.
成都：四川大学出版社，2024.11. -- （文明互鉴：中国与世界 / 曹顺庆总主编）. -- ISBN 978-7-5690-7421-5

Ⅰ. B222.25

中国国家版本馆 CIP 数据核字第 2024G9N137 号

书　　名：法语世界的孔子形象研究
　　　　　Fayu Shijie de Kongzi Xingxiang Yanjiu
著　　者：成　蕾　柴立立
丛 书 名：文明互鉴：中国与世界
总 主 编：曹顺庆

出 版 人：侯宏虹
总 策 划：张宏辉
丛书策划：张宏辉　欧风偃　罗永平
选题策划：张宏辉　吴近宇
责任编辑：吴近宇
责任校对：于　俊
装帧设计：何思影
责任印制：李金兰

出版发行：四川大学出版社有限责任公司
　　　　　地址：成都市一环路南一段 24 号（610065）
　　　　　电话：（028）85408311（发行部）、85400276（总编室）
　　　　　电子邮箱：scupress@vip.163.com
　　　　　网址：https://press.scu.edu.cn
印前制作：四川胜翔数码印务设计有限公司
印刷装订：四川五洲彩印有限责任公司

成品尺寸：155 mm×235 mm
印　　张：15.625
插　　页：13
字　　数：249 千字

版　　次：2024 年 12 月 第 1 版
印　　次：2024 年 12 月 第 1 次印刷
定　　价：78.00 元

本社图书如有印装质量问题，请联系发行部调换

扫码获取数字资源

四川大学出版社
微信公众号

文明互鉴
中国与世界

总主编

曹顺庆

学术委员会（以姓名拼音为序）

Galin Tihanov	欧洲科学院院士、伦敦玛丽女王大学教授
Lucia Boldrini	欧洲科学院院士、国际比较文学学会主席、 伦敦大学教授
Steven Tötösy de Zepetnek	欧洲科学与艺术院院士、四川大学长江讲席教授
Theo D'haen	欧洲科学院院士、鲁汶大学荣休教授
曹顺庆	四川大学杰出教授、欧洲科学与艺术学院院士、 四川大学文学与新闻学院学术院长
陈晓明	北京大学教授
方维规	北京师范大学教授、欧洲科学院院士
王　宁	上海交通大学教授、欧洲科学院院士、 拉丁美洲科学院院士
周　宪	南京大学教授
朱立元	复旦大学教授

"文明互鉴：中国与世界"丛书总序

曹顺庆

世界文明的历史脉络中究竟隐藏着怎样的发展规律？作为全世界数千年唯一未曾中断的中华文明，在其中究竟扮演着何种角色？贡献了怎样的智慧？多元文明的未来发展又将以何种态势趋进？这些追问与反思，催生了我们这套"文明互鉴：中国与世界"丛书的问世。

一代有一代之学问，一代亦有一代之学人。当下正值百年未有大变局之际，中国学者更应以"中国立场，世界视野"的气魄，在讲述中国当代学术话语、引领中外学术对话中，彰显中国学术在中国式现代化文明观指导下的新气象，再现中华文明在数千年的灿烂光芒。

一、 世界文明观中的 "东方主义"

中国古籍早已有"见龙在田，天下文明"（《易·乾·文言》）、"濬哲文明，温恭允塞"（《书·舜典》）等记述，然而长期以来，"文明"概念的定义、阐释、研究，文明史的书写、文明观的塑造，都牢牢把控在西方学者的手中，"文明"概念在世界的流传实际上就是欧洲中心主义。萨义德曾提出著名的"东方主义"（Orientalism），指出在西方任何教授东方、书写东方或者研究东方的人都是具有不可避免的带有文明偏见的"东方学家"（Orientalist），西方学界的"东方主义"并不是真正地、客观地展现东方的文明、东方的美，而是充斥着强烈的殖民主义观念和西方中心主义思想。

我们先看看西方学界的文明偏见：时任英国首相亚瑟·詹姆斯·贝尔福（Arthur James Balfour）认为，"西方民族从诞生之日起就显示出具有自我治理的能力……那些经常被人们宽泛地称作'东方'的民族的整个历史，然而你却根本找不到自我治理的痕迹"，而当时英国驻埃及代表和总领事克罗默伯爵（Evelyn Baring, 1st Earl of Cromer）直接将贝尔福所说的"东方人"贬低为"臣属民族"。① 时任法国首相弗朗索瓦·基佐（François Guizot）认为："在埃及和印度，文明原则的单一性有一个不同的效果：社会陷入一种停滞状态。单一性带来了单调。国家并没有被毁灭，社会继续存在，但一动也不动，仿佛冻僵了。"② "法国是欧洲文明的中心和焦点"③。东方文明"单一性""僵滞论"深入人心。

西方哲学界最具影响力的黑格尔（Friedrich Hegel）对东方文明的诋毁，导致中国哲学、印度哲学等在西方遭遇了长达数百年的否定。黑格尔自负学富五车，但西方中心主义却主导了他的学术判断。他说，"真正的哲学是自西方开始"④，并特别指出在东方"尚找不到哲学知识"⑤，"东方思想必须排除在哲学史以外"⑥，"东方哲学本不属于我们现在所讲的题材和范围之内；我们只是附带先提到它一下。我们所以要提到它，只是为了表明何

---

① 萨义德：《东方学》，王宇根译，北京：生活·读书·新知三联书店，1999年，第40、45页。
② 基佐：《欧洲文明史》，程洪逵等译，北京：商务印书馆，2005年，第3页。
③ 基佐：《欧洲文明史》，程洪逵等译，北京：商务印书馆，2005年，第3页。
④ 黑格尔：《哲学史讲演录》第1卷，贺麟、王太庆译，北京：商务印书馆，1983年，第98页。
⑤ 黑格尔：《哲学史讲演录》第1卷，贺麟、王太庆译，北京：商务印书馆，1983年，第97页。
⑥ 黑格尔：《哲学史讲演录》第1卷，贺麟、王太庆译，北京：商务印书馆，1983年，第98页。

以我们不多讲它"①。孔子是中国的圣人，但在他眼里，"孔子和他的弟子们的谈话（《论语》），里面所讲的是一种常识道德，……在哪一个民族里都找得到，……这是毫无出色之点的东西"②。至于孟子，他认为比孔子还要次要，更不值得多提。"易经"虽然涉及哲学的抽象思想和纯粹范畴方面，但是，他认为"并不深入，只停留在最浅薄的思想里面"③。黑格尔对中华文明中的汉字、圣人、经典、哲学，无一不出诋毁之语，极尽嘲讽之能，西方文明优越感、西方中心主义昭然若揭。

当代法国著名学者德里达（Jacques Derrida）在 2000 年访华时说："中国没有哲学，只有思想。"④ 他后来解释说："哲学本质上不是一般的思想，哲学与一种有限的历史相联，与一种语言、一种古希腊的发明相联：它首先是一种古希腊的发明，其次经历了拉丁语和德语'翻译'的转化等等，它是一种欧洲形态的东西。"⑤ 黑格尔与德里达否认中国哲学的根本原因，在于其根深蒂固的西方文明优越论，认为哲学是自古希腊以来的西方的独家创造。这些看法，显然是严重的偏见。世界文明史告诉我们，哲学并非古希腊才有，印度古代哲学、中国古代哲学、阿拉伯哲学以及其他非西方哲学都是客观存在的，不容个别学者抹杀。对黑格尔的这种看法，钱锺书先生提出过严厉的批评。在《管锥编》第一册第一篇文章《论易之三名》中，钱锺书先生如此写道："黑格尔尝鄙薄吾国语文，以为不宜思辩；又自夸德语

① 黑格尔：《哲学史讲演录》第 1 卷，贺麟、王太庆译，北京：商务印书馆，1983 年，第 115 页。
② 黑格尔：《哲学史讲演录》第 1 卷，贺麟、王太庆译，北京：商务印书馆，1983 年，第 119 页。
③ 黑格尔：《哲学史讲演录》第 1 卷，贺麟、王太庆译，北京：商务印书馆，1983 年，第 120 页。
④ 王元化：《关于中西哲学与文化的对话》，《文史哲》2002 年第 2 期，第 6 页。
⑤ 德里达：《书写与差异》，张宁译，北京：生活·读书·新知三联书店，2001 年，第 9-10 页。

能冥契道妙，举"奥伏赫变"（Aufheben）为例，以相反两意融会于一字（ein und dasselbe Wort für zwei entgegengesetzte Bestimmungen），拉丁文中亦无义蕴深富尔许者。其不知汉语，不必责也；无知而掉以轻心，发为高论，又老师巨子之常态惯技，无足怪也；然而遂使东西海之名理同者如南北海之马牛风，则不得不为承学之士惜之。"[1] 美国著名学者安乐哲（Roger T. Ames）指出："我个人觉得这是一个非常简单的问题。如果说中国没有历史，这是一个笑话。一个民族、一个文明传统都有它自己的历史。如果说中国没有文化，没有文学，这是一个笑话，因为中国有杜甫、李白，有著名的文学家。同样，如果说'中国没有哲学'是根本不通的，如果哲学是追求一种智慧，为了帮助我们生活得更好，中国当然是有哲学的。西方对'哲学'有他们自己特别的理解，他们要把这个词与他们的传统联系在一起，哲学如果不是我们的，就不是哲学了，我个人认为这是一个很偏见的想法。"[2]

遗憾的是，一些东方学者也罔顾人类文明发展的历史性，追随西方偏见，遵循着西方文明优越论。例如，日本"启蒙之父"福泽谕吉（Fukuzawa Yukichi）就认为："现代世界的文明情况要以欧洲各国和美国为最文明的国家，土耳其、中国、日本等亚洲国家为半开化的国家，而非洲和澳洲的国家算是野蛮的国家……文明、半开化、野蛮这些说法是世界的通论，且为世界人民所公认。"东方文明就是在这样一个一个的"黑格尔"式的诋毁与自戕中沉沦！

乃至于21世纪，西方国家强大的军事力量、高速的经济发

---

① 钱锺书：《管锥编》，北京：中华书局，1979 年，第 1 - 2 页。
② 普庆玲：《安乐哲：说"中国没有哲学"这是一个笑话》，凤凰网国学，2018 年 6 月 26 日。http://www.chinakongzi.org/rw/zhuanlan/201807/t20180712_179929.htm。

展、迅猛的科技进步，让"西方文明优越论"有了坚实的物质基础而进一步放肆地蔓延至全球。哈佛大学著名政治学家亨廷顿（Samuel Phillips Huntington）在其《文明的冲突》中以主人公的姿态，提出了西方21世纪最有代表性、最具影响力的文明观——"文明冲突论"，认为下一次世界大战将是文明之战，文明的冲突将左右全球政治，主导未来国际关系。他公然提出："西方是而且在未来的若干年里仍将是最强大的文明"①；"世界在某种意义上是一分为二的，主要的区分存在于迄今占统治地位的西方文明和其他文明之间，然而，其他文明之间没有任何共同之处。简言之，世界是划分为一个统一的西方和一个由许多部分组成的非西方。"② 亨廷顿还宣称，"在人类生存的大部分时期，文明之间的交往是间断的或根本不存在"。这些言论基本不符合史实。

二、 世界文明史中的 "东西互鉴"

世界文明发展从古至今，生生不息，得益于文明之间的交流互鉴。西方文明自古希腊时期到文艺复兴时期、启蒙运动时期，乃至在20世纪这个被称为"西方理论的世纪"，都离不开东西方的文明互鉴，得益于东方文明的助力。遗憾的是，西方学界长期否定东方影响。值此百年未有之大变局之际，中国学者乃至整个东方学者应当站出来，以文明发展的基本史实正本清源，纠正西方文明的傲慢与偏见。

1. 东方文明是古希腊文明之源

古希腊作为地中海文明交汇的中心，在古典时代之后对西方

① 塞缪尔·亨廷顿：《文明的冲突与世界秩序的重建》，周琪等译，北京：新华出版社，1998年，第8页。
② 塞缪尔·亨廷顿：《文明的冲突与世界秩序的重建》，周琪等译，北京：新华出版社，1998年，第18页。

文明的发展与创新确实起到了突出的作用。但是，若因此将古希腊文明奉为西方文明独立生成的来源，并不客观。20世纪以来，基于大量的考古材料与典籍发现，古希腊文明与东方文明的渊源逐渐被一一揭示。例如，1996年，瑞士苏黎世大学瓦尔特·伯克特（Walter Burkert）在意大利卡·弗斯卡里大学以"希腊文化的东方语境"为主题举办了四场讲座，讲座中，伯克特以大量翔实的史料对希腊建筑、巫术、医学、文学中蕴含的东方元素进行了细致的考证和比较研究。

众所周知，全世界有四大文明古国，都具有非常古老而辉煌的文明。四大文明古国是指古苏美尔－古巴比伦（美索不达米亚）、古埃及、古代中国、古印度等四个人类文明最早诞生的地区。人类今天拥有的很多哲学、科学、文字、文学艺术等方面的知识，都可以追溯到这些古老文明的贡献。古希腊文明便是吸收古苏美尔－古巴比伦、古埃及文明孕育而成的次生文明。以文字为例，古希腊文字并非古希腊人原创，而是来源于亚洲腓尼基字母，而腓尼基字母又是从古苏美尔－古巴比伦楔形文字学习过来的，是腓尼基人在古苏美尔－古巴比伦楔形字基础上，将原来的几十个简单的象形字字母化而形成，时间约在公元前1500年左右。公元前8世纪，古希腊人在学习腓尼基字母的基础上，加上元音而发展形成古希腊字母，并在古希腊字母的基础上，形成了拉丁字母。古希腊字母和拉丁字母后来成为西方国家字母的基础。古希腊的青铜器来自古两河文明，古希腊的巨石建筑是向古埃及学习的。早期埃及与早期希腊文明的交往有两个高峰期，第一次是在埃及的喜克索斯王朝时期（约公元前1650至前1550年），第二次是在埃及的新王国时期（约公元前1550至前1069

年），也就是希腊的迈锡尼时期。① 希罗多德（Herodotus）曾在著作《历史》（*Histories*）一书中客观评述了东方文化对希腊的影响，他甚至认为东方是一切文化和智慧的源泉。他指出埃及的太阳历优于希腊历法，希腊的字母来自腓尼基②，希腊人使用的日晷来源于巴比伦文明，希腊神话中的名字都是从埃及引进以及阿玛西斯统治阶段埃及对于希腊人的优待，从法律到建筑无一不是希腊人向埃及人学习的成果。③ 被称为欧洲最早的古代文明、作为希腊古典文明先驱的"米诺斯文明"，也明显有埃及的影响。早期希腊文明与埃及、腓尼基的文明交流，丰富了希腊科学、语言、文学、建筑、天文等诸方面的知识，奠定了古希腊文明成为西方文明源头的基底。

2. 欧洲文艺复兴对阿拉伯文明的互鉴

不仅古希腊文明的起源是文明互鉴的成果，西方的文艺复兴亦是文明互鉴的结果。西方文明史中基本上不提西欧学习阿拉伯文明的 200 年历史，这或许是因为他们不愿意彰显他们引以为傲的伟大文艺复兴居然其源头是东方的阿拉伯文明。研治阿拉伯文学的美国学者菲利浦·希提（Philip K. Hitti）在其著作《阿拉伯通史》中指出："在 8 世纪中叶到 13 世纪初这一时期，说阿拉伯语的人民，是全世界文化和文明的火炬的主要举起者。古代科学和哲学的重新发现，修订增补，承先启后，这些工作，都要归功于他们，有了他们的努力，西欧的文艺复兴才有可能。"④

① 郭丹彤：《古代埃及文明与希腊文明的交流互鉴》，《光明日报》，2019 年 1 月 14 日，第 14 版。

② 希罗多德：《历史》（下册），王以铸译，北京：商务印书馆，2009 年，第 434－435 页。原文为："这些和卡得莫司一道来的腓尼基人定居在这个地方，他们把许多知识带给了希腊人，特别是我认为希腊人一直不知道的一套字母……这些字母正是腓尼基人给带到希腊来的。"

③ 希罗多德：《历史》（下册），王以铸译，北京：商务印书馆，2009 年，第 221 页。

④ 希提：《阿拉伯通史》（上册），马坚译，北京：商务印书馆，1979 年，第 664 页。

阿拉伯人保存了古希腊罗马众多珍贵文献，通过"翻译反哺"，促成了文艺复兴运动。之所以说阿拉伯文明唤醒西方，是因为如果没有阿拉伯的文明唤醒，欧洲的文艺复兴不可能产生，而如果没有文艺复兴运动，西方近现代的思想启蒙和科学文化发展以及文明进步或许根本不会发生。

众所周知，欧洲中世纪被称为黑暗的世纪，昔日璀璨的古希腊罗马文化艺术黯然跌落神坛，近乎殆灭，却是横跨欧亚非三大洲的阿拉伯帝国的辉煌时期，是阿拉伯文化大为兴盛之时。阿拉伯虚心向古希腊罗马文化学习，甚至向中国大唐文化学习。穆罕穆德发出"学问虽远在中国，亦当求之"的感叹。阿拔斯王朝（公元 750～1258 年）时期更是出现了"百年翻译运动"的盛况，最为著名的便是哈利发麦蒙时期的"智慧宫"，全国学者齐聚巴格达，将柏拉图、亚里士多德等人的哲学著作，托勒密、欧几里德、阿基米德的天文、数学著作，盖伦、希波克拉底的医学著作尽数翻译为阿拉伯文。例如医学家盖伦的希腊文解剖学 7 册原本早已散佚，幸而翻译为阿拉伯文才得以流传。到了 11 世纪前后，阿拉伯文明对古希腊罗马时期人文、科学文献的保存再一次反哺西方。文明互鉴大大促进了西方文明的复兴。在西班牙的托莱多，曾经翻译为阿拉伯文的古希腊哲学、医学、数学等著作被译为拉丁文引入西欧。这场"二次翻译"直接影响了西欧文艺复兴运动的兴起。

阿拉伯不仅是一间古希腊文明的"藏书阁"，其自身的文明传统亦光照了欧洲的人文、科学领域。希提认为，"意大利的诗歌、文学、音乐，在普罗旺斯和阿拉伯的影响下，开始欣欣向荣"①"穆斯林的几种天文学著作，先后译成拉丁语，传入欧洲，

① 希提：《阿拉伯通史》（上册），马坚译，北京：商务印书馆，1979 年，第733 页。

特别是西班牙，对于基督教欧洲天文学的发展，起了决定性的作用"①，诸如等等。西方文学经典如《神曲》《十日谈》《坎特伯雷故事集》皆有《一千零一夜》的影子；白塔尼的天文著作传入西欧后被奉为"权威著作"，哥白尼也受到了阿拉伯学者的启发，他在《天体运行论》一书中多处引证白塔尼的著作和观点。阿拉伯人的数学也是进一步奠定了文艺复兴时期欧洲大学的数学基础，阿尔·花剌子模（Al-Khwarizmi）以印度数学改革计算方式，成为世界"代数之父"，其著作《积分和方程计算法》长期为欧洲各大院校所用。今天人们所说的"阿拉伯数字"，实际上是印度人发明的数字，也是经阿拉伯人传入欧洲的。文艺复兴被称为是西方从"黑暗"走向"光明"的重要阶段，对这个过程，阿拉伯文明、东方文明功甚大矣。

3. 西方现当代哲学和中国哲学的互鉴

必须承认，近代以来，西方文明功不可没，对全人类文明做出了巨大贡献。即便如此，在表面上西方文化一家独大的现象下，文明互鉴、文明交流依然是人类文明发展的主流和基本脉络。例如，当代西方哲学与文论，尤其是现象学、阐释学、解构主义，海德格尔、迦达默尔、德里达等西方哲学与文论大家，在当下中国学术界走红。不少人甚至认为，当代西方哲学与文论，就是西方文明的自成一家的独创，就是西方文明高于东方文明的标志，但实际上，如此受人崇拜的当代西方哲学与文论，依然是文明互鉴、文明交流的结果。

例如海德格尔（Martin Heidegger）作为西方 20 世纪影响力最为深远的哲学家、思想家之一，其哲学思想在中国是哲学研究的热点、焦点，但鲜为人知的事实是，中国的老子哲学催生了海

_____

① 希提：《阿拉伯通史》（上册），马坚译，北京：商务印书馆，1979 年，第445 页。

德格尔关于存在问题（the Question of Being）的思考，使他成为西方形而上学的最终克服者。德国学者波格勒（O. Poggeler）说："对于海德格尔，《老子》成了一个前行路上的避难所。"①奥地利汉学家格拉姆·帕克斯（Graham Parkes）首先表明了通过亚洲思想去理解海德格尔的必要性。葛瑞汉认为，如果将海德格尔的思想带入一种与之完全相异的文化共鸣中深入考虑，那么海德格尔宣称自己是西方第一位克服形而上学传统的思想者的这一论断值得被严肃对待。② 海德格尔之所以能有如此成就，是他对东方思想、对中国哲学的借鉴与吸收后的学术创新。伽达默尔也曾说过，研究海德格尔必须在其作品与亚洲哲学之间进行严肃的比较。③ 众所周知，长期以来，西方的 Being，就是"存在"、"是"、"有"。但是，海德格尔提出：Being 不仅仅是"有"，而且还应当包括"无"。这是一个石破天惊的"开启"！（re-open the question of Being），是对西方形而上学的最终克服。然而，是什么东西导致海德格尔认为是自己首先重新开启存在问题的？事实上，是东方思想，尤其是《老子》的有无相生的思想。2000年由克罗斯特曼出版社（Vittorio Klostermann）出版的《海德格尔全集》第 75 卷中有一篇写于 1943 年的文章，题为"诗人的独特性"，探讨荷尔德林诗作的思想意义，文中引用了《老子》第十一章论述"有无相生"观点的全文："三十辐共一毂，当其无，有车之用。埏埴以为器，当其无，有器之用。凿户牖以为室，当其无，有室之用。故有之以为利，无之以为用。"④ 这是老子"有无相生"最典型的论述。海德格尔汲取了老子的有无

---

① 波格勒，张祥龙：《再论海德格尔与老子》，《世界哲学》2004 年第 2 期。

② Parkes, Graham, ed. *Heidegger and Asian thought*. Honolulu：University of Hawaii Press, 1987. pp. 1-2.

③ Parkes, Graham, ed. *Heidegger and Asian thought*. p. 5.

④ Martin Heidegger. "Die Einzigheit des Dichters", *Gesamtausg abe（Zu Hoelderlin-Griechenlandreisen）Band* 75. Frankfurt am Main：Vittorio Klostermann, 2000. p. 43.

相生思想，创新性地提出：存在者自身的存在不"是"——存在者。[①] 指出虚无也是存在的特征，更明确地说："存在：虚无：同一（Being：Nothing：The Same）。"[②] 因此，"存在的意义"问题同时也是对无的意义的探寻。但此种虚无既非绝对的空无（empty nothing），亦非无意义的无（nugatory nothing）。在海德格尔那里，"存在：虚无：同一"之无，是"存在之无"（the Nothing of Being），无从属于存在。显然，海德格尔的思想创新汲取了《老子》有无共生、虚实相生的思想的。据相关统计，海德格尔至少在 13 个地方引用了《老子》《庄子》德文译本中的一些段落。在《思想的基本原则》中，海德格尔引用《老子》第二十八章中的"知其白，守其黑"[③]，希望以此探明逻辑（Logic）在道（tao）、逻各斯（logos）以及他的基本语词"事件"（Erieignis）之间的位置；在谈论技术问题时，海德格尔将荷尔德林后期的诗作《思念》中的"暗光"与《老子》第二十八章雌雄、黑白、荣辱一体的教诲结合，不主张向前现代或前技术世界的回归，而是试图将人类的这种现代世界带上一条生息之路。海德格尔探讨了时间、存在的意义和存在的真理。在海德格尔那里，时间转入永恒，而永恒不再是"永恒"（aeternitas）或"不朽"（sempiternitas），不再是永恒回归或永恒意志，而是安置于宁静的沉默之中的流变，因此他将《老子》第十五章的两句话摘录在他的工作室墙壁上作为装饰——孰能浊以静之徐清，孰能安以动之徐生。20 世纪被称为是西方批评理论的世纪，现象学、解构主义、新批评、意象派、精神分析、生态主义等成为席卷世界理论场域

① Martin Heideger. *Sein und Zeit*. Tübingen：Max Niemeyer Verlag, 1967. p. 4.

② Martin Heidegger. *Four seminars*. Bloomington & Indianapolis：Indiana University Press, 2012. p. 58.

③ Martin Heidegger "Grundsätze des Denkens. Freiburger Vorträge", *Gesamtausg abe*（*Bremer und FreiburgerVorträge*）*Band* 79. Frankfurt am Main：Vittorio Klostermann, 2000. p. 93.

的弄潮儿，但是这些看似极具创新的西方理论都曾向中国哲学学习。

三、"文明互鉴：中国与世界" 丛书的初心愿景

自从人类文明产生以来，世界各民族、国家以其各自独特的生存环境和特定的文化传统生成了多元的文明形态。这些文明形态通过交流、融合推动人类文明的时代发展，文明之间并不是"冲突""终结"的关系，而是和合共生、紧密相连。古语曾言，"万物并育而不相害，道并行而不相悖""夫物之不齐，物之情也"。文明之间不存在阶级、民族之间的等级差异，"文明互鉴"自古至今都是人类文明发展的基本规律，这一规律虽然在现当代以来的"西方言说"下被短暂地遮蔽起来，但是在未来的文明书写、文明研究中需要世界学者远望历史长河去重新认识、探索、还原。在这一过程中，中国学者实是责无旁贷。这也正是"文明互鉴：中国与世界"丛书的初心所在。

"文明互鉴：中国与世界"丛书围绕"文明互鉴"主题，立足中国，放眼世界，依托四川大学"双一流"建设重点学科群"中国语言文学与中华文化全球传播"和国家级重点学科比较文学研究基地，以四川大学 2035 创新先导计划"文明互鉴与全球治理"项目为支撑，着力以跨文明对话及比较研究范式为主体，采取分辑分系列分批次策划出版的形式，持续汇聚国内外高等院校及研究机构广大专家学者相关领域最新成果，反映国内外比较文学研究、比较诗学建设、世界文学研究、跨文明的文化研究、中华文化的现代诠释与全球传播、海外中国学等方面前沿性问题及创新发展，致力打造成较为系统地从比较文学与世界文学学科视角研究世界文明互鉴交流及人类命运共同体的丛书，希望能对推进中国特色哲学社会科学和中国自主知识体系建设，面向世界

构建中国理论与中国话语，对传承发展中华优秀传统文化，促进中华民族现代文明建设，对推动中国立场的"世界文明史""人类文明史"构建，推进世界文明交流互鉴和人类命运共同体建设等，发挥应有的作用，作出积极的贡献。

"文明互鉴：中国与世界"系列丛书自 2022 年开始策划启动。目前，丛书第一辑 15 种已经全部完成出版，产生了良好社会反响，其中部份图书已实现版权输出到海外知名出版机构启动英文版的出版；第二辑 10 余种图书，汇聚了包括美国科学院院士、哈佛大学达姆罗什（David Damrosch）教授关注东方史诗《吉尔伽美什》的著作——《尘封的书籍：伟大史诗〈吉尔伽美什〉的遗失与重新发现》（*The Buried Book: The Loss and Rediscovery of* the Great Epic of Gilgamesh）中文版首译本——在内的国内外著名学者的著作，以及多个国家社科基金项目成果，将陆续出版。本丛书从第一辑到第二辑，无论是分析阐释中华文化人物的海外传播与书写、英语世界的中国文学与艺术研究、海外汉学研究，是梳理论述当代中国文学中的世界因素、文学与全球化、东亚文化圈的文学互动、比较文学研究范式，还是创新探讨重写文明史、文化异质的现代性与诗性阐释、语际书写中的中国形象建构，是书写人类古老史诗的跨文明传播，是开展中西传统思想汇通互释，是构建跨国诗学等，尽管话题多样，视角各异，层面有别，但这些著作皆坚持中国立场与世界视野的辩证统一、宏观立意与微观考辨的有机结合、理论创新与批判思维的相互融通，部分作品更是凸显了中国话语在世界文学中的流变谱系和价值共识，归纳了"中国故事"走向世界的方法论，补益了"中国文化走出去"的时代战略，体现了立足时代的政治自觉、学术创新的学理自觉与话语传播的实践自觉。

"文明互鉴：中国与世界"系列丛书在出版筹备的过程中，得到了国内外多位院士、著名学者的大力支持与指导，欧洲科学院院士、比利时鲁汶大学荣休教授 Theo D'haen，欧洲科学院院士、英国伦敦玛丽女王大学教授 Galin Tihanov，欧洲科学与艺术院院士、四川大学长江讲席教授 Steven Tötösy de Zepetnek，欧洲科学院院士、拉丁美洲科学院院士、上海交通大学教授王宁，北京大学陈晓明教授、复旦大学朱立元教授、北京师范大学方维规教授、南京大学周宪教授等，欣然应允担任丛书学术委员。自第二辑起，包括上述院士、著名学者在内的"文明互鉴：中国与世界"丛书学术委员会正式成立，丛书开始实现更有组织、更具学术统筹性的出版。

"文明互鉴：中国与世界"系列丛书自启动策划出版以来，包括丛书学术委员会委员在内的国内外广大比较文学学者慷慨加盟，惠赐佳作；四川大学出版社总编张宏辉、社长侯宏虹，以及出版社相关同仁为丛书的策划筹措、精心打造以及各书的编辑审校、出版发行、宣传推广等奔走辛劳；四川省新闻出版局也对此丛书的出版给以大力支持，第一辑、第二辑均被列为四川省重点出版规划项目，并获得四川省重点出版项目专项补助资金资助。在此一并致谢！

面向未来，"文明互鉴：中国与世界"系列丛书的出版将尝试探索与相关专业机构、出版平台的合作模式，将更多面向读者大众期待，不断推出精品力作。欢迎国内外专家学者和广大学术爱好者关注本丛书、加盟本丛书，围绕"文明互鉴：中国与世界"这一主题展开探讨与书写。希望在大家的关心支持下，"文明互鉴：中国与世界"系列丛书一辑比一辑涵盖更多学科论域和更宽泛、更多维的研究类型，不断涉足更多前沿理论探讨或热点话题。

文明互鉴，中国与世界，路漫漫其修远，士不可不弘毅，任重而道远！

2024 年 9 月 27 日定稿于锦丽园

目　录

绪

论

近年来，学界越来越关注对中国和中国文化海外形象的研究，已有一些相关研究成果。总的来说，这些成果具有如下特点。首先，以"海外的中国形象"为研究对象的居多。21 世纪以来，随着中国的国际地位进一步提升，海外中国学研究已成为一个主流话题，这一领域早期颇有影响力的成果是以域外"中国形象"为研究对象的理论探讨和案例分析。然而，"中国形象"是一个内涵丰富、包罗多个层面和角度的复杂话题，随着海外中国学的发展，将这个话题细分化和具体化是一个必然趋势。其次，已有的成果中，"西方"或"海外"这一范围基本都指向以美国为代表的英语国家，实际上这一范围过于笼统。由于文化起源、历史发展等原因，欧洲不同国家之间、欧洲国家与北美洲国家之间在文化传统、思维方式上都有区别，对某些具体问题的看法甚至相异。

因此，本书涉及的两个关键词"法语世界"与"孔子形象"，在研究范围和研究对象上都有待拓荒，且有广阔的研究空间。法语世界对孔子和儒家文化的关注始于欧洲早期来华耶稣会传教士，此后历经四五个世纪，关注群体又经历了从欧洲启蒙思想家、学院派汉学家，再到后来的普通学者和大众群体的转变，直至当前，孔子和儒家思想在法语世界已是家喻户晓的名词。从可以考证的文献著作来看，法语世界对孔子的研究成果始于 17 世纪。欧洲人最早认识孔子的途径，是通过早期进入中国的耶稣会传教士们。16 世纪晚期，传教士开始进入中国，此后长达一个世纪间他们了解、认识、学习中国文化，并将以"四书"为代表的中国文化典籍翻译成拉丁语介绍给欧洲，所以欧洲人最先接触到的有关孔子学说和思想的作品是用拉丁语完成的，直至 1688 年才有了用法语出版的孔子研究著作。17 世纪末期起，一些重要的介绍或研究孔子及孔子学说的法语著作在欧洲相继出版问世，具体以 1688 年伯尔尼埃（François Bernier）在巴黎出版的《孔子：君子之道》（*Confucius ou la science des Princes*）和德·拉布吕尼（Jean de La Brune）在比利时出版的《中国哲学家孔子的道德论》（*la Morale de Confucius, philosophe de la Chine*）为代表。几个世纪间，法国逐渐成为世界汉学中心，名载史册的汉学家辈出，他们对中国的关注始于孔子，也绕不开孔子，他们通过丰硕的研究成果向其他国家和地区介绍孔子，从不同侧面为法语读者们勾勒出越来越清晰的孔子形象。如今，法语世界的孔子形象的传播已十分多元化。学者们的研究成果可观，形式也越来越多样化：2000 年以来的二十多年间，以"孔子"为主题、主要介绍孔子及其思想的法语出版物有近 50 部，形式多样，包括儒家典籍译本、学术著作、大众普及类读物、小说、漫画等。此外，音像制品也成为一个新的传播种类，一些出版社发行了孔子纪录片、孔子箴言有声读物等。这些丰富又不尽相同的各类作品中勾勒出的孔子形象，反映了法语世界关注中国的视角。

近年来，国内学术界已有一些主题为"孔子与法国"的研究成果，它们对孔子文化在法语世界的传播研究贡献颇多，但目前尚未有关于法语世界孔子形象的研究。已有的研究或从译介的角度，分析孔子思想文化典籍在法国的传播情况，或分析总结孔子及其学说对法国某一时期的影响。总体看来，此领域的研究还有很大拓展空间。第一，之前的研究对象较为零散，未成系统。如已有的译介研究中仅涉及少量典籍。第二，研究成果单一，基本为期刊论文。第三，研究资料来源单一，且稍显陈旧。已有的成果大都基于孔子思想原典，以及后世对这些典籍的注疏、阐释、评论资料，法语国家的大众文献资料鲜有人关注。第四，研究方法和视角略显刻板。传统的研究多采用文学或翻译学领域的方法，而跨学科的研究方法，例如传播学、人类学、社会学等学科已经被广泛运用的研究方法却少有人问津。

　　由于"形象"这一概念的复杂性，加之不同法语国家和地区各自的文化也有如万花筒，折射出的孔子形象丰富多彩，存在于不同侧面和层面，如果不加以系统归类和界定，难免会显得杂乱。有鉴于此，本书将关注点主要投向法语世界孔子研究的出版物，在已有研究的基础上，通过对主要法语国家的孔子文化研究资料做一全面系统梳理，以多元视角对法语世界的孔子形象进行历史考察和现实定位。本书的研究既可丰富"孔子的海外形象"研究，同时也可全面系统整理"儒家文化在法语世界的影响和传播"研究。通过对 17 世纪至今法语世界中作为"他者"的孔子形象作历史考证与现实定位研究，本书期冀定义出自主要法语国家的由（译本、研究资料、大众读物的）著（编、译）者特殊感受创造出的作为中国传统文化代表的孔子形象。研究资料主要包括 1688 年至今在法语国家出版，用法语撰写的以下资料：一，代表孔子思想的典籍的法语译本；二，有关孔子生平、孔子思想的研究性著作资料；三，有关孔子及其思想的大众出版物，包括图书、音像制品等。

　　本书拟以时间为线索，整理分析各时期主要法语国家和地区的文献资料，重点关注两方面因素：第一，时代特征；第二，同一历史时期不同文化背景的国家，包括作为"他者"的中国和作为"关注者"的法语国家。通过以上分析整理出孔子形象在主要法语国家和地区的变迁主线，最后着眼于当前即 21 世纪以来法语世界的孔子形象。在历时性的论述过程中也将引入中国与法国、加拿大等法语国家的关系这一重要且宏大的背景，力求史论结合，纵横呼应，多维度、全方位地展现法语世界的孔子形象。本书涉及的时间范围涵盖以下五个时期。

　　第一个时期为 16 至 17 世纪。这个时期法国人心中的孔子是通过间接了解或道听途说而得的一个模糊形象。在这个时期的中西文化交流中，欧洲传教士来到中国，了解学习中国文化，翻译儒家经典作品，使孔子文化流传至欧洲。

第二个时期为 18 世纪。孔子文化在这一时期的欧洲掀起了一股"中国热"：18 世纪正处于启蒙运动如火如荼的时期，而由早期耶稣会传教士带来的中国儒家文化与道德哲学成为他们攻击欧洲传统宗教文化的有力武器。孔子宣扬的人本主义和开明政治在欧洲掀起了轩然大波，成为他们竞相研读的范本，其中伏尔泰对孔子的崇拜最引人注目。

第三个时期为 19 世纪。19 世纪初期延续了 18 世纪的狂热，之后便有所冷却。随着西方国家对中国了解的增加，加上中国社会自身也经历着内忧外患（如鸦片战争），这一时期孔子形象不再正面光辉，孔子文化反而成了落后、愚昧的代表。尽管如此，在前期接受的基础上还是产生了一些重要的"四书"法译本，如 1846 年鲍狄耶（M. G. Pauthier）翻译的《四书》（*Confucius et Mencius, les quatre livre de philosophie morale et politique de la Chine*）、1895 年顾赛芬（Séraphin Couvreur）的"四书"译本（*Les Quatre livres*）相继出版问世。

第四个时期是 20 世纪。这个世纪是孔子文化在法语国家全面开花的时期，法国更加巩固了自己作为世界汉学中心的地位。20 世纪前期和中期，随着 19 世纪出版的"四书"经典法译本的不断再版重印，欧洲法语区（主要是法国）出现了大量介绍孔子文化的作品。其中有汉学家的研究性著作如 1956 年出版的艾田蒲（René Étiemble）所著的《孔子》（*Confucius*），而数量更多的是更加大众化的普及性、介绍性读物，有些作者还在书中节译或简译了一些"四书"中的段落语句，让读者更直观地了解孔子思想。这类大众化书籍的数量之多、再版之勤，充分显示出法语国家的读者对孔子文化的接受程度之高。随着孔子文化在法国得到全面普及，20 世纪末开始，法国又陆续出版了一些新的儒家典籍法译本；同时，法国主要媒体报刊上开始出现关于孔子文化的评论性文章。

21 世纪以来，中外文化交流进入了新的时期，即第五个时期。中国在经济、政治、文化各方面的国际影响力日益增强，孔子文化在法语世界的传播持续深广、形式多样，如孔子学院、孔子课堂的设立，孔子形象越来越丰富。在法国，20 世纪后期开始出现的孔子文化的"接受热"持续高涨，不断推出新的典籍法译本，大众读物种类也越来越丰富，出现了如箴言集、漫画、绘本等读者面越来越广的书籍。同时，由于国家间的文化关系越来越密不可分，在加拿大魁北克省也出版了一些重要的介绍研究孔子文化的著作。

本书主要关注孔子形象的"注视者"对孔子文化的创造式阅读和接受，即孔子形象在接受国的"变异"。因为法语世界的孔子形象不是要再现孔子在中国本土的真实形象，而是一种主观与客观、情感与思想混合而成的产物，是偏离了客观存在的"他者"形象。因此异域孔子形象研究是一种"集体表象"的研究，是对异域社会集体文化心理的研究。孔子形象在法语世界的形成过程，实际上是"注视方"即法语世界以自我的文化观念模式对他者的历史文化现实进行变异的过程。因此，异域形象研究在两个方向上显示其特征：首先是跨学科性，它处于文学、历史学、社会学、民族心理学几个领域的交叉口上；其次是涉及诸多文学理论，特别是接受学和符号学等。因此本书纵横于这两个方向，具体分两种研究方法：文本外部研究和文本内部研究。

本书的创新之处有三。第一，研究视角创新。之前对孔子形象的研究主要是针对拉丁语、英语世界的研究，本书拟进行的是法语世界的孔子形象的系统研究，尚属首例。第二，研究材料上的新贡献。本书所有的文献资料均为法语原文、一手资料，保障了研究工作的科学性、真实性。第三，研究系统化。之前对法语世界的孔子文化研究成果多未成体系，本书首开先河，从时间上和涉及的国家地区范围上，均属成体系的研究。

形象学研究的主要困难在于找到"想象他者"时所特有的规律、原则和惯例。本书涉及的时间跨度大，需要对近五个世纪以来主要法语国家与孔子形象相关的"社会集体想象物"做梳理研究，因此本书的难点在于如何从浩瀚的研究素材中把握孔子形象在法语国家产生、变异的规律及文化运作机制；不同研究领域的人士，如何在不同类型的文本中表述孔子；各类文本如何相互参照、对应、协作、共同传播；如何形成一整套描述孔子的话语，该话语又如何造就了孔子形象的产生。通过历时性考察，本书试图回答以下问题：孔子形象是如何产生的？孔子形象在法语世界的话语系统中是如何延续或变迁的？孔子形象是否在域外的异质文化土壤中产生了扭曲、变形乃至变异？孔子形象是法语国家看待中国文化的聚焦点，孔子形象研究的最终目标是反观中国文化走向法语世界的战略。

因此，本书不仅具有学术价值，也有现实指导意义。首先，本书为中国在法语国家的文化软实力建构和彰显提供参考。法语国家在国际舞台的影响力不容忽视，法语是联合国、欧盟的官方语言，是全世界约 9000 万人的母语，近 3 亿人的第二语言。法语世界最主要的国家法国也是第一个与中国建立大使级外交关系的西方大国。同时，本书也希望为中国在国际政治舞台中的形象构建提供参考。长期以来，中国"威胁"论和中国"机遇"论两种话语一直是西方评述中国的主要视角。实际上这两种话语均不是基于对中国的客观认知，而是西方将中国视为"他者"而构筑出的符合西方国家需要的中国形象。实际上，作为中国传统文化精髓的孔子文化的主要精神之一就是谦逊、崇"和"的道德哲学。本书研究的就是异于这种真实形象的"他者"形象的产生及其这种话语模式的延续。

第一章

形象研究：方法与视角

形象研究是比较文学研究的重要话题。比较文学形象学中探讨的形象是指一个民族对于其他民族的想象，或是关于异国的总体印象。本书对法语世界中孔子形象的研究，是法语世界对异国典型形象的研究，由于中国与法语世界的文化异质性，本书的研究又是一个典型的跨文化研究。法语世界的孔子形象演变是一个跨时间、跨空间的动态历史过程：一方面，从形象本身来说，孔子在本土即在中国的形象是动态的，另一方面，从形象的接受者来说，法语世界的历史背景和社会心理也是动态的。同时，由于国家间交流往来的畅通性和有效性受到历史环境、科技水平尤其是交通条件等因素限制，某一相同历史时期孔子在本土的形象是否对等传播和影响到法语世界，这也是一个值得探讨的话题。总之，诸多因素影响了孔子形象在法语世界的演变，厘清我们的研究方法和关注视角，是本书需要解决的基本问题。

第一节
形象研究的方法论溯源

形象学研究的相关理论在 20 世纪晚期的法国得到明确与发展。达尼埃尔－亨利·巴柔（Daniel-Henri Pageaux，1939—）在《从文化形象到集体形象物》一文中提出了当代形象学研究的基本原则，对他者形象进行了定义，即"在文学化，同时也是社会化的过程中得到的对异国认识的总和"①。后来巴柔进一步指出："一切形象都源于对自我与他者，本土与异域关系的自觉意识之中，即使这种意识是十分微弱的。因此，形象即为对两种类型文化现实间的差距所做的文学的或非文学的，且能说明符指关系的表述。"② 后来，让－马克•莫拉（Jean-Marc Moura）的《试论文学形象学的研究史及方法论》一文对当代形象学相关理论作出了清晰的归纳总结。

我国著名形象学研究学者孟华教授认为，与传统研究相比，当代形象学研究有如下的突破和发展。③

第一，注重"自我"与"他者"的互动性。受到 20 世纪以来西方各学科思想发展的影响，巴柔在定义形象学时总结描述了"自我"与"他者"的关系。他对这两者的关系描述十分精辟，他认为，"自我"与"他者"的关系，如同"本土与异域"的关系，这两组关系都是互相影响的二元对立关系，"自我"在注视着"他者"，他者形象中也传递了注视者的某种形象。于是在比较文学形象学研究中，文学中的异国形象不再仅仅是对异国中这一形象的简单复现式描写，而是被放置于"自我"与"他者"、"本土"与"异域"的二元对立关系中来进行研究。

---

① 转引自孟华主编：《比较文学形象学》，北京：北京大学出版社，2001 年，第 4 页。这段话的法语原文为："（...）l'image «littéraire» est envisagée comme un ensemble d'idées sur l'étranger prises dans un processus de littérarisation mais aussi de socialisation." 原文见 *De l'imagerie culturelle à l'imaginaire*, par Daniel-Henri Pageaux, 收录于 Pierre Brunel et Yves Chevrel, *Précis de littérature comparée*, Paris：Presses Universitaires de France, 1989.

② 转引自孟华主编：《比较文学形象学》，北京：北京大学出版社，2001 年，第 4 页。这段话的法语原文为："（...）toute image procède d'une prise de conscience, si minime soit-elle, d'un Je par rapport à un Autre, d'un Ici par rapport à un Ailleurs. l'image est donc l'expression, littéraire ou non, d'un écart significatif entre deux ordres de réalité culturelle." 原文见：PAGEAUX（Daniel-Henri），*La littérature générales et comparée*, Paris：Armand Colin, 1994.

③ 参考孟华主编：《比较文学形象学》，北京：北京大学出版社，2001 年，第 4 - 10 页。

学者们还进一步指出，对异国形象的研究从根本上讲就是对主体（即"自我"）与他者对应关系及其各种变化形式的研究。这种对应关系和它的各种变化形式可以扩展涉及西方哲学中的诸多领域和研究课题，并可以在这些领域中得到验证，因此对形象学中这一互动概念的研究是科学合理的。要注重形象创造主体的作用，巴柔在《从文化形象到集体形象物》中指出，某位作家、某个社会、某个国家、某个民族，或者某种思想、文学流派等，这些都可视为形象的创造者；在形象创造者的层面上，被描述者即"他者"形象都不免或多或少地被否定，而形象创造者的创造空间被无限补充和延伸。这也就是诸多学者在形象学研究中所注重的——形象反过来又创造了主体的现象。

第二，注重对"主体"的研究。上文第一点中探讨的"主体"（即"自我"）与"他者"的二元关系证明了"主体"研究的必要性。传统的形象研究注重"他者"，即被注视者；现在转而注重"主体"，即注视者。若将被描写的异国或者"他者"视为一个文本，那么对异国形象的描写就可看作对异国这一大文本的阅读和接受，而注重研究形象创造者一方，也就等于注重研究阅读和接受者一方。这也是当代形象学在接受美学的基础上作出的补充和发展。

第三，注重总体分析。比较文学形象学内的总体分析是指对形象产生和传播的背景进行全方位的考察，笔者认为这一背景包括多个方面。首先，形象的创造者（文本的作者或者阅读者）对形象的感知与他们自身所属的社会群体对形象的集体想象密不可分。文本的作者往往并不是通过自己的直接感触去感知异国，而是通过阅读作品或经其他传媒来接受异国形象，这一点在欧洲的孔子研究者们身上体现得尤为明显，特别是 20 世纪前的研究者，他们对孔子的了解都是来自前人的著作，而这些著作中的孔子形象又与著作产生的历史、社会、文化语境密切相关。因此，对孔子形象研究既有必要以历代的孔子研究文本为基础，又要关注文本产生的历史文化语境，去研究当时的社会对孔子的整体认知，即形象学中所说的"社会集体想象物"。在这一点上，巴柔认为这种对社会集体想象物的研究已经不属于文学内部研究的范畴，而属于文本外部研究，属于社会学的范畴，这使我们进一步理解了为何巴柔在对形象的定义里一再强调文化层面的重要性。从这个意义上说，我们在研究法语世界的孔子形象时，就必须从多个角度、多个层面去搜集法语世界对孔子接受的所有表现形式，也就是形象学所指出的，要研究法语世界对孔子看法的总和。

第四，注重文本内部研究。文本内部研究是形象研究的基础，它要回答的是形象研究中最基本的问题之一，即形象是如何通过一部作品产生的。一直以来，西方对异国形象的文本内部研究主要是描述和介绍文本中的异国形象。近年来，西方形象研究在文本分析中引入了新批评、结构主义、符号学等文学理论和研究方法，这些理论和方法使文学文本分析研究焕发了生机。

综合学界对形象研究的理论贡献，尤其是当代形象学研究上的发展，本书以广义的文本研究为核心，重点研究在主要法语国家和地区出版、发行的以孔子为主要内容的出版物，包括书籍、音像制品等。一方面，在各个层次上对文本自身进行详细的研究；另一方面，对文本与外部语境复杂多样的互动关系进行研究。因此，我们的研究强调内外结合，正如巴柔在《从文化形象到集体想象物》中提到的："形象学的核心是文学的深层区域，即各种象征所构成的网络，文化想象物是通过这些象征而得以体现、汇合或分离的。"

第二节
孔子形象的研究视角

比较文学中的形象研究所涉及的形象有其自身特性，它是异国的、跨文化的，是带有注视者主体感受的。这些特性要求我们在研究时特别注重研究创造出这个形象的社会文化背景，也就是说，我们研究法语世界的孔子形象，就要关注"法语世界"这个背景，即这个法语国家或地区是在一种怎样的社会文化背景下创造出了这样一个孔子形象。其中就涉及诸多形象学研究的基本范畴，如社会集体想象物等，这代表了形象学研究的历史层面。同时，我们也应注重文本作者的特殊感受，即作者的个人主体性。尤其是在跨文化、跨语言的形象研究中，作者的身份、研究背景（包括外语水平）等都对形象的产生有很大的影响。

因此，总体横向来看，形象研究的核心关注点就是"异"，关注跨国、跨文化、跨时代因素。正如有学者指出的，"西方的中国形象是西方文化对中国的某种掺杂着想象与知识的'表现'（representation），在这个前提性概念上，跨文化形象学的知识立场是后现代的，中国形象是西方现代性文化精神的隐喻，是西方文化为在世界观念秩序中认同自身而构筑的文化'他者'"①。

学界对西方的中国形象研究已经成果丰硕，我们在研究孔子形象时可以在方法论等方面借鉴这些研究成果。西方的中国形象研究与孔子形象研究既有相同之处，也有一些区别。同为形象研究，两种研究中的形象原型具有来源和文化属性上的相同性，而形象接受者的地域和文化属性也具有类同性。对于西方世界来说，孔子形象无疑是中国形象的一个很重要的代表和体现，尤其是在中西交流的早期，由于特定时期的民族文化发展以及中西之间的交流不够畅通等因素，孔子形象基本可以从文化层面代表中国形象。然而，毕竟"中国形象"这个概念更加复杂，从概念范围上涉及政治、经济、文化等多个领域，因此参与和影响西方中国形象塑造与形成过程的背后因素与内在机制更为复杂多元；而孔子主要是作为中国的文化符号，对"孔子形象"的研究主要涉及的是文化层面。因此我们可以说，西方孔子形象是西方中国形象的一个部分。

我们研究法语世界的孔子形象，属于跨文化形象学的研究。最早产生于西方的形象学，随着西方后现代理论的发展，其内涵和视角都有了新的发展。20 世纪，在语言学、心理学、哲学和后殖民主义理论如东方学等理论视野内展开的跨文化形象学，核心问题是两个方面的问题，即知识与权力的问题②。这里所说的知识层面即纯学术层面。在研究法语世界的孔子形象问题时，知识层面是指从学术问题出发，从切实可循的史料中去探究法语世界对孔子的关注，例如从时间上和地域上找到一个起点，探究这个关注是从何时何处开始的，再循迹探究孔

---

① 周宁：《天朝遥远：西方的中国形象研究》（上），北京：北京大学出版社，2006 年，第 3 - 4 页。

② 参见周宁：《跨文化形象学》，上海：复旦大学出版社，2014 年，第 2 - 3 页。

子形象是怎样生成和延续的。通过这种历时性的考察，再来总结法语世界的孔子形象在整个过程中表现出来的稳定的、共同的特征，以此观察这种特征与法语世界本身的历史和社会文化发展之间的关系，总结两者之间的互动规律。权力层面更偏向从政治学的角度。由于孔子是极具代表性的中国文化精神符号，因此分析孔子形象，可以将孔子形象作为一种权力话语来考量。孔子形象在西方文化中的规训化和体制化，从西方后殖民主义理论的角度来看，是构成欧洲中心主义的必要成分，是构筑西方现代性及其文化霸权的一部分。

　　研究法语世界孔子形象的历史，有三个阶段性的关注点：一是孔子形象的起点，二是孔子形象的转折点，三是孔子形象的现实再生点。16、17 世纪传教士来华是欧洲孔子形象（也是西方中国形象）的起点，18 世纪中后期到 19 世纪是孔子形象的转折点，而当下是孔子形象的再生点。对起点和转折点研究的意义在于指导当下的再生点。对起点的研究让我们了解了孔子形象在欧洲乃至西方现代性精神结构生成中的作用和意义，对转折点的研究让我们了解了西方现代性精神结构的转型。当今，我们非常关注的是中国观念和文化在世界观念体系中的位置问题，即中国文化自觉的现实语境。因此，跨文化孔子形象研究，始于中国的孔子，落脚于法语世界的孔子，而最终又回归到"当今中国的孔子"，即中国文化的现实语境。从这个意义上说，本书的研究有着真切的中国现实关怀。

第三节
孔子形象的体现： 研究内容探讨

前面两节从理论上梳理和探讨了形象学的研究方法和孔子形象研究的视角。学界对于西方的中国形象已有不少研究成果，然而，尽管如前文所说，由于孔子是中国文化精神的代表符号，在历史上的很长一段时间内，西方的孔子形象成为西方中国形象的重要组成部分，但是，孔子形象毕竟不能取代中国形象。从研究对象上来看，孔子形象被视为中国形象的一个部分，可以说是中国传统儒家文化的重要部分。从研究视角上来看，我们研究孔子形象可以借鉴已有的研究中国形象的成果，从同一个视角出发。基于以上理论基础和已有研究成果，本书在研究内容上有自身的关注点。

本书的研究对象重点在于研究"主体"，即孔子形象的注视者，这是阅读和接受孔子形象的一方。对这一注视者的研究从两个方面展开。

第一，文本内部研究。文本研究的范围包括在法语世界出版的关于孔子的书写文本，经笔者搜集统计后确定，本书关注的文本主要有两类，第一类是直接命名为《孔子》（*Confucius*）的研究类书籍，这类书籍在长达几个世纪的时间内数量较多，对孔子形象的书写比较直观，研究价值最高；第二类是法语世界对孔子思想代表性文化文本的翻译、研究类成果，如有关儒家典籍尤其是《论语》的法语译本。这类译介成果集中体现了法语世界对孔子思想的接受状况，对孔子思想的研究成果勾勒出法语世界孔子形象的重要部分。

第二，对法语世界进行社会总体分析。对法语世界孔子形象的研究既要以文本为基础，又要从文本中走出来，对法语国家和地区的文化体系进行研究，研究法语世界的"社会集体想象物"。如巴柔所言，一个作家或读者对异国现实的感知与其隶属的群体或社会的集体想象密不可分，这一研究属于文学社会学的范畴。研究孔子形象，必须研究法语世界对孔子看法的总和——由感知、阅读加上想象而得到的有关孔子的各个层面的看法总和，研究这种看法是如何文学化和社会化的。形象学研究与文化研究不可分割，它们都是把文本放在历史语境之中解读的。欧洲的孔子形象作为供解读的对象，也是在特定的时空语境中形成的。因此，对中法交流每一个时期法语国家和地区社会历史背景进行研究，将孔子形象置于完整的历史叙事之中，对于深挖孔子形象形成的原因及其背后的文化作用机制十分重要。脱离了历史语境，我们就不可能找到形象中隐含的意义或者意图。

这一总体分析有两部分的重点工作：首先，法语世界孔子形象自身的特色与传统，这是跨文化形象学研究的基本单位；其次，不同国家、不同文化区的中国形象跨文化流动的关系网络。由于特定历史、地理和文化环境以及政治经济话语权的影响，某些国家或地区的中国文化形象能够影响甚至支配其他国家和地区的中国文化形象。例如法国作为法语世界的核心国家，法国的孔子形象在较大程度上影响了其他法语国家和地区的孔子形象。

在对"主体"即法语世界这一对象进行研究时，我们希冀思考的第一阶段问题可以简单表述为：法语世界的孔子形象是怎样的？正如史景迁（Jonathan D. Spence）在《文化类同与文化利用》一书的结语中所概括的，"西方人对中国的兴趣是不受中国的历史现实左右的"①，法语世界的孔子形象研究不是对孔子中国本土形象的反映，而是对孔子和中国传统文化的一种想象。因此，我们分析法语文化中的孔子形象，是分析它作为一种有关"文化他者"，在法语世界的话语下是如何被构架与生产的。因而在我们总结出法语世界的孔子形象之后，还必须将它与孔子在中国的本土形象对比，从而得出第二阶段的结论，即这个形象与中国的孔子形象相比，发生了怎样的"变异"。最后，从跨文化形象研究的角度看，我们将落脚第三阶段的问题：这一形象产生的深层次原因是什么？这一形象的背后体现出的文化作用机制是什么？

通过这三阶段结论的逐步推进，本书的研究意义得以进一步体现：孔子形象始于中国的孔子，落脚于法语世界的孔子，而最终又回归到"当今中国的孔子"，即回到中国文化的现实语境。它直接关系到中国文化自觉的问题，即当代中国文化是否可以超越西方的观念而思考自身。德里克在其《后革命氛围》一书中提出"自我东方化"概念，他指出："我们常将欧美对亚洲社会的影响看作是'西方'观点及制度对亚洲的影响。就东方主义在 19 世纪早期就已是'西方'观点的一部分这一点来说，'西方'的影响亦包括了欧洲对东方的态度对亚洲社会的影响。欧美眼中的亚洲形象是如何逐渐成为亚洲人自己眼中的亚洲形象的一部分的，这个问题与'西方'观点的影响是不可分而论之的。"② 他的这一观点是在赛义德东方主义认识上的进步，赛义德在《东方学》中认为东方主义是西方人的创造，而德里克认

① ［美］史景迁：《文化类同与文化利用——世界文化总体对话中的中国形象》，廖世奇、彭小樵译，北京：北京大学出版社，1997 年，第 186 页。
② 参见［美］阿里夫·德里克：《后革命氛围》，王宁等译，北京：中国社会科学出版社，1999 年，第 281 - 282 页。

为东方主义也是东方人自我构建的产物，东方的形象有东方人自己因受西方观点的影响而"自我东方化"。至少，我们可以从德里克的观点中对中国自身的文化形象进行反思：中国文化形象是否因西方观点的影响而有这种"臆造的"部分，如果有，我们应该怎样看待这一部分，并使其对中国文化的传承与持续发展产生良性作用。

法语世界的孔子形象折射了法语世界的中国文化形象，这一形象又可以对中国文化产生回馈性影响：因为对法语世界孔子形象的研究，不能仅止于研究法语世界或"他者"，而要通过关照法语世界的孔子形象，使中国文化能够自我反思，从而思考如何超越与去除西方观念而独立与传承。这一思考涉及诸多领域，例如如何发挥中国文化的主观能动性去作用和影响西方的中国文化形象，这是中国本土知识精英在翻译、诠释、展现中国文化时应该始终思考的问题。

第四节
中国的孔子形象与法语世界孔子形象的来源

中国的孔子形象是动态的，在各时代不同人群的心目中或想象中，孔子的具体形象一定是有差异的。正如顾颉刚所说的"各时代有各时代的孔子，即在一时代中也有种种不同的孔子"，历史上的孔子形象既有连贯性又有变化性，而不同接受群体心中的孔子形象又有不同。大体而言，"春秋时的孔子是君子，战国的孔子是圣人，西汉时的孔子是教主，东汉后的孔子又成了圣人，到现在又快要成君子了"①，孔子的形象在不同时代不同人笔下被进行不同书写。就历史上最具典型意义的孔子形象来说，孔子形象在儒家学者的笔下大体经历了以下变迁与转换。

先秦儒家心目中的孔子是圣人形象，"圣人"基本上奠定了孔子形象的雏形。孔子本人从不以仁圣自居，而只以"述而不作，信而好古"即古代文化传统的信从与传述者自任，并认为自己生活在一个圣人"不得而见之"（《论语·述而》）的时代，这种表述其实折射了那个时代"王"与"圣"的分离。在后来的孟子、荀卿等人看来，孔子之道的弘扬正是在彰显圣王的事业，他们心目中的孔子形象就是可以当王的圣人。在一个天子式微、王者迹熄的时代，孔子就这样成了重整社会政治秩序的希望所在，而孔子之道的弘扬则构成了历史转化的契机或轴心。②

到了汉代，由董仲舒发端所塑造的孔子，是孔子形象在历史上的一大转折。董仲舒极力推言孔子为"素王"，意思是"无冕之王"。自董仲舒之后，汉儒崇信孔圣并命之"素王"，正如孔颖达在《春秋左传序》中所言"汉魏诸儒皆为此说"。汉儒将孔子引向"素王"之位的真正用意是将"王"与"圣"重新整合，一方面是巩固汉朝以"六艺之科、孔子之术"来维持政治文化的一统局面，同时重新复活了传统的"天命"信仰和"君权神授"观念，将孔子与"圣化"了的汉家王朝的命运紧密联结在一起，这样既尊崇孔子，又肯定汉家运统的合法性。

在史学大家司马迁的笔下，孔子是学术至尊和文化偶像的

---

① 顾颉刚：《古史辨伪与现代史学》，王煦华编选，上海：上海文艺出版社，1998 年，第 104 页。

② 林存光：《历史上的孔子形象——政治与文化语境下的孔子和儒学》，济南：齐鲁书社，2004 年，第 185 页。

"至圣"形象。太史公在董仲舒从政治偶像意义上推崇孔子的基础上，用扣人心扉的笔触向世人进一步塑造孔子的权威性。在《史记》中，孔子被列为与王侯等位的"世家"，在描述孔子时，司马迁的笔触是怀着同情与惋惜的，他认为孔子庄严、高贵、绮丽而卓越，因此其塑造的孔子以一介布衣赢得天下学者共相依归遵奉的宗师声望，切实是活在历代中国人心中的"至圣"形象。

自汉代确立孔子的政治与文化偶像的地位之后，总的来说，直至清末孔子形象在历代主流意识形态里就已牢不可破地确立了。孔子活在一代又一代中国人的意识深处，在历代典籍中，有关孔子的书写可谓浩如烟海，中国历代的孔子书写也就成了法语世界了解孔子最主要的渠道。

第二章

中欧交流早期的孔子形象

最早接触孔子形象的欧洲人当属传教士群体。本章中探讨的中欧交流早期，是指 18 世纪之前这个时间范围。欧洲传教士抵达中国之后，在接触中国人的日常生活和探究中国人精神信仰的过程中发现并认识了孔子。对于传教士来说，孔子是"儒教"的创始人，是中国思想的发明者、整理者和阐释者，是中国人礼仪生活和精神信仰中的核心人物，是最先出现在欧洲视野中的中国精神形象的代表与符号。

第一节
早期儒家思想译介背景

儒学在欧洲的早期传播，是整个"中学西传"的历史之源，有着重要的学术意义，也是一个漫长和复杂的精神交往过程。孔子作为中国传统儒家文化的核心和代表人物，是无可争议的中国正统文化的奠基者，其代表的儒家文化影响和决定着中华文明的传承和发展。

在中法文化交流史上，从最初开始关注中国文化的那一批法国耶稣会士，到今天作为法国东方战略智库重要组成部分的法国汉学家，他们的研究中心从未偏离过以孔子思想为核心的中国儒家文化。而中法文化交流史与中西文化交流史的早期路径基本重合，同时，法国作为后来的西方汉学重镇，对儒家学说在欧洲乃至西方的译介和研究做出了至关重要的贡献。

一、作为译介背景的"礼仪之争"

"礼仪之争"是贯穿早期传教士译介工作最重要的历史背景，也是 17—18 世纪中西文化交流史上最重要的事件。"礼仪之争"是 17 世纪末开始的欧洲教会内部的来华传教士各个修会为了捍卫自己的传教路线而展开的一场关于传教策略和中国文化的论争。从本质上说，这场论争基本和中国没有太大关系，实际上是欧洲文化的问题。但在此过程中，出于为自己的传教路线辩护的目的，各修会都纷纷介绍中国礼仪、中国哲学、中国宗教以及中国历史、文化，由此产生了大规模的相关著作。因此，客观上造成了"无心插柳柳成荫"的结果，使这些本意为传教的来华传教士变成了一支向欧洲传播中国文化的强大主力军。在中西文化交流史上，这一事件也就成为欧洲文化思想界首次全面认识、全方位关注中国的重要事件。

"礼仪之争"是推动这一时期儒家典籍翻译成果产生的重要因素。"……当时在华的传教士全部集中在广州，他们认识到坚持利玛窦路线的重要性，于是，耶稣会士利用所有传教士在广州的机会，集中力量对儒家的主要文本进行翻译。而广州会议期间，各修会间的争论对传教士理解这些儒家著作以及在如何翻译这些著作方面产生了重大的影响。……而这些争论，也推动了耶稣会士对中国儒家经典"四书"的翻译和研究。由是，在华的耶稣会在广州会议期间的一个重要成果就是将"四书"中的三部典籍翻译成拉丁文。"①

二、先驱利玛窦的译介影响

利玛窦是早期来华的耶稣会士，在儒家典籍的西译上做出了

① 张西平：《儒学西传欧洲研究导论——16—18 世纪中学西传的轨迹与影响》，北京：北京大学出版社，2016 年，第 123 页。

重大贡献。他在深入了解当时的中国社会和文化后，深知孔子、儒家文化、儒家典籍在当时中国社会中的地位。因此他不仅介绍了儒家文化，还亲自翻译了中国儒家典籍"四书"。当代法语学者梅谦立评述利玛窦思想时认为："既然把孔子思想作为儒家思想的最终标准，关键问题就在于决定以什么著作代表孔子思想。利玛窦肯定'四书'真正地代表孔子思想……"①

利玛窦眼中的孔子最典型的形象是哲学家和教育家。在谈到孔子时，他说："中国哲学家之中最有名的叫作孔子。这位博学的伟大人物诞生于基督纪元前五百五十一年，享年七十一岁，他既以著作和授徒，也以自己的身教来激励他的人民追求道德。他的自制力和有节制的生活方式，使他的同胞断言他远比世界各国过去所有被认为德高望重的人更为神圣。"②

在 1593 年 12 月 10 日的一封信中，利玛窦写道："今年我们都在研究中文，是我念给目前已经去世的石万西神父听，即'四书'，是一本良好的伦理集成，今天观察员神父要我把'四书'译为拉丁文……"③ 信中提到的"观察员神父"，是当时耶稣会在亚洲的视察员范礼安，他了解到"四书"在中国的重要性，以及学习"四书"对理解中国社会的必要性之后，便让利玛窦将"四书"翻译成拉丁文。

在历时约四年后，利玛窦完成了"四书"的翻译工作，并将自己的翻译成果作为一项重要且有意义的工作介绍给他的朋友。他曾在一封给德·法比神父的信中说道："几年前我着手翻译著名的中国'四书'为拉丁文，它是一套值得一读的书，是伦

---

① ［法］梅谦立：《〈孔夫子〉：最初西文翻译的儒家经典》，《中山大学学报》（社会科学版），2008 年第 2 期。

② ［意］利玛窦、金尼阁：《利玛窦中国札记》，何高济等译，北京：中华书局，1993 年，第 31 页。

③ ［意］利玛窦：《利玛窦书信集》（上册），罗渔译，台北：台湾光启社，1986 年，第 130 页。

理格言集，充满卓越的智慧之书。"①

　　但遗憾的是，利玛窦的"四书"翻译手稿迄今尚未被找到。美国汉学家孟德卫认为："……但更有可能的是，利玛窦的译稿是一部未完成、不断编写中的手稿，后来仍被刚刚到中国学习汉语的耶稣会士使用。在这个过程中，手稿被后来的耶稣会士加以修改，而《中国哲学家孔子》就是这部手稿发展过程中较后阶段的代表。"②

　　可以看出，利玛窦翻译"四书"的主要目的，是为在他之后来华的传教士们学习汉语所用的。与他同时期的欧洲来华传教士的工作中心，也都围绕着在中国土地上传播他们自己的文化展开，其中所做的一些包括翻译中国典籍在内的工作，基本上都是为了方便他们更好地适应中国，以便他们传播自己的文化。

第二节
传教士的孔子印象

　　明清来华传教士中有多位在中国生活了多年，撰写了大量的著作，其中包括与欧洲的往来书信、生活札记等，这些著作都充实了记录中国历史的资料。除了上文的介绍，还有一些传教士记录了中国的历史，翻译或研究了典籍思想。这些成果在欧洲思想

---

　　① ［意］利玛窦：《利玛窦书信集》（上册），罗渔译，台北：台湾光启社，1986 年，第 142 页。
　　② ［美］孟德卫：《奇异的国度：耶稣会适应政策及汉学的起源》，陈怡译，郑州：大象出版社，2010 年，第 271 页。

界产生了很大的影响，其中很多作品一经出版就很快被译成其他的主要欧洲语言，在欧洲各国发行，在欧洲的研究者中很受欢迎。

葡萄牙耶稣会士曾德昭（Alvaro Semedo，1585—1658）于1613 年来到中国，在杭州、上海、南京、西安等地居住并传教达 22 年，1637 年返回欧洲的途中他整理了在中国的见闻及思考，撰写了《大中国志》，此书于 1642 年出版之后，立即被译成欧洲多国语言，受到欧洲学者们的欢迎。他在中国待了 22 年，对明朝末年的中国了解比较透彻，他的《大中国志》比利玛窦的著作更为详细地介绍了中国的社会历史和人文地理状况，是记录和研究中国历史非常好的资料。

《大中国志》中说孔子在中国具有很高的地位，书中将孔夫子尊为受到中国人极大崇敬的伟人，介绍说孔子撰写的书和他身后留下的格言教导都极受重视，以至人们不仅把他当作圣人，同时也把他当作先师和博士，他的话被视为神谕圣言，而且在全国所有城镇修建了纪念他的庙宇，定期在那里举行隆重仪式以表示对他的尊崇。书中介绍说历代君王们都努力学习并背诵儒家四书五经中有关的内容，竭力了解疑难之处；典籍中的格言警句使人们获得了各种辨识力，从而去节制他们的行为，也从而为统治者制定治国之方提供指引。

西班牙多明我会传教士闵明我（Domingo Navarrete，1610—1689）长期在中国生活和传教，对中国的社会现实、民众情感以及生活习俗有深入的了解，其所著《中国纵览》于 1676 年一经出版，就在欧洲各国广泛传播。后来陆续被译成法文、德文和意大利文，在英国出版的摘译本尤其受欢迎。启蒙运动时期，该书受到学术界的高度重视。莱布尼茨、洛克、狄德罗、卢梭、伏尔泰、孟德斯鸠、魁奈、傅尔蒙等人都提到过这本书，认为它对于了解中国大有裨益。

在书中，闵明我介绍了孔子的学说，引用了 100 多句儒家典籍的格言。闵明我写作这部著作的目的之一，就是希望把中国作为西班牙的一个榜样，以中国政治上的"清明"促进西班牙的政治革新，以中国繁荣富强的景象来唤起西班牙民族重振往日辉煌的激情，并最终使西班牙摆脱当时内忧外患的困境。此外，书中对中国农业和农民政策的介绍对法国的重农学派也产生了一定的积极影响。

1688 年在巴黎出版的安文思（Gabriel de Magalhães，1609—1677）的《中国新史》，是一部全面概述中国的著作。安文思是葡萄牙耶稣会传教士，为航海家斐迪南·麦哲伦的后裔。他于 1640 年来中国传教，直到 1677 年病逝于北京。他撰写《中国新史》时，在中国已生活了 20 多年。

《中国新史》原书名《中国十二绝》，意即中国的 12 条优点，记述了中国的名称、地理位置、历史、语言、物质生活、矿产、航运、船舶、政治制度、国家结构等，特别对中国社会的礼仪风俗、城镇特点、官僚贵族体制和皇城建筑等做了较为详尽的记述，呈现出一幅全景式的中国图画。这部书有一章题为"孔子的崇高地位和巨大影响"，作者以推崇的口吻提到孔子，他说，中国人用极崇高的称号称呼这位哲人，"当他们说圣人时是表示尊崇，意指孔夫子，指大智大勇的人。这个国家对那位哲人极为尊敬，尽管他们不把他当作神祇崇拜，但为他举行的典礼的规模之大却超过祭拜偶像或浮屠的仪式"。安文思说孔子"实际上他是一个有学问的人，天赋种种美德"。安文思对中国人也给予了较高的评价，他认为，中国人是比其他人更精明和聪慧的。他还介绍了儒家的经典四书五经，认为这些经典著作犹如他们的《圣经》，并说他们传教士都很勤勉地学习这些典籍。

法国耶稣会士李明（Louis Le Comte，1655—1728）的

《中国近事报道》是 17 世纪末比较全面概述当时中国国情的著作（见附录）。该书是李明在华期间写给国内要人的通信汇编，共包含 14 封信。作者在书中撰写了孔子的小传，还辑录了孔子的一部分箴言。该书 1696 年于巴黎出版，获得巨大成功，法文版短短 4 年间再版 5 次，并有英文、意大利文及德文译本。

李明以自己的亲身经历对在中国的所见所闻做了详尽的报道。其中论述了中国人的语言、文字、书籍和道德，还有中国人思想的特点、政府和政治、宗教信仰等。李明认为，孔子是中国人思想最纯洁的源泉，他是中国人的哲学家、立法者、圣贤，尽管孔子不是国王，但他却统治着极大一部分的中国，而且到他死的时候，通过他所提倡的箴言和他所展示的公正例子，他在这个国家的管理事务上享有更大权威。他指出："孔子是中国文学的主要光辉所在……这正是他们理论最清纯的源泉，他们的哲学，他们的立法者，他们的权威人物。"李明介绍了"五经"中每部经典的主要内容，然后指出："这 5 本书是非常古老的，所有其他在王朝有一定威望的书不过是这 5 本书的抄本或评注本。在不计其数的曾为这著名的原著付出劳动的作者中，没有任何人比孔子更杰出。人们尤其看重他所收集成'四书'的有关古代法律的书，并视其为完美政治的准则。"①

---

① 本节中安文思《中国新史》和李明《中国近事报道》的引文参照武斌：《孔子西游记：中国智慧在西方》，广州：广东人民出版社，2021 年，第 32－33 页。

第三节
柏应理："哲学家"孔子

中国典籍西译之初最重要的译作是《中国哲学家孔子》（*Confucius Sinarum Philosophus*）。该书由比利时传教士柏应理（Philippe Couplet，1623—1693）主持翻译，将儒家"四书"译为拉丁语，于 1687 年在巴黎出版，是 17 世纪欧洲介绍孔子及其著述的最完备的书籍。实际上，书中只有《论语》《大学》《中庸》三书的译本，并无《孟子》（因在翻译过程中，传教士译者们放弃了对篇幅较长的《孟子》的翻译）。

柏应理多次来到中国，将以宗教为主的欧洲文化介绍到中国，又将在中国亲自见闻、考察、研究所得的以儒家文化为主的中国文化以著作形式带回欧洲。在早期的东西方文化交流中，特别是在《论语》在法国的传播史上，柏应理可谓是做出了里程碑式贡献的杰出汉学家。

一、《中国哲学家孔子》的成书过程

这部重要的作品是多名耶稣会士长时间译介工作的共同成果，主要成员包括郭纳爵、殷铎泽、鲁日满和恩理格。"在翻译的最初阶段，传教士对儒家经典的利用还停留在语言文字方面，使传教士能学习高雅的中文，并能用儒家概念来表达天主教的神学概念，而没有深入到儒家经典的学理研究。"①

　　郭纳爵与殷铎泽师生二人同为派往中国的传教士，两人合作著有《中国之智慧》，于1662年在中国江西出版。书中内容包括孔子生平传记以及《论语》前五章的拉丁文译文。随后，殷铎泽将他翻译的《中庸》法译本、撰写的儒家典籍介绍文章整理成书，命名为《中国政治道德学》，于1672年在巴黎出版。通过这部作品，《中庸》的第一个法语译本得到正式出版。

　　1686年起，柏应理在耶稣会士已有译稿的基础上，开始着手对各部儒家典籍的编辑、整理工作。由于他的工作得到当时法国国王路易十四的支持，加上法国皇家图书馆馆长也提出要将整理成果出版，柏应理的工作进展比较顺利。他将整理好的书稿加上自己所作的序言以及他所著的《中国年表》（*Tabula Chronologica Monarchiae Sinicae*），命名为《中国哲学家孔子，或者〈中国知识〉，通过殷铎泽、恩理格、鲁日满和柏应理的努力，用拉丁文表述》②。

　　为了感谢法国国王的支持，柏应理在著作的开端加入了一篇《致法国国王的信》："今天，从远东，来了一位君子，他拥有中华帝王的皇家血统，人们称他孔夫子——被所有中国人一致尊奉为他们国家历史上最有智慧的伦理哲学与政治哲学老师和圣贤［……］确实，伟大的国王啊，这个孔夫子到您这里来，他通过您的关怀和皇家的慷慨，而来到高卢，并得以在陛下脚前叩首，他将对您的智慧广加赞誉，并且还会承认，他自己的智慧，不管在他的同胞那里得到了怎样难以置信的荣光和崇高，和您比起来，也只是如同星星之于太阳［……］出色的孔夫子设想并在

────────────

①　［法］梅谦立：《〈孔夫子〉：最初西文翻译的儒家经典》，《中山大学学报》（社会科学版）2008年第2期，第134页。

②　参见张西平：《儒学西传欧洲研究导论——16—18世纪中学西传的轨迹与影响》，北京：北京大学出版社，2016年，第121–122页。

其著作中展示了如此卓越的皇帝，而他确实从王国的前辈君王中没有找到任何与他愿望相符之人，他回到那个最完美君王的形式和理念，而说出这句话：'待其人'，也就是'我们应该等待的人'。某一天这个要来的人，通过某些神圣和令人惊讶的智慧，把自己显示出来，那时我们于公于私都无复他想。伟大国王啊，如果他活在今天看到您，难道他不会承认，您就是这个人！"①

　　这封信中反映出来一种明显的谄媚笔调，由此可以看出，当时法国书籍的出版无法脱离政治环境。柏应理先在罗马教廷中碰壁，四处奔波折腾之后，终于找到可以庇护他的法国国王路易十四，因此他深知得到国王支持的重要性。历史上路易十四的形象十分鲜明突出，他号称"太阳王"，执政期间建立了空前绝后的绝对王权，也成为欧洲大陆的首位霸主。因此，他好大喜功，特别喜欢被吹捧和奉承。他支持出版《中国哲学家孔子》，不是被遥远东方的儒家文化所吸引，也并非表达对儒家文化的接纳态度，而是为了证明他自己的智慧，因为这封信中表示，孔子所构建的理想社会在路易十四统治下得到了实现。因此，这封感谢信传递出中国儒家智慧不仅给耶稣会士的传教提供了合理性，也证明了法国国王的无上荣光的意思。

　　尽管《中国哲学家孔子》中的《论语》译本并不是法语，但该书还是用了较大笔墨对这本著作进行介绍、总结和分析，其中一个重要原因也可从上述细节中窥见一斑。首先，巴黎自古以来一直是欧洲思想、艺术交融的重镇，在历史发展中又逐渐演变成全世界文化交流之地；从本章节探讨所涉及的时期，到 19 世纪法国成为当之无愧的世界汉学中心，以及在比较文学学科史上形成的第一个学派——法国学派，都证明了法兰西民族在思想领

---

　　① ［法］梅谦立：《〈论语〉在西方的第一个译本（1687 年）》，《中国哲学史》2011 年第 4 期，第 103 页。

域一贯追求和倡导的自由、开放的精神。同时，也正是因为西方第一个儒家典籍译本是在巴黎出版，这种地理优势、社会环境优势促使了随后多个《论语》经典法语译本的问世，轰轰烈烈的18世纪法国的"中国热"也随之而来。而这部著作中的《论语》译本在内容、形式等各方面也为后来汉学家们的法译本树立了典范和模板，成为具有开创意义的经典范本。最后，由于这个拉丁语译本是西方了解、学习、翻译、研究儒家思想的成果之滥觞，此著作对西方各国汉学研究的意义也毋庸置疑。

二、沈福宗的贡献

作为与柏应理同时期的"同仁"，沈福宗可以称得上是清朝向欧洲介绍自己国家的第一人。他在17世纪的东学西传史上做出了具有历史意义的贡献。

沈福宗于1657年出生于江宁府（今南京）一个信奉基督教的家庭。他受过正统儒家教育，因为信仰缘故得以接触耶稣会传教士，学会了拉丁文。1681年，沈福宗和柏应理乘荷兰商船前往欧洲，沈福宗的这次赴欧旅行是耶稣会传教计划的一部分：耶稣会传教士从中国教徒中挑选人员，送往欧洲接受宗教和文化教育，以期他们回国后担任神职，传播天主教。耶稣会这一工作并非出于对中国的崇拜，而是希望通过了解中国文化，更好地向中国传播欧洲文化，尤其是天主教。

1682年，沈福宗抵达葡萄牙，随后在里斯本的宗教学校学习，其间，罗马教皇英诺森十一世因柏应理介绍，曾邀请沈福宗见面。

1684年，沈福宗和柏应理应邀前往法国。当时法国正流行"中国热"，一位现实中真正的中国人自然大受欢迎。当时法国媒体报道："他带来的中国青年，拉丁语说得相当好……皇帝在听完他用中文所念祈祷文后，嘱咐他在餐桌上表演用一尺长的象牙筷子的姿势，他用右手，夹在两指中间。"

据汉学家史景迁考证，耶稣会当时正在翻译四书五经，沈福宗也参与其中，付出了许多努力。沈福宗推动路易十四批准印行了一批拉丁文的中国经典，其中包括《大学》《论语》《中庸》等，许多欧洲学者都受益于这些书。史景迁认为沈福宗也因此受益，收到很多欧洲学者的聚会邀请，沈福宗使这些学者通过聚会更加了解了中国，后来很多学者因为他的宣传和著作，给予了中国极高评价。

"耶稣会当时在中国是人数最多、组织最好的教会，沈福宗也是接受耶稣会的教育的。沈在耶稣会时，耶稣会正在进行一个很有意思的项目，他可以为这个项目工作，这个项目当时快要完成了，这就是《论语》的翻译工作。这是一项团队工作，由大概 20 个懂中文的耶稣会教士联合进行。沈福宗并不是一个核心的工作人员，但是确实参与了这个项目，作为一名校对员，校对《论语》。这是一个确定的事实，不过我们不知道他对这件事情的看法。《大学》《论语》和《中庸》都被翻译了，并且在法国出版了一本很精美的书。沈福宗可能是第一个把这个译本带到英国的人。他从法国把《论语》的一份拷贝带到了英国，给了牛津图书馆。牛津那个时候正在建设现在举世闻名的博德利（Bodleian）图书馆，博德利先生是一个书籍收藏者，后来给了牛津他收集的书籍，所以牛津的图书馆以他的名字命名。沈福宗把书放进了博德利图书馆的馆藏，并且遇到了一个人，叫托马斯·海德（Thomas Hyde），他是英国第一个著名的东方学家，会阿拉伯语还有马来语等语言。托马斯·海德在牛津有很多熟识的学者，也结识了很多伦敦的学者，这些学者和巴黎的东方学学者是有联系的。因此沈福宗被要求将"四书"中三本已经译成拉丁文的带到英国去。"①

三、《中国哲学家孔子》的内容和贡献

《中国哲学家孔子》全书 412 页，包括四部分：柏应理给路易十四的《献辞》《导言》《孔子传记》和译文部分。其中，第四部分包括《大学》《中庸》《论语》三部儒家典籍的译文以及注释，总共 288 页。已有学者研究总结，译文体现出当时耶稣会传教士翻译工作的目的，首先是宣传教义，而更重要的是想竭力证明中国儒家早期典籍中，已有和天主教教义一致之处。

柏应理的《中国哲学家孔子》是早期传教士译介成果的集大成之作，它较为完整地介绍了当时以儒家传统为主导的中国社会的文化状况。此书在巴黎的出版具有三个层面的重要意义：首先，帮助欧洲人了解了中国；其次，对中国学具有启蒙意义；再者，为日后法国汉学的国际中心地位奠定了基础。此后，来华传教士开始注重对中国文化尤其是儒家典籍的研究，拉开了随后一两百年间儒家典籍西译之序幕。例如不久以后的 1711 年，在布拉格就出版了比利时传教士卫方济（François Noël）以《中国哲学家孔子》为基础，将"四书"和"孝经"翻译为拉丁文的译本《中国六大经典》。

《中国哲学家孔子》一书对中国典籍在法语世界的翻译和研究影响深远。1687 年 12 月，让·勒克莱尔（Jean Le Clerc）在阿姆斯特丹出版的法文月刊《世界和历史文库》（*Bibliothèque Universelle et Historique*）上刊登了一篇书评，并根据书中的拉丁文将《论语》中的部分内容翻译为法文，共计 16 条，随书评一

① 据"东方历史评论"独家报道，2014 年 2 月 28 日著名汉学家、耶鲁大学荣誉教授史景迁（Jonathan Spence）在北京大学进行了主题为"沈福宗和他的十七世纪跨文化之梦"的讲座，讲座中史景迁详细阐述了他对中国历史的热爱并且尤其热衷于对沈福宗的研究。

同刊出。

法国启蒙思想家也大都读过这本书。伏尔泰（Voltaire）的《风俗论》是他关于东西方文化探讨最集中的作品，其中他在介绍孔子学说时就参考了柏应理的这本书。孟德斯鸠也曾充满兴趣，认真阅读了这部作品，并做了详细的笔记。

此外，在翻译方面，当代加拿大汉学家白光华教授在探讨《论语》书名的翻译时特别指出，在《论语》的法译历史上，几乎无一例外地都将"论语"二字翻译为 *les Entretiens*，这正是源于柏应理在《中国哲学家孔子》中的拉丁文译文。[①]

四、伯尔尼耶与《孔子与君王之道》

1688 年，弗朗索瓦·伯尔尼耶（François Bernier）的《孔子与君王之道》（*Confucius ou la Science des Princes*）一书问世。这是一部至今都未发行的手稿，珍藏于法国国家图书馆阿尔瑟纳分馆手稿部。这部作品就是在柏应理拉丁文著作《中国哲学家孔子》的基础上用法文对《论语》的详细介绍，可以说是一部《论语》导读。

伯尔尼耶的这部著作在《论语》于法语世界的译介历程中具有里程碑式的意义，虽然它并非严格意义上的《论语》法译本，但作者对《论语》全书各篇章内容的详细介绍，可以说已经让法语读者比较完整清晰地了解了这部儒家核心典籍。在书中，伯尔尼耶对中华民族和中国人大加赞赏。1688 年，巴黎的《学术报》上刊登了书中的有关评论："中国人在德行、智慧、谨慎、信义、诚笃、忠实、虔诚、慈爱、亲善、正直、礼貌、庄重、谦逊以及顺从天道等方面为其他民族所不及，你看了总会感

---

① 参见白光华与马蒂厄合译著作《儒家哲学》的引言，著作信息：*Philosophes confucianistes*，textes traduits，présentés et annotés par Charles le Blanc et Rémi Mathieu，Paris：Éditions Gallimard，2009，p. 12.

到兴奋。他们所依靠的只是大自然之光，你对他们还能有更多的要求吗？"①

小　结

在中欧交流的早期，欧洲人对中国的认知伴随着对孔子的了解，对于欧洲人来说，这一时期的中国是"孔夫子的中国"。这一时期的欧洲社会处于文艺复兴到启蒙运动的前期，尽管这一阶段跨越了两三百年，但在这两三百年间，孔子形象具有相对稳定性。

15世纪前后，刚刚摆脱了宗教统治意义上的"黑暗"中世纪而进入文艺复兴阶段的欧洲人，在思想和文化上呈现出这样的特点：第一，他们需要摆脱中世纪的宗教蒙昧，这一诉求促使他们研究孔子：为何对孔子的尊敬和崇拜能使中国社会和谐安宁，普通百姓追求高尚的道德？第二，他们要"复兴"古希腊时期的文化传统，重新重视西方文化的"老祖宗"，重视古希腊文化尤其是哲学传统，这一点对他们关注孔子思想尤为关键。孔子之于当时的中国，如同苏格拉底之于当时的欧洲，同样属于古代（l'Antiquité）的智者。而欧洲思维中对哲学的重视同样来源于古希腊的传统，因此吸引欧洲人的孔子的诸多形象中，"哲学家"这一身份备受关注。第三，与中世纪不同，文艺复兴还有一个重要特点是以新的视角探索世界。由于科学技术水平的进步和地理知识的丰富，航海技术实现了革命性飞跃，欧洲的探险家们打开了通往东方之路。最初令西方人感兴趣的是东方的奇珍异宝，慢慢地变成了东方的物质和精神生活方式。为中欧文化交流创造了客观条件，于是传教士群体便随着欧洲的商船踏上了东方传教之旅。

---

①　参见李新德：《耶稣会士对〈四书〉的翻译与阐释》，《孔子研究》，2011年第1期，第103页。

总结来看，这一时期孔子形象便是传教士汉学家通过对中国思想的研究而一点点勾勒出来的。具体来看，这个形象在其发展过程中构成了两个方面的具象。

首先，孔子是具有普适价值且高度文明的思想体系的创立者。耶稣会传教士在研究和翻译中国古代典籍时，挖掘阐释先秦典籍文献中的神学含义，从而力图证明中国文化的普适价值。英国人约翰·韦伯1669年所著《有关中国的语言有可能是人类最初语言的历史论著》中提出，汉语汉字是巴别塔之前人类通用的原始语言，这种描写把中国塑造成了最古老的文明之邦。① 更重要的是，耶稣会传教士力图从先秦典籍中找到基督教意义的痕迹，希望通过对深入影响中国人精神世界的先秦典籍做基督教化的解释，从而使基督教教义渗透到中国的知识系统中。这一努力的客观结果之一是将中国塑造成在先秦时代就已达到高度文明的国度。对于这样一个具有深邃思想的文化大国和文明之邦得以形成，孔子思想自然是最大的功臣。

孔子的另一个典型具象是哲学家。通过《中国哲学家孔子》，柏应理等神父第一次比较深入系统地向欧洲介绍了孔子的哲学思想。从早期多位欧洲传教士的著作中可以看出，孔子的哲学思想被认为是文明的中国的思想基础。同时，根据欧洲的知识传统，自古希腊时期起哲学就拥有崇高地位，因此孔子作为哲学家出现，在世界的孔子形象乃至中国的孔子形象上，都是一个重要的标志和进展。在此之前没有一个欧洲人深入研究中国哲学这个中国文化中最深的层面，柏应理等人对中国哲学思想的介绍为欧洲的中国形象塑造找到了新的材料。在形象学领域，我们关心的不是这些介绍是否准确，而是他们塑造出了什么样的中国形象。欧洲人在孔子的思想中发现了自然哲学，一方面它与旧约中

---

① 转引自李勇：《西欧的中国形象》，北京：人民出版社，2010年，第177页。

的基督教精神一致，另一方面它又因强调宽容和道德理性而与人文主义思想一致。因此把孔子的哲学思想当成中国文明的思想基础，突出的是中国以自然哲学和道德理性原则治国的形象。孔子的哲学对于欧洲人而言，"在中华文化中树立了理性原则、道德秩序，成就了一种明智、宽容、深厚、淳朴的文化传统"①。孔夫子只是一个新的中国形象的代表，他建立起了一套世俗的道德规范，成为中国人的行为准则和行政准则。"一个多世纪以来，欧洲人第一次弄明白中国制度的种种优越均来自这样一种伟大的哲学，一种出色的、行之有效的'道德哲学'与'君王科学'。"② 柏应理等人对孔子哲学的介绍，其材料是全新的，所塑造出来的中国形象是以孔子的道德哲学为基础的文明之邦。这个侧像是新颖的，通过对一个民族思想的介绍与论述来展现这个国家的形象，这在当时也算是塑造形象的新的话语方式。以孔子为代表的国家形象体现为三个方面：一是宗教宽容，允许不同的宗教存在；二是道德高尚，孔子为人们设定的道德准则是一套世俗的伦理规范，它使不同信仰的所有人都有高尚的道德；三是君主开明，由于君主本身也受孔子思想的教育，因此哲学家孔子的思想培养出来的君主也具有很高的道德修养。

　　然而，这一时期欧洲的传教士著作对孔子形象的刻画尚停留在"想象"层面。例如美国学者孟德卫在其著作《奇异的国度：耶稣会适应政策及汉学的起源》中对《中国哲学家孔子》中的孔子像评论说："孔子站在一座糅合了孔庙和图书馆特征的建筑前，显得比实际比例要大。虽然孔子的形象描绘得令人肃然起敬，但肖像和匾牌的背景可能让欧洲读者感到吃惊，倒像一座图书馆，书架上排满了书，虽然图书陈列的方式是欧式的，并不是

---

　　① 周宁：《天朝遥远：西方的中国形象研究》（上），北京：北京大学出版社，2006 年，第 86 页。

　　② 同上，第 87 - 88 页。

17 世纪中国式。"① 除了孟德卫观察到的"不合时宜"的背景——西方图书馆和中国孔庙、牌匾的融合，这幅画像中孔子的相貌和头冠也带有明显的西方特征。画像中孔子的眼睛带有典型的西方人凹陷的特征，头戴的也并非儒家读书人的头冠，而是带有佛教文化韵味的头冠。整体看来，这幅画像是早期欧洲人心目中孔子的传神写照。图中牌匾上的"国学""天下先师"等文字体现了欧洲人心目中孔子作为儒家思想开创人物的身份，书架上堆满的图书体现了孔子开创儒家思想的贡献，孔子弟子们的牌位体现了孔子作为教育者的身份。而图中"变形"了的部分，如西方图书馆的样子及孔子的西方化相貌，则体现出早期传教士对中国文化的了解尚处于表层阶段，加之受明清时期出版技术所限，传教士们尚无法深入接触和了解更多的文献资料，因此他们未能准确地再现中国人以及中国文化的本来面貌。

---

① ［美］孟德卫：《奇异的国度：耶稣会适应政策及汉学的起源》，陈怡译，郑州：大象出版社，2010 年，第 294 页。

第三章

启蒙时期的孔子形象

随着历史的车轮驶入 18 世纪，中法两国在各领域的交流越来越丰富和深入，达到了史无前例的繁荣，并且在法国形成了中法交流史中著名的"中国热"现象。在这一历史进程中，孔子形象作为中国文化这一"文化他者"的代表符号，在异质文化传播过程中既有对前两三百年间业已生成的孔子形象价值的继承，又因 18 世纪法国国内社会、政治、经济和思想文化领域的新形势而衍生出阐释的新变。因此，在不同的时空语境中，孔子形象一方面保持着它的延续性和一致性，另一方面又生成了新的"异化"形象。可以说，孔子形象的延续与转变是一个历史的、观念的、意识形态化的动态生成过程。18 世纪孔子形象的构建与生成主要反映在三个群体层面：传教士、启蒙思想家和普通民众。他们作为中法思想文化交流理论与实践的主要传播者和接受者，自觉或不自觉地推动了孔子形象在各个阶段、各个阶层、各个领域中广泛而深入的传播，在"中学西传"中承担了各自的历史使命。

笔者认为，从跨文化传播的角度来说，探讨中华文化的海外传播和接受，不可不观照和对比文化材料在传播过程中的真实性与误读问题，二者都应兼顾，毕竟这是跨文化研究的理论指导价值之所指，也是现实中文化交流互鉴的实践意义之所在。正如张西平在其《儒学西传欧洲研究导论——16—18 世纪中学西传的轨迹与影响》的序言中所说，"我们不能认为，西方汉学对中国有着想象的成分和内容，就可以说他和中国无关"。同理，当我们在审视西方世界眼中的孔子形象时，也不应该因其对孔子有着想象的成分和内容，便忽视其对孔子认识和接受的真实部分。孟华在《伏尔泰与孔子》一书中也肯定了传教士在中法交流过程中所提供资料信息的真实价值和重要影响力。她说："这些神父们公开发表或未发表的材料，成为法国国王及政府制定远东政策的主要依据……十八世纪，在中国问题上，几乎整个欧洲都参阅他们的著述。这些作品信息量大，且相对准确和真实。"① 我们有理由相信，在跨文化传播过程中，尽管存在信息偏差和误读，以及受传教士这一第一接受者身份和意图的影响，但这个群体作为实际意义上的文化传播媒介，在介绍和阐述孔子以及中国古代儒家典籍文化中仍做到了部分真实地传播和评述，成为法国乃至欧洲了解中国的主要信息来源和重要窗口。在梳理法国各个群体特别是传教士和启蒙思想家群体在译与释上所做的诸多努力时，笔者倍感其工作所涉及内容之广、难度之大、历时之久。虽这种努力出于不同目的，产生出各异的影响，但客观上确实促成了以孔子为代表的儒家思想及其所体现的中国形象向西方世界的传播与交流，这一点是值得肯定的。

本书主要基于形象学研究的范畴来展开对孔子形象的解读，根据莫哈对形象学研究的界定："形象学拒绝将文学形象看作对一个先存于文本的异国的表现或一个异国现实的复制品。它将文学形象主要视为一个幻影、一种意识形态、一个乌托邦的迹象，而这些都是主观向往相异性所特有的。"② 由此看出，形象学视角下，孔子形象的建构是主体以想象为核心，通过符码化过程展开的一种心理活动和表意实践，它的特征是主观性、虚构性和表意性。因此，对 18 世纪孔子形象构建主体的分析成为本书展开的基本结构。下面笔者分别从传教士、启蒙思想家以及普通民众三个群体出发，从共时的层面探讨孔子形象"西游"后的形象样态、其构建机制和原因，以及其所折射出的西方中心主义的文化霸权。同时，也以历时的方法尝试分析孔子形象在整个 18 世纪的历史语境中受到了哪些因素的触发，其话语传统如何延续和运作，经历了哪些变形，并试图解析其文化意义转向的原因。

---

① 孟华：《伏尔泰与孔子》，北京：中国书籍出版社，2016 年，第 28 页。
② ［法］让－马克·莫哈：《试论文学形象学的研究史及方法论》，段映虹译，见孟华主编：《比较文学形象学》，北京：北京大学出版社，2001 年，第 24 页。

为了便于了解在 18 世纪对于孔子形象的塑造和建构产生较大直接影响的重要理论书写者及其相关作品，笔者以传教士、启蒙思想家和哲学家为主，以中国留学生为辅，以作品出版年代为序，整理出如下表格（表一），将其作为本章的重点分析材料。需要特别说明的是，17 世纪末起，跟随中国传教士赴欧、赴法游学的中国留学生开始出现，并且数量不断增加，他们与罗马教会、法国宫廷以及法国知识分子阶层都有不少接触和交流，直接或间接地参与了中国儒家文化的输出。同时，作为浸润于孔儒文化成长起来的"鲜活标本"，这个群体成为西方了解中国，对孔子形象进行塑造的重要参照和交流对象，因此本书也将观照这一特殊现象，将其纳入影响 18 世纪孔子形象建构的要素。由于普通民众这一形象构建者群体，几乎没有做出理论性贡献，因此所涉猎信息材料未列入本表。

表一

序号	作者	作品	出版信息	备注
1	亚历山大·诺埃尔	《外国传教士关于孔子哲学的文集》	1700 年出版于科隆 chez Jean leSincère 出版社	
2	马勒·伯朗士	《关于神的存在及其本质：中国哲学家与基督教哲学家的对话》	1703 年出版	
3	卫方济，比利时耶稣会士	1. 用拉丁文翻译了"中国六大经典" 2.《中国哲学》 3.《对有关中国礼仪问题言论之答复》 4.《有关中国礼仪之争杂录》	1711 年在布拉格出版	
4	未知	《智慧的殿堂：哲学家和智者介绍合集》	1713 年出版于巴黎 J. Vallet 出版社	内有孔子画像及简介
5	西鲁埃特	1.《来自孔子的中国统治和道德思想》 2.《中国政府及道德观总论》	1729 年出版	

续表

序号	作者	作品	出版信息	备注
6	杜哈德 （或译竺赫德）	1.《中国全志》； 2.《中国最著名的哲学家孔子》 3.《耶稣会士中国书信集——中国回忆录》（26卷）	1. 1735年出版于巴黎，46卷 2. 1735年出版于巴黎 3. 1703—1776年陆续出版于巴黎	内有孔子画像
7	未知	《赴华传教士史：关于中国的祭祖问题》	1742年出版	
8	马若瑟	1. 著有《中国古籍中之基督教主要教条之遗迹》《六书析义》《经书理解绪论》《作为一个传教士，对中国古典文献是否可以而且应该按天主教教义来理解》《将十二信德用之于中国》《〈五经〉问题和解决之道》 2. 首译《赵氏孤儿》	1700—1736年期间写作	
9	迪奥盖尔·拉埃斯所著，肖夫皮法译	《古代杰出哲学家传略》	1758年出版于巴黎chez P. F. Didot 出版社	
10	在华耶稣会士	1.《北京耶稣会士中国纪要》（16册），其中高类思独自撰写了第一卷《中国古代论》部分 2.《中国之哲人孔子》（中文标题为《西文四书解》）	于1776—1841年间出版	这本书附有《易经》六十四卦及其意义说明、孔子传、孔子画像，上书"国学仲尼，天下先师"
11	普吕盖	《中国经典》	法文七卷本，1784—1786年间出版于巴黎	
12	雷万斯克	《孔子的道德思想》	1782年出版于巴黎chez Didot l'aîné, Imprimeur du Clergé	
13	在华法国传教士	《中国历史学术艺术风俗习惯之研究》	不详	
14	赫苍璧	1.《中国名人著述集》 2.《诗经》 3.《关于中国礼仪问题之裁定》	不详	

续表

序号	作者	作品	出版信息	备注
15	刘应	1. 《孔子第五十六代孙传》 2. 《中国哲学家之宗教史》 3. 《华人之礼仪及牺牲》	不详	
16	冯秉正	1. 《海外传教士耶稣会士通信录》16 卷 2. 《中国通史》12 卷	《中国通史》于 1777—1783 年出版于巴黎	
17	钱德明	1. 《孔子传》（收录于《中国杂纂》中） 2. 《孔传大事略志》 3. 《孔子诸大弟子传略》《中国名人谱》	出版于 1782—1792 年间	内有孔子像及介绍
18	茹良年	翻译《礼记》《三字经》《千字文》等		
19	钱德明和韩国英等传教士们共同撰写	简称《中国杂纂》（全称：《北京传教士关于中国人历史、科学、技艺、习俗论丛》）	前 15 卷出版于 1776 - 1791 年，第 16 卷由 Sylvestre de Sacy 出版于 1814 年，均在巴黎出版	
20	晁俊秀	《中国耶稣会废止记》		
21	杨德旺（望）	撰写《中国古代论》		首批赴欧中国留学生
22	高类思	撰写《中国古代论》此书为《北京耶稣会士中国纪要》的第一卷		首批赴欧中国留学生
23	沈福宗	参与校对当时法国耶稣会正在进行的"四书五经"翻译项目		据汉学家史景迁考证
24	黄嘉略	《中文语法》等		自 1706 年起常驻巴黎，与孟德斯鸠交往密切被路易十四任命为中文秘书，负责编写书籍
25	辜鸿铭	"译四子书，述春秋大义及礼制诸书"，使"西人见之始叹中国学理之精"		（见《清史稿》文苑三林纾传附）

续表

序号	作者	作品	出版信息	备注
26	孟德斯鸠	1.《波斯人信札》1721 年 2.《论法的精神》1748 年		《论法的精神》中涉及对中国君主专制的论述，打破了欧洲长期以来对中国政治制度的幻想
27	狄德罗	《百科全书》	出版于 1751—1772 年	有关于中国哲学等的相关词条
28	伏尔泰	1.《中国孤儿》 2.《哲学辞典》 3.《风俗论》 4.《伏尔泰全集》（97 册）	1. 出版于 1775 年 2. 出版于 1764 年 3. 1756 年 4. 不详	这几部作品都大量涉及孔子学说
29	卢梭	1.《爱弥儿》 2.《社会契约论》 3.《论科学与艺术》	第一部和第二部都于 1762 年出版于阿姆斯特丹	从道德教化、法律制度、科学与社会进步等方面批判中国
30	魁奈	1. 著有《中国专制制度》（又译《中国君主专制论》）一书 2.《经济学图表》	1. 不详 2. 1758 年刊行	从政治和经济方面论证中国的落后
31	爱尔维修	1.《论精神》 2. 晚年写有《论人的理智能力和教育》	1. 1758 年出版 2. 不详	
32	杜尔阁	1.《向两位中国人提出的有关中国问题》 2.《关于财富的形成和分配的考察》	1. 这是他给杨德旺（望）和高类思两位将回国的中国留学生写的询问问题的分析性引言 2. 1766 年出版	与杨德旺（望）、高类思、黄嘉略过从甚密
33	［德］霍尔巴赫	《德治或以道德为基础的政府》和《社会的体系》	1773 年著	一生寄居巴黎，百科全书派领袖人物
34	孔多塞	《人类精神进步史表纲要》	1793 年完成	其进步史观的提出，在理论上埋葬了孔儒思想

第一节
传教士笔下的孔子形象

由于所涉资料广泛、人数众多且年代久远，截至目前，中外学界还未对 16—18 世纪来华传教士对中国古代典籍的翻译工作做过全面详尽的搜集、整理和研究，仅就目前我国学者的研究成果来看，王漪统计出的 1687—1773 年间的相关著作数量最多，有 353 部，张西平的统计数据为 342 部，其差异可能与统计文献的取舍有关。不过仍能看出这些著作涉及汉学译介和阐释，触及对中国的各个方面介绍和论述，其中谈到孔子及其儒家典籍译介和阐释的主要著作，笔者做了前文表格（表一）的梳理。

从上述表格材料中，我们可以概括出 18 世纪传教士有关孔子的著作及论述主要有以下几个特点：第一，与前两个世纪相比，18 世纪与孔子相关的论述作品数量明显增加；第二，以孔子为专题集中论及孔子本人及其思想的作品开始出现，如《外国传教士关于孔子哲学的文集》《来自孔子的中国统治和道德思想》《中国最著名哲学家孔子》《孔子的道德思想》和《孔子传》；第三，"礼仪之争"背景下，所关注内容涉及对孔子的道德学说、政治哲学、宗教信仰等各个方面的阐释和译介；第四，有关孔子及其学说的资料非常丰富，且出现了《中国经典》《中国全志》和《中国杂纂》这样的大部头著作，其中皆有对孔子及儒学的专章或专卷论述。

由此我们可以看出，循着自 16、17 世纪以来对孔子形象建构的历史的建构脉络，18 世纪前中期，传教士仍然是孔子形象的主要塑造者和传播者。在他们进一步广泛而深入地解释翻译孔子及其儒学典籍的过程中，孔子形象既延续了之前在道德教化和宗教亲基督教化两方面的侧像，又在历史的吊诡中最终成为终结耶稣会士在中国传教的掘墓人侧像。那么孔子形象的这三种侧像是如何被建构出来的呢？

一、世俗道德家侧像

孔子形象作为世俗道德教育家的侧像，首先来自 17 世纪的拉莫特·勒瓦耶（La Mothe Le Vayer），他称孔子为"中国的苏格拉底"，并且特别强调"孔子和苏格拉底一样都使伦理道德具有了威望，使哲学从天上降至人间"①。将苏格拉底作为孔子的对比对象，意即肯定孔子是一个堪比苏格拉底，致力于辩求智慧、教化民众、德行天下，代表公正、理性、德行的世俗社会的东方贤者。在杜哈德的《孔子传》中，他赞扬孔子"以其个人一生之所为践行了其著作所宣讲的道德规范和行为准则"，认为他的"声望随时间而愈加卓越，是人类所能企及的最高智慧"。②这些溢美之词体现出孔子在个人修为、探求真知方面的道德家形象的延续性。

其次，普吕盖在用法语转译卫方济《中国六大经典》后介绍并评述孔子其人及其儒家学说的形成过程时，评价孔子是以"教化苍生，德化天下"为己任的无私教育家。他写道："在孔子的作品和阐释中，我们看到了一位致力于育人这一伟大事业的哲学家，而非为了那些幼稚的企图，类似为了赢得人们的称赞和

---

① ［法］拉莫特·勒瓦耶：《论异教徒的德行》，巴黎：出版商 A. 库尔贝（A. Courbé），1662 年（第三版），第 668－669 页。转引自孟华：《伏尔泰与孔子》，北京：中国书籍出版社，2016 年，第 79 页。

② 转引自孟华：《伏尔泰与孔子》，北京：中国书籍出版社，2016 年，第 86 页。

惊讶的目光，为了娱乐大众，为了哗众取宠，抑或为了引起大众的掌声或笑声。"① 孔子被塑造成大公无私、德高望重、启化民智的智者教育家形象。

孔子作为道德教育家形象，不仅在于接收弟子、广开言说，还在于其积极的入世实践。钱德明在《孔子生平纪事》的孔子画像简介里评述道："孔子在三个诸侯国担任过官职，但他此举并未为自己谋求荣华富贵，而是为百姓谋得幸福，为实践其学说，并将这些学说带给他的威望还诸其本身。如若只有自己空享赞誉，而无为他人带来益处，他将立即离职。"② 孔子逝世后，其积极治世的学说化为中国人的精神图腾，继续广泛深入影响着世代中国人的精神世界。孔庙和祭孔礼仪即是这种学说神圣化和政治化的具体体现，诚如普吕盖所述："在帝国动荡、骚乱和内战时期，孔庙就是其精神和学说的神圣的避难所……当皇帝被废黜或朝代没落时，孔子就是帝国的指挥者和人民的立法者；继任皇帝，或者新朝代的奠基人，必须向这位先哲致敬，必须承认他的弟子，也必须使各项执政原则同孔子的学说相适应。"③ 普吕盖对孔子及其学说的这段介绍奠定了孔子作为道德教育家形象的世俗权威性和政治影响力。由此我们看出，这里的孔子形象依然延续了孔子一心为民、德行高尚、以身作则的人格魅力，而且还

---

① 转引自张西平：《儒学西传欧洲研究导论——16—18 世纪中学西传的轨迹与影响》，北京：北京大学出版社，2016 年，第 268 页。

② 参见原文：Ce Philosophe, dont le nom Chinois est Koung-Tzée, exerça la magistrature dans plusieurs royaumes, recherchant les dignités, non pour les avantages personnels qu'elles lui procuroient, mais pour travailler au bonheur des peuples, et pour donner à sa Doctrine cette autorité que lui même recevoit de ses emplois. Il s'en démettoit aussitôt quand il n'en recevoit que de vains honneurs, sans pouvoir être utile aux hommes. 见：Josephe-Marie Amiot：*Abrégé historique des principaux traits de la vie de Confucius, célèbre philosophe chinois*, orné de 24 estampes gravées par Helman, chez l'Auteur, de l'Académie de Lille en Flandre, Rue St. Honoré.

③ 转引自张西平：《儒学西传欧洲研究导论——16—18 世纪中学西传的轨迹与影响》，北京：北京大学出版社，2016 年，第 269 页。

更进一步，将其教化民众德行的道德说教提升到政治层面，使其成为践行以德治国政治理想的实践者和精神先师。

综上可见，这个时期传教士为孔子塑造的第一个侧像——世俗道德教育家，可以总结为以下几个特点：第一，对于自身，追求真知、德威身正；第二，对于社会，宣道立说、开启民智；第三，对于国家，为民谋福、言行并重。这也正是儒家经典《礼记·大学》里所倡导的修身、齐家、治国、平天下，孔子由此被塑造成用自己的一生修炼去实现这种理想的世俗智者和世代道德先师。此外，在同一时代不同作者笔下，孔子的这些具象之间构成了互文关系，共同生成了一个求真问智、德高望重、匡时济世的孔子类像，完成了从个人想象到社会集体想象的一种升华。

二、亲基督教的异教徒侧像

传教士对于孔子形象塑造的第二个侧像是亲基督教的异教徒。这个侧像的形成首先来自利玛窦对孔子及其学说的有意"误读"，他在《天主实义》一书中写道："吾天主乃古经书所称上帝也。《中庸》引孔子曰：'郊社之礼，所以事上帝也。'他也曾自述：'我处心积虑地借用儒家先师孔子来证实我们的见解，因此我把某些含义模糊的文字解释得对我们有利。'"① 从中可以看出，利玛窦作为最早来中国传教且做出重要开创性成就的耶稣会士，在了解到孔子及其儒家学说在中国的重要地位后，将"孔夫子"视为打开中国人心灵的一把钥匙，聪明巧妙地运用孔子的威望和言论来诠释和宣传天主教义与中国传统文化的契合点，将孔子定性为"人"，而非"神"，用以说明中国作为一个

① 转引自裴化行：《利玛窦神父传》（上），管震湖译，北京：商务印书馆，1995年，第277页。

非基督教国家本身并没有一个高于"上帝"的精神存在，因此中国的民众是可以在传教士的努力下归化于基督教的，从而表达了耶稣会士在此传教的可能性和必要性。具体怎样来实现这一归化呢？他开始"处心积虑"地将孔子学说嫁接到基督教教义的范围内，虚构出孔子儒家学说天然地具有亲基督教化的特点。如此一来，对孔子形象的塑造便实现了"一箭双雕"的表意实践：既向其他天主教会传教士以及罗马教廷证明他首创的"中国化"传教策略是正确的，避免有悖于基督教教义而招致攻击，同时又"挂羊头卖狗肉"般将中国民众对"老天""祖宗""孔圣人"的尊崇心和敬畏心移植到对基督教"上帝"上，促使其相信基督教与祭祖拜孔有着天然的相似性，以便网罗更多中国信众，达到收编中国于基督教世界之目的。

利玛窦的这一费尽心机的策略在后来来华传教的大多数耶稣会士中得到了认同和继承。白晋在自己所著的《康熙皇帝》一书中做过如下叙述，"当皇太子（康熙的儿子）问到孔子和古代圣贤的学说与天主教的关系时，他（传教士刘应）禀复说孔子及中国古代圣贤的学说和天主教不仅不相违背，而且相当类似"[①]。他在给莱布尼茨的信中进一步强化了二者的关系，"真正的宗教的几乎全部教义，都包括在中国人的经典著作中了"[②]。这一论断显然也是承认了基督教教义与中国传统思想之间有着天然的亲近关系这一观点，并且一方面表达出两者共享的普适价值，另一方面似乎有明显的攀附之意，这可能与他长期在朝廷供职有关。1720 年，马若瑟被召回罗马后也曾说道，"天主教之教理在中国许多典籍中均可求得，但以孔子之

---

① ［法］白晋：《康熙皇帝》，赵晨译，哈尔滨：黑龙江出版社，1981 年，第 56 页。

② ［法］维吉尔·毕诺：《中国对法国哲学思想形成的影响》，耿昇译，北京：商务印书馆，2000 年，第 407 页

'经'中蕴藏最富"①，这为孔子典籍在法国的解释翻译和传播
起到推动作用。后来的莱布尼茨对中国思想道德层面的高度赞
誉，与这些构建孔子形象的传教士们的往来影响不无关系，他
曾在给来华传教的闵明我写信道："鉴于我们道德极其衰败的
现实，我认为，由中国派教士来教我们自然神学的运用与实
践，就像我们派教士去教他们启示神学那样，是很有必要
的。"② 虽然莱布尼茨将孔子的儒家思想判定为"自然神学"
的有神论，与前面神父们的认识不同，但这并不妨碍他将孔子
塑造为亲基督教的异教徒这一侧像。

　　随后在杜哈德所著的《孔子传》中，孔子同样被塑造成一
位劝诫人尊天道、听天命、行善举的有神论者，书中写道："孔
子意在宣扬天地万物之道，以便唤起民众的敬畏心与感激之情，
它全知全能，无所不包，即便最隐秘之事亦无以遁形。简言之，
必使善有善报，恶有恶报。"③ 这里使用的"道"的概念，在传
教士笔下，被移植入了基督教全知全能的"上帝"的特点和功
用，具有"全知全能、惩恶扬善"的能动性，而孔子的职责就
像传教士，负责宣讲"道"中的义理（即"上帝"的教义），
这更传递出孔子之学说与基督教之教义之间存在着天然的内在的
同质性特点，而孔子也由此被构建为宣讲"上帝之教义"的亲
基督教异教徒。这种形象塑造的过程显然是想象主体根据自己的
审美经验和表意需求对"孔子形象"的社会功能和社会效果进
行的个人化和社会化的再符码过程，展现出想象主体对被想象的

---

　　① 见《明清间耶稣会士译著提要》和方豪：《十七八世纪中国学术西被之第二
时期》，载《东方杂志》，1945 年第 41 卷 1 期。
　　② ［德］莱布尼茨：《〈中国近事〉序言：以中国最近情况阐释我们时代的历
史》，见［德］夏瑞春编：《德国思想家论中国》，陈爱证等译，南京：江苏人民出
版社，1995 年，第 9 页。
　　③ 转引自孟华：《伏尔泰与孔子》，北京：中国书籍出版社，2016 年，第 87
页。

他者的一种意识形态化的塑造和话语权力。

综上所述，传教士为孔子塑造的第二个侧像——亲基督教的异教徒，可总结为以下几个特点：第一，对于孔子其人，传教士们达成共识，即孔子是肉体凡胎的"人"，不是虚无缥缈的"神"；第二，对于孔子及其儒家学说的本质，传教士内部有着不同的见解和论争，这也是"礼仪之争"这一历史事件出现的起因，而在 16 世纪至 18 世纪前中期，在中国传教事业中占主导地位且影响力和成就最大的耶稣会主流认为孔子儒学与基督教义在本质上有相似性，不论将其认定为"治世人学"，还是"自然神论"，都可与基督教义进行比附；第三，在当时主流的耶稣会士看来，孔子儒家学说与基督教教义有着天然的同质性，因此采用"中为西用"的传教适应策略有其必要性和可能性。

三、耶稣会"掘墓人"的侧像

孔子被塑造的第三个侧像是耶稣会"掘墓人"的形象。如果说，孔子亲基督教异教徒的形象来自"礼仪之争"中赞成利玛窦一方对孔子形象的塑造，那么孔子耶稣会"掘墓人"的形象则来源于"礼仪之争"事件中论争的另一方。龙华民是利玛窦在华的继任者，也是耶稣会内部第一个提出反对利氏对孔子儒家思想判断的人。他来华研习了儒家的"四书"后认为"那些评注者对'上帝'（天上的皇帝）一词所下的定义是与神性相违背的"。他断言，孔子"避免明白清晰地谈论鬼神、理性灵魂与死后世界"，是希望将民众的智慧只限于用来思考今生今世，从而导致了现世的"人心的堕落"，最终成为无神论者，所以他的结论是"我个人认为,孔子以及古代的中国哲学家都是无神论者"①。这一论断彻底将孔子塑造成不相信"上帝"存在的人,是纯粹的"异教徒"。而他的学说也变成了导致"人心堕落"的"祸根",是与基督教教义完全背离的"异教邪说"。利安当也对孔子及中国人对"神"的认知做出了类似的判断:"孔子以及古今所有的中国人都不曾对真神 Dieu 有任何认知,他们所知道的都是诸多伪神。"②

受以上两位神父的影响,天主教奥拉多利修会的神父马勒伯朗士于 1708 年出版了一本名为《关于神的存在及其本质:一位中国哲学家与基督教哲学家的对话》的书,内容以对话体写成。对话双方并无实名,只说是基督教神学和中国儒家学说的代言人,但从中我们可以看出"一位中国哲学家"表达的是以孔子为代表的儒家学者,因此也可视为作者塑造的"孔子形象"。该书开篇"中国哲学家"开宗明义:"我们这里从来不了解他(天主),我们宁可只相信那些确凿有据的事物。这就是我们只承认物即'理'这个至极真理的原因所在;因为它永远潜藏于物中,是'理'才形成了物,并把'我'安排妥帖,于是才有我们眼前的良好秩序;也唯有这个'理'能够照亮我们之所构成的这一纯净而有序的物质本身。所有的都与这个至极真理发生关联,有的人多些,有的人少些;所有的人都必须是这个至极真理中发现把所有社会连接起来的恒久实相和法式。"③ 书中的基督教哲

①　[意]龙华民:《论中国宗教的几个问题》(杨紫烟译本抽样本)。转引自张西平:《儒学西传欧洲研究导论》,北京:北京大学出版社,2016 年,第 126 – 127 页。

②　[西]利安当:《论中国传教事业的几个问题》,(Traité sur quelques points importants de la mission de la chine),in Wenchao Li und Hans Poser(eds.),Discours sur la Théologie Naturelle des Chinois,Frankfurt:Klostermann,2002. 杨紫烟译。转引自张西平:《儒学西传欧洲研究导论》,北京:北京大学出版社,2016 年,第 128 页。

③　[法]马勒伯朗士:《关于神的存在本质的对话》,陈乐民译,北京:生活·读书·新知三联书店,1998 年,第 134 – 135 页。

学家批判了这种将"理"奉为至高无上的观点，认为用"理"替代了"神"是一种无神论的观点。此外，"理"又是存于"气"中，而"气"是物质，所以儒家学说又是一种唯物主义学说。这一论述用理性思辨的方式坐实了儒家学说与基督教教义的背离。而后的莱布尼茨在阅读了上述论断后，写了一篇长文《致德·雷蒙先生的信：论中国的自然神学》，文中他巧妙雄辩地认为儒家学说不是无神论，而是"唯灵论"，儒家学说中的"理"也是指一种"本质存在"，除了并无"天启"之说，儒家学说与基督教教义几乎完全一致，而孔子像柏拉图一样，"也信仰一个唯一的上帝的存在"。至此，我们发现，原来被利玛窦等创造性地用来嫁接基督教义的孔子儒家学说，此时转变为解构基督教教义的"利剑"，而曾经被奉为宣讲"基督教教义"的孔子也戏谑地成了耶稣会"掘墓人"。难怪留在中国的最后一名耶稣会士钱德明痛心疾首地说："许多传教士都对为欧洲工作而感到厌倦，即使我们仅试图为宗教和科学服务，但仍毒化了我们所说的最天真无邪的内容。有人把一些罪恶的观点强加给我们，以至于使我们悲伤地发现在一些为了反对我们冒着生命危险所传播的宗教而宣扬魔鬼的著作中提到了我们。"至此可见，到底要"美化"还是"毒化"那些"最天真无邪的内容"，只与想象主体的心理期望和表意需求有关，而与内容本身究竟是什么无关，同一个形象在经过符码和再符码后彰显出主导话语权力下的一种文化霸权。钱德明神父这种"搬起石头砸了自己脚"的既无奈又悲伤的心情正是这种文化霸权下的真实体验。

综上所述，传教士为孔子塑造的第三个侧像——耶稣会"掘墓人"，可总结为以下几点：第一，在"礼仪之争"背景下，对于孔子学说中有关宗教神学本质的问题成为此时讨论的核心，作为被想象者，孔子形象经受着反复的"重写"或"改写"；第二，孔子的"天道论"最终跌落神坛，在符码化和再符码化的不断"误读"过程中,成为被表意的"牺牲品",被想象主体抛出基督教的所谓"普适价值"之外;第三,不论是无神论、唯物论还是唯灵论,孔儒学说无疑都被剥离出天主教正统教义,成为一个被新的想象主体构建并言说的新的"他者"。

这场由耶稣会内部反利氏派、天主教会其他派别的教士们以及推崇自然神学的哲学家们组成的群体①对于孔子及其儒学思想在认识上的论争,使得孔子形象经历了从世俗道德教育家到亲基督教异教徒,再到基督教"掘墓人"的形象改写。这既说明西方对于孔子形象的建构完全是按照自己的期望视域进行的一种表意实践,同时也表明这场论争胜出的一方将成为掌握重新建构孔子形象话语权的群体。不难看出,自斯宾诺莎提出自然神论后,它就成为解构基督教人格神的一把利器,动摇了西方宗教界传统神学的基础。而作为18世纪中后期在宗教和哲学领域里对传统天主教义发出挑战的新思想,自然神论和无神论都被用来作为重新解读孔儒学说的理论范式,这无疑为接下来自由主义思想家和启蒙哲学家继续征用孔儒学说批判法国传统教会神学奠定了理论和舆论基础。

从1773年克莱蒙十四世宣布解散耶稣会这一历史事实可以看出,孔子形象在宗教意义上的亲基督化价值将淡出西方历史舞台,而以自然神论和无神论为精神主导的启蒙思想家将引领西方新的思想潮流,致力于重新构建孔子形象在自然哲学和社会伦理意义上的表意实践。需要指出的是,此时孔子作为世俗道德哲学家的形象将继续被启蒙思想家征用,建构起其作为"救世治国"社会政治理念的形象,构成法国社会对孔子正面形象的一种长久

---

① 天启神学和自然神学的划分源于天主教神学家托马斯·阿奎那,前者是一种神秘的先验唯心主义认识论,后者是一种基于对自然观察的理性主义神学认识论。前者主要是神学家讨论的范畴,他们相信通过《圣经》,上帝向世人显现神旨或真理,世人只需读经信仰即可;后者多与哲学家讨论相关,他们更强调通过日常经验和理性来判断信仰,从而得到神通过自然彰显出的真理。

的集体记忆，并成为今后很长一段时期内的一种"套话"。

那么18世纪的传教士为什么会构建出这样的孔子形象呢？孔子形象为什么又会发生改写呢？

首先，诠释学视角下解释者的历史困境。海德格尔曾说，"把某某东西作为某某东西加以解释，这在本质上是通过先行具有、先行视见和先行把握来起作用的。解释从来不是对先行给定的东西所作的无前提的把握"①。传教士作为孔子学说最早也是最主要的解释者，在其理解和阐释过程中，必然无法摆脱其"前有、前见和前把握"，因此他们在接触孔子时会将其附之于苏格拉底、耶稣，将孔子的"天"与基督教的"上帝"进行对比，将孔子学说与基督教义进行对比解释，将孔子的仁德教育比对于基督教的仁爱感化等，由此唤起先见经验，再通过对这些先验的前提把握，用以理解和寻找孔子形象再创造的基础。所以正是基于这样的理解与阐释，孔子形象成为一种被创造、被解释的被建构者。正如加达默尔强调的，"所有理解性的阅读始终是一种再创造和解释"，正因为如此，传教士作为孔子的第一批主要解释者，无法摆脱其自身的历时性，无法超越传统和前见，而只能是通过自身的理解活动将基于过去与现在的对话带入新的时代和新的语境，在视域融合机制下，使得孔子形象呈现出一种在他们解释下的世俗道德家、亲基督异教徒以及耶稣会"掘墓人"的开放状态。需要强调的是，这一机制一直继续发挥作用，在启蒙时代作用于启蒙思想家这一批新的解释者身上。至于形象之所以会被改写，其原因则在于：既然理解活动是一种视域融合，那么每次融合的实现就是开启了一种历史可能性，因此出现改写自然不足为奇。根据姚斯的接受美学观点，读者对作品的接受形成

---

① ［德］海德格尔：《存在与时间》，陈嘉映等译，北京：生活·读书·新知三联书店，1987年，第184页。

的期待视野，既以以往的审美感受和经验背景为前提，同时又是一个不断被修正、被改造的动态过程。从这个意义上也可以理解传教士在对孔子形象进行解读和接受时这一变化的动态变化过程。

其次，具体情境下的现实需求。如果说上述分析是传教士眼中孔子形象形成的理论可能性，那么接下来我们分析当时的社会现实起到的塑造作用。第一，传教士的传教使命使然。传教士是带着宗教热情和宗教使命进行海外传教活动的一个群体，他们致力于将基督福音传播到世界各地。基于此目的，一切有利于实现这项使命的方法都是他们力图尝试的，而基于利玛窦等前辈的智慧，利用孔子学说的"本土化"传教成为他们的主要策略，因而他们在作品中对于孔子的改造和利用就势在必行。甚至后来出现了以白晋、傅圣泽为代表的菲戈主义者，他们提出用新的手段去解决有关中国与基督世界认识上不一致的问题，意欲以基督教的归化将中国纳入基督世界的文化体系。这就出现了我们看到的对于孔子及其学说的比附策略以及有利于归化中国的基督教话语体系。第二，教会内部的各种矛盾突出。罗马天主教的地位日益受到改革派新教的挑战。代表既得利益的保守派坚持教会的特权，严守传统教义和教会制度，对异教和改革派持强硬的不宽容态度，而代表新兴资产阶级和市民阶层的新教改革派却顺应历史潮流，积极推动宗教改革，在经济上获得了更多的利益，在思想上越来越自由、开化和包容，在社会上影响力也越来越大。二者之间的矛盾也体现在对于孔子的认识和态度上，此即教会内部发生的"礼仪之争"。另外，耶稣会成员也由于其经商行为，与世俗商人之间产生了利益冲突，导致法国传教士"瓦莱特事件"的发生。于是1760年，巴黎高等法院将耶稣会判定为国家敌人，烧毁耶稣会士的24部著作，关闭其学校，没收其财产。1764年路易十五批准取缔耶稣会并驱逐会士的禁令，从此耶稣会影响力大大削弱。1773 年克莱蒙十四世宣布解散耶稣会。至此，耶稣会士这一孔子及其学说的推崇者退出了历史舞台，可以说是"成也孔儒学说，败也孔儒学说"，而孔子在西方形象也随着他们的没落转为负面。因此，教会内部斗争和派别势力的变化是促使孔子形象在法国传教士群体中发生变化的重要现实语境。

再者，从跨文化形象学角度来看，这是自我对他者的一种单向权力话语。巴柔对他者形象的定义为："一切想象都源于对自我与他者，本土与异域关系的自觉意识之中，即使这种意识是十分微弱的。因此，形象即为对两种类型文化现实间的差距所作的文学的或非文学的，且能说明符指关系的表述。"① 以耶稣会士为主体的来华传教士对孔子及其学说的推崇并不在于想要深刻理解中国的这种异域文化，也不在于希望以平等的眼光和心态进行文化互鉴与交流，而是将儒家学说作为一种与基督教有异的"异教"的形象，也就是"他者文化"，进行虚构的想象和构建，以自我与他者对立的方式，达到归化他者的目的，证明其传教的必要性和可能性。而强调二者精神实质上的趋同性和一致性实则是一种典型的自我中心主义的文化输出，意图将基督教的价值观作为唯一价值观，强加于其他文化之上，因而不管是"借用"孔子形象还是乌托邦化儒家学说都是一种技术策略，其本质是一种西方对东方的单向度言说和构建。其间，孔子形象发生的转变也是基于想象主体本身发生变化和表意需求的变化，即言说主体从耶稣会士到其他派别传教士的变化，以及从宣扬基督教的所谓普世福音到维护基督教纯正性的需求转变。而由传教士这一群体对孔子这一他者的描述不断出现互文，构成了一种关于孔子形象在今后一定时期内的"套话"，形象学称其为"社会集体想象

① 笔者自译，原文见：PAGEAUX（Daniel-Henri），*la littérature générale et comparée*，Paris：Armand Colin，1994，p. 60.

物"。它具有时间和空间上的纵向可传递性和横向普及性，能够对他者形象的传播起到非常重要且持久的作用。在异质文化之间对孔子形象"套话"的生产，往往伴随着诸多文化误读，而后者又会不断地参与这些"套话"的生产与传播。启蒙思想家便是承接了传教士笔下的诸多材料和误读，开启了下一程对孔子形象的构建与"套话"生产。

第二节
启蒙思想家心中的孔子形象

自由主义思想家和启蒙思想家从传教士笔下阅读到大量关于孔子形象的资料和相关论争材料，并在 18 世纪构建出他们眼中的孔子形象——从乌托邦化的"他者"幻象到意识形态化的"被注视者"。从前文表一材料和作品中，我们可以总结出 18 世纪哲学家和思想家有关孔子的论述主要有以下几个特点。第一，与传教士相比，他们并没有出版孔儒学说的专著，只是在相关领域论述中进行引用。第二，他们摒弃了传教士们有关孔子学说的宗教价值与理念争论，显然更关注孔儒学说的世俗价值，主要强调其在教育、道德、风俗、农业、政治领域的观点和言论，以人本主义的视角思考社会治理与国家治理的理论与实践问题。第三，思想家们对孔儒学说的运用根据自己的需求各有侧重，如莱布尼茨和沃尔夫以宗教观为起点，用哲学的逻辑思辨方式赞誉孔儒学说的道德观和治国之道；孟德斯鸠从政治制度方面论述古代中国的专制黑暗；卢梭从风俗和教育方面分析古代中国的落后和野蛮；伏尔泰盛赞孔子的道德观和政治观；魁奈和杜尔哥从农业经济的角度解读和美化孔子的重农主义思想等。第四，他们对孔子形象的运用出现了明显的两极分化，一方将孔子形象完全乌托邦化为一个完美的异域神话，另一方则将其丑化为造成中国落后、迂腐、愚昧、野蛮、专制的"始作俑者"，前者形象主要存在于 18 世纪前中期，转变为后者大约是 18 世纪五六十年代以后。

那么孔子形象的这两种样态是如何被 18 世纪的哲学家和思想家构建起来的？发生如此转变的机制又是什么呢？

前文已经提到莱布尼茨，他是西方社会群体对孔子形象注视视角转化的一位重要连接者。作为一个思想自由的新教徒，他从神学出发，赞同利玛窦对于孔子"天道观"中关于"天即上帝"的认识，认为中国的自然神学达到了"如此高度完美的程度"①。1697 年，他在出版的《中国近事》一书序言里盛赞了孔子在伦理道德教化和治国兴邦方面的贡献，这使得中国社会治理有序，民众谦卑识体，在道德和政治方面大大超过西方。他说，"在实践哲学领域，即在生活与人类日常习俗方面的伦理道德和政治学说方面，我们肯定是相差太远了"②。可以说，莱布尼茨承继了以利玛窦为代表的耶稣会士们对孔子及儒家思想在道德和宗教亲基督教方面的认同，并且目光更聚焦于孔儒学说在道德和政治方面的实用治世价值，深刻影响了后来的其他哲学家，开启了启蒙思想家群体对孔子形象乌托邦化想象的历程。

莱布尼茨的学生沃尔夫曾发表过一次题为"关于中国人的道德哲学"的演讲，后于 1726 年将其以《论中国人的实用哲

---

① ［法］维吉尔·毕诺：博士论文《中国与法国哲学精神的形成》，第 334 页。
② 安文铸等编译：《莱布尼茨与中国》，福州：福建人民出版社，1993 年，第 104 页。

学》为题出版。从书名中我们就不难发现他对莱布尼茨的师承，他提出孔子的儒家学说是"植根于人类理性中的自然性，是一门真正的关于幸福的科学，与基督教神学本质上并不矛盾，因为不管是根据自然还是根据神启，都可以发展出高尚的道德"①。显然他的关注点在于孔儒教育对中国道德的形成发挥的作用以及道德应服务于世俗现世而非宗教天主的实用功能。所以他认为孔子提出的注重个人修为、追求智慧与现世幸福、规范社会秩序等都是孔儒学说治人治世之精华。其实我们不难发现这些价值观完全吻合彼时启蒙思想家对法国个人、社会和国家理想化的期望视域，他们依据自己的意愿和需求对孔子形象进行了乌托邦化想象。沃尔夫的这些论述得到了广泛传播，以至于被教会抨击且排斥，甚至几十年后伏尔泰在《哲学辞典·论中国》中也对沃尔夫的观点做了概述，表达了对他的支持以及对迫害者的愤慨。

而伏尔泰本人笔下更是反复运用孔子形象，他是 18 世纪法国对孔子形象做过最多描述、最广宣传，对其最为崇拜的启蒙思想家。根据孟华老师的研究，"伏尔泰一生中曾在近八十部作品、二百余封书信中论及中国，而在这其中，'孔子'和'儒学'都属于出现频率最高的词汇"，并且伏尔泰也自称曾"认真读过"孔子的"全部著作，并做了摘要"②，可见伏尔泰对孔儒学说的重视及其对孔子形象的塑造所起到的重要作用。鉴于孟华已经对伏尔泰对孔子的接受及其传播做过详尽的专题论述，本书在此不再赘述，只从历时性和共时性两方面对伏尔泰的贡献作一总结：承续传教士及其他思想家的研究成果，伏尔泰进一步对孔儒学说的道德治世观给予盛赞，对个人修为、家庭伦理、社会道德、国家治理之间的关系进行了理性逻辑的全面论述，延续了耶

---

① "关于中国人道德哲学的演讲"，详见夏瑞春编：《德国思想家论中国》，陈爱政等译，南京：江苏人民出版社，1995 年，第 29 - 45 页。

② 孟华：《伏尔泰与孔子》，北京：中国书籍出版社，2016 年，第 124 页。

稣会士对孔子作为一个德高望重、仁行天下、匡时济世形象的塑造和传播，构成表达一种固定文化表征的"套话"。从这个意义上说，伏尔泰既是"集体描述"的接受者，反过来又直接参与了这一形象的生产，特别是基于他本人的威望和成就，他在孔子形象传播过程中发挥的作用可以想见，其积极促使了孔子形象生成为一种寓意明确的象征符号。使用"套话"这样的形象再生产表述方式，是通过"释放出信息的一个最小方式"，进而达到"最大限度、尽可能广泛的信息交流"①，最终实现这一理想化形象"普及化"的目的，进而深刻影响公众舆论和认知。作为 18世纪最伟大也最有影响力的哲学家，伏尔泰在宣传孔子正面形象方面起到的作用毋庸置疑，而他本人的一生基本与 18 世纪重合，从时间上来说，也是孔子形象在法国 18 世纪塑造的亲历者、见证者、参与者和推动者。

　　从接受理论看，伏尔泰在对孔子形象的接受过程中，显然表现出对孔子无限敬仰的特点。姚斯借用弗莱在《批评的解剖》中确立的五大英雄类型来划分读者在阅读过程中与文本之间的五种交流模式，分别为联想模式、敬仰模式、同情模式、净化模式和反讽模式。其中敬仰模式即指接受者将作品中的人物视为完美的审美对象，并对其产生敬佩之情，将其作为自己行为的效仿榜样。雷蒙·纳弗在《伏尔泰其文其人》中称孔子"以特有的魅力引起了伏尔泰的关注"②，这种魅力首先来自孔子其人质朴、贤德和智慧的人格魅力以及孔儒学说中的"仁慈、善良、正义"的道德思想要义，特别是伏尔泰引用最多的孔子那句"己欲立而立人，己欲达而达人"的积极人生处世原则和互助互爱的社

---

　　①　笔者自译，原文见：PAGEAUX（Daniel-Henri），*la littérature générale et comparée*，Paris：Armand Colin，1994，p. 63.

　　②　参见：Raymond Naves，*Voltaire*，*l'homme et l'œuvre*，Paris：Boivin et Cie，1942，p. 21.

会关系准则，正是伏尔泰毕生信奉和为之奋斗的人文主义理念和社会政治理想。在与孔子思想交流和碰撞的阅读过程中，伏尔泰这位接受者经历了这种审美体验带来的"审美愉快"之感。其次，这种魅力还满足了他在阅读中的个人期待视域，即哲人治世的政治理想。姚斯认为，作品的可接受性取决于"期待视野与作品间的距离，熟识的先在审美经验与作品的接受所需求的'视野的变化'之间的距离"①。以孔子为实践先例，伏尔泰似乎看到了自己在法国社会改革中可以想见的价值，这在他一生亲近政治统治者和积极参与社会活动的实践经历中可窥见一斑。他结交权贵又抨击黑暗制度，入选法兰西学士院院士但也被数次投入监狱，担任过路易十五的宫廷史官和王室侍从但也经历过数次逃亡，与普鲁士腓特烈二世过从甚密但又对其失望至极，这些个人经验都使得伏尔泰在阅读接受孔子形象过程中产生了"同类意识"，获得了审美过程中的心灵同感和接受认同，实现了间接肯定性的审美接受所带来的心灵愉快。伏尔泰的个人既往经验（个人理想在法国遭遇的失败）与个人审美经验（孔子理念给中国带来的繁盛）之间的距离即是"期待视野"与"作品"之间的距离，是"熟识的先在审美经验"与"作品的接受所需求的'视野的变化'"之间的距离，这一距离使得伏尔泰朝圣般地将孔子视为满足并超越他审美期待的想象物。而对个人所处现实世界的"焦虑情绪"又加剧了其在阅读过程中对审美对象的开放性理解，比如在谈到孔子天道观时，他认为孔子对"天"的解释达到了"人类思想所能想见的最纯美的地步"。论及伦理道德观时，他盛赞"没有哪一条美德被他遗漏，他的每一条语录都

---

① 姚斯：《文学史作为向文学理论的挑战》，见〔德〕H. R. 姚斯，〔美〕R. C. 霍拉勃著：《接受美学与接受理论》，周宁、金元浦译，沈阳：辽宁人民出版社，1987 年，第 45 页。

关系到人类的幸福"①。在评述孔子哲学的治世之功时，他认为
"在道德、政治经济、农业、技艺这些方面，我们却应该做他们
的学生了"②。

由此，我们不难理解孔子形象是怎样在伏尔泰这个阅读主体
的接受过程中被形塑为想象的"他者"，并且在伏尔泰的偏爱和
不断再书写过程中强化了孔子学说作为法国社会改革"救世主"
的乌托邦幻象。

除了伏尔泰，法国其他启蒙思想家也同样参与建构了 18 世
纪的孔子形象。

狄德罗认为"孔夫子的道德要比他的文学和治世之学强得
多"。他在《驳爱尔维修名为"人"的作品》中强调了孔儒思想
的顽强生命力和强大的同化功能，他质疑道，"据说，人们从来
没有自问过，为什么在对这个帝国的入侵中，中国人还能保持有
他们的规矩和道德"，答案是："这是因为，只不过一小撮人试
图要征服中国，但是他们却需要数百万人去改变……难道我们认
为数千人就有能力去改变数百万人的法制、道德、风俗吗？征服
者反倒要去适应被征服者，人数控制了一切。"

同为百科全书派的重要人物霍尔巴赫也表达了对孔子道德强
大生命力的赞许，他认为"建立于真理之永久基础上的圣人孔
子的道德，能使中国的征服者亦为之所征服"。显然，在这一点
上他与狄德罗的看法是一致的，不仅将孔子的道德观视为征服者
反被征服的"利剑"，而且并不是归因于人口数量，而是孔子道
德"永久的真理性"，在此二者之间的表述形成了明显的互文关
系。此外，他在《德治或以道德为基础的政府》一书中论述了
建立于理性基础上的孔子道德观应成为国家治理之根本，提出

---

① ［法］伏尔泰：《哲学辞典》（上），王燕生译，北京：商务印书馆，1991
年，第 84 页。

② 同上，第 323 页。

"国家的繁荣，须依靠道德"。由此可见，孔子的道德观成为哲学家们想象构建中的救国治世的良方。

另外，我们还必须提到重农学派思想家魁奈。他直言对孔子学说中有关德行修为的赞扬。德国学者利奇温曾提道："魁奈评《论语》的二十章说：'它们都是讨论善政、道德及美事，此集满载原理及德行之言，胜过于希腊七圣之语。'"① 魁奈还从孔儒学说中发现了自然法则对农业经济的贡献，他的重农主义思想在中国传统文化和繁荣的农业经济中几乎都找到了完美的实践模式。他说，"中华帝国不是由于遵守自然法则而得以年代编长、疆土辽阔、繁荣不息吗？……它的统治之所以能够长久维持，绝不应当归因于特殊的环境条件，而应归因于其内在的稳固秩序"② 。这里所强调的"内在的稳固秩序"就是指以孔儒学说为核心建立起来的个人的、家庭的、社会关系的、国家运行的思维观念、组织结构以及运行机制。

自此，这些启蒙思想家通过文本互文的方式合力将孔子形象塑造为一个在宗教天道观、伦理道德观、政治哲学观上提出完美理念的社会集体想象物，通过反复言说，美化出一个乌托邦式的孔子形象。在对中国社会、制度、文化、习俗、精神等层面的全方位和深入了解中，启蒙哲学家和自由主义者挖掘出孔子思想中的"自然哲学"理念，认为其既与基督教宽容、友善、仁爱的教义一致，又与理性、自然法则、人本主义的人文主义精神相契合。中国传统儒家文化的非人格神的自然宗教特点、实用理性的思维方式和行为模式、以情为扣的人本伦理，为西方启蒙运动注入了活水源泉。启蒙思想家从思想精神层面思考和提取孔子思想

---

① ［德］利奇温：《十八世纪中国与欧洲文化的接触》，朱杰勤译，北京：商务印书馆，1962 年，第 94 页。转引自杨焕英编著：《孔子思想在国外的传播与影响》，北京：教育科学出版社，1987 年，第 168 页。

② ［美］L. A. 马弗莉克：《中国：欧洲的模范》，圣安东尼奥：保罗·安德森公司（Paul Anderson Company），1946 年，第 303 - 304 页。

中有益于人的发展、社会建构以及国家治理的核心理念，推动了孔子形象更高维度的真实与虚构的想象构建。

由此我们总结出 18 世纪前中期孔子形象的三个侧像：道德典范和社会伦理秩序的创建者，培养和规训君王有效治理国家的政治哲学家以及经济上遵循自然法则的重农主义者。不可否认，孔子以"仁"为主体的哲学思想和"仁政德治"的政治理念成为启蒙时代的一笔精神财富，后续不少中外文史研究详细挖掘了其对法国启蒙思想形成的影响，如朗松写作多篇文章阐述了孔子思想对 17 和 18 世纪哲学思想的影响，维吉尔·比诺的《中国与法国哲学精神的形成》、艾蒲田的著作《中国之欧洲》等，都肯定了孔子思想对法国启蒙思想的贡献。

在形象学研究中，研究客体往往被当作"镜子"和参照系，它的真实性并非重点，研究对象更专注于其反射出的想象主体的隐蔽欲望、潜在心理、无意识表达和现实需求。由此形成的这一"他者"镜像，既可能被想象主体美化为"理想化的，表达欲望与向往、表现自我否定与自我超越的冲动"，也可能被丑化为"丑恶化的，表现恐惧与排斥、表现自我确认与自我巩固的需求"①。由此可以判断，启蒙思想家眼中的孔子形象是其掺杂着"想象与知识的表现"，是他们为了在世界秩序中探寻自身、自我认同和自我巩固而构筑的文化"他者"。这一形象的塑造是他们"以想象为具体方式的表意实践活动"，既可能是一种无意识心理的集体想象，同时又透露出其作为文化想象主体或表意实践主体的凝视、立场和期待。启蒙思想家对孔子形象的想象既可以是如上所述乌托邦式的正面化形象，也可能是意识形态式的负面化形象。前者的目的是以理想化的模式来批评现存问题，后者是在认同现实的基础上，想象出一个更糟糕的形象参照物，从而展

---

① 周宁：《跨文化形象学》，上海：复旦大学出版社，2014 年，第 3 页。

现自我的优越性。如果说 18 世纪前中期启蒙思想家们征用孔子形象来建构孔儒学说教化下的文明、繁盛、富强、法治、诚信的中国形象，用以批判教会神权的虚伪荒诞和宗教不宽容，以及法国封建专制的黑暗和腐朽，那么后期孔子及其儒家学说则被用作批判对象，用以表达 18 世纪后期启蒙思想家作为想象主体的一种自我中心主义的凝视和对于超越"他者"的优越感心理。那么他们是如何对孔子形象进行重塑和"误读"，进而将其转变为意识形态化的"被注视者"呢？

这一重塑首先发端于英国，威廉·诺顿 1695 年的著作《关于古今学术的感想》提出孔子学说无价值论，称孔子之所以被追捧只是传教士们的宣传和夸大造成的。这一观点在当时虽未被关注，但随后一些小说家通过作品描述具体化了这一观点，在丑化孔子和中国形象上不断传递和扩大，使其从文学层面进入社会舆论层面和精神层面，通过一种权力话语的反复言说，构建起意识形态化的对孔子负面化幻象。其中，安森的《环球航行记》和笛福的《鲁滨孙漂流记》《鲁滨孙漂流记续集》《魔鬼的政治史》等几部作品最有代表性，且在当时欧洲影响力巨大。1726年笛福在《魔鬼的政治史》中，复议了诺顿的观点，认为耶稣会士对孔子的追捧和利用是教士的一种狡诈行为，他通过抨击教士的别有用心，将孔子学说的思想性、独立性、神圣性"拉下神坛"。他写道："他们（指耶稣会士——笔者注）狡猾地同当地的那些教士妥协，融汇了两种宗教的谋略，使耶稣基督与孔夫子协调一致，让人觉得中国人与罗马人的偶像崇拜似乎能够结合在一起，而且并行不悖，中国人和罗马人最终将成为很好的伙伴。"① 在这样的视角解读下，我们看到孔子学说被动地沦为附

---

① ［美］史景迁讲演：《文化类同与文化利用》，廖世奇、彭小樵译，北京：北京大学出版社，1990 年，第 68 页。

庸地位，只是被教士操控用来完成其基督教传播使命的工具，而其自身价值显然无足轻重。此外，在其他小说中，安森与笛福等人不惜笔墨描写了中国社会的各个方面，来贬低、丑化、颠覆此前建立在孔子礼教基础之上作为礼仪之邦的中国形象。随着中国形象的坍塌，孔子作为这一乌托邦化中国形象的创立者随即不可避免地在西方失去光环，成为西方人眼中的陈旧、落后、腐朽、僵化、迂腐的中国形象代表和"肇事者"。

丰特奈尔和杜尔阁则是从理论上提出了进步史观，开启了西方现代性叙事的权力话语体系。特别是后者还在 1750 年的索邦大学演讲中系统地论述了这一观点。他谈道："理性与公正一经确定，就会像中国那样使一切僵化不变，反之，不完善之处也就不会停滞。"[①] 进步史观以理性、公正、进步、自由为关键词，构建了一个对国家和社会评价的话语体系，以此来确立西方的自我性和自我身份认同，而与之相对立的其他形态则被视为其反面的"他者"，成为被批判、被贬低、被扬弃的一种意识形态。这样的认识论转变和话语体系深刻影响了 18 世纪中后期对中国形象及孔子形象的评判。

狄德罗在《百科全书》一篇介绍中国哲学的条目下写道："虽然中国人的历史最悠久，可我们却远远走在了他们前面"，"人们一致认为，这些人（指中国人——笔者注）比亚洲其他所有民族都要优越，是因为他们的古代文明和精神，在艺术上的进步和智慧以及政治和哲学上的审美趣味。但上述观点与几个作家的判断几乎完全相左，而自认为最有教养的欧洲人也不这么看。"[②] 这里的几个作家就是指上文中提到的英国小说家们，他

---

① 转引自 John Steadman，*The Myth of Asia*，New York：Simon & Schuster，1969，p. 54.

② ［法］亨利·柯蒂埃：《18 世纪法国视野里的中国》，唐玉清译，上海：上海书店出版社，2006 年，第 130 页。

们在自己的小说里详细描绘出一幅有关中国衰弱、贫困、腐化、堕落的想象图景，这深远而广泛地改变了整个欧洲对中国形象原有的认识。至此，我们看到此前由耶稣会士和部分哲学家及自由思想家构筑出的孔儒学说乌托邦形象逐渐瓦解，欧洲开始形成新的广泛共识，全面想象构建出关于中国及孔子的负面形象。中国悠久的文明和精神，古老的为人处世智慧以及以德治世的政治哲学理念此时全面坍塌。一个全面停滞、落后贫困的中国形象，一种与专制同谋、腐化社会风气的孔子学说成为新的"社会集体想象物"。

孟德斯鸠于 1748 年在《论法的精神》一书中对中国的法律、制度、道德、风俗等进行了诸多负面的论证和评述，他从政治制度上断定"中国是一个专制的国家，它的原则是恐怖。在最初的那些朝代，疆域没有那么辽阔，政府的专制精神也许稍微差些；但是今天的情况却正好相反"。同时他论证在专制下教育所起的作用，"在专制国家里教育所寻求的是降低人们的心志，并且必须是奴隶性的……那里的教育主要是教人怎么相处……它只是把恐惧置于人们的心里，把一些极简单的宗教原则的知识置于人们的精神里而已……至于品德，亚里士多德不相信有什么品德是属于奴隶的"，因此在日常生活中，他认为"中国人的生活完全以礼为指南，但他们却是地球上最会骗人的民族"①。他在书中谈到从巴多明神父、商人们和安森勋爵那里读到了作出以上判断的"真实"材料，由此再次证实安森的《环球航行记》中描绘的完全迥异于乌托邦化中国的形象深刻影响了整个欧洲对中国社会的认识。

随后，爱尔维修于 1758 年在《论精神》一书中继续深入对

① ［法］孟德斯鸠：《论法的精神》，张雁深译，北京：商务印书馆，2006 年，第 84、22、210 页。

"东方专制主义"的论述，文中虽没有直言中国，但从内容不难读出是以中国为描述对象。

而卢梭于 1750 年在《论科学与艺术》中以中国为例来论述其科学与艺术不足以教化风俗这个观点时，进一步强化了孔儒之道教化之失败，他说："如果各种科学可以敦化风俗，如果它们能教导人们为祖国而流血，如果它们能鼓舞人们的勇气，那么中国人就应该是聪明的、自由的和不可征服的了。然而，如果没有一种邪恶未曾统治过他们，如果没有一种罪行他们不曾熟悉。而且无论是大臣们的见识，还是法律所号称的睿智，还是那个广大帝国的众多居民，都不能保障他们免于愚昧而又粗野的鞑靼人的羁轭的话；那么他们的那些文人学士又有什么用处呢？他们满载着的那些荣誉又能得出什么结果呢？"① 这里卢梭认为，受孔儒之道教化而成为官吏的文人们并没有使中国摆脱被异族奴役和统治的命运，受儒家之风浸染的民众也没有更聪明、更自由或者更顽强地去抵御邪恶、保家卫国，所以在卢梭看来，孔子儒家学说之"仁政德治"的治国理念丝毫无助于治理国家。不仅如此，他甚至认为这些道德规范只规训出一堆道貌岸然的虚情假意之人，只知泛泛空谈而无真才实学。"文人、懦夫、伪君子和江湖骗子，整天说个不停，但都是无用的空谈，他们富有思想但却没有一点儿才能，虚有其表，在见解方面匮乏得很。他们有礼貌、会恭维、机智、狡猾和会骗人，把所有应尽的义务挂在口头上，对所有的道德都装腔作势，不知道其他人性，他们所谓的人情交往只不过是行屈膝礼。"可见孔儒学说此时在他眼中已然成为一种欺世盗名、误国殃民的无用空谈。卢梭也以孔儒教育带来的这一弊端验证了他自己提倡的教育观，他在《爱弥儿》开篇就提

① ［法］让－雅克·卢梭：《论科学与艺术》，何兆武译，上海：上海人民出版社，2023 年，第 43－44 页。

出："出自造物主之手的东西都是好的，而一到了人的手里就变坏了……偏见、权威、需要、先例以及压在我们身上的一切社会制度都将扼杀天性，而不会给它添加任何东西。"这样的遵从人的自然本性的教育观显然与孔子通过教化和规范来塑造人的观念相左，起到了彻底否定孔子作为教育家的伟大形象和社会价值的作用。

上述对中国政治、道德、风俗、教育、思想等方面的评析，带来的直接后果便是彼时的启蒙思想家们似乎对"中国落后"这一论断达成了共识，就连极力夸耀中国的伏尔泰也以对比的眼光对中国的停滞不前和成就淡然表示费解："在如此遥远的古代，中国人便已经相当先进，但为何却止步不前；为何中国天文学如此古老，却成就淡然……这些与我们迥然不同的人，似乎被大自然赋予了可以轻松拥有一切的机能，却无法有所前进。而我们则相反，获得知识很晚，却迅速使一切臻于完善。"[1] 伏尔泰这种否定中国有发展能力的论断，成为一种固定表述，进一步强化了后世西方对中国负面形象的判断。不难看出，这种进步史观和西方自我中心主义的视角是造成对中国形象感到困惑的重要原因。

而英国哲学家休谟直接将这一停滞落后的"罪过"归结于孔子。"像孔夫子那样的先生，他们的威望和教诲很容易从这个帝国的某一角落传播到全国各地。没有人敢抵制流行看法的洪流，后辈也没有足够勇气敢对祖宗制定、世代相传、大家公认的成规提出异议。这似乎是一个非常自然的理由，能说明为什么这个巨大帝国里科学的进步如此缓慢。"[2] 他认为孔子以一家之言统御中华，导致人们再无思辨而思想僵化，墨守成规且代代相

---

[1]　［法］伏尔泰：《风俗论》，见周宁：《历史的沉船》，北京：学苑出版社，2004 年，第 217 页。

[2]　［英］休谟：《人性的高贵与卑劣》，杨适译，上海：上海三联书店，1988 年，第 47－48 页。

传，这是中国逐渐停滞不前和封闭落后的原因。至此，孔子形象完成了彻底的转变，从教化出一个美好中国的"功臣"转变为规训出一个"黑暗停滞"古国的"罪人"，实现了孔子形象从乌托邦化到意识形态化的转变。

可以说，孔子形象曾经撑起了文明中国形象的半边天，又最终被斥为"黑暗衰败国家"的缔造者和同谋，祭上神坛还是跌落神坛，似乎始终都跟孔子及其思想本身并无多大关系。从中可以看出，作家与理论家们通过互文的方式，从理论范式到文学作品共同编织出孔子形象的转变背景。西方对于孔子负面形象的解读只是西方现代性精神确立背景下西方权力话语的风向标转变，体现的恰恰是西方叙事主导下的文化霸权和以西方为中心的自我超越表意需求。正如周宁所言：启蒙思想家无论是征用还是扬弃孔子形象，都与西方现代文化的自觉有关，以孔儒思想为代表的中国形象成为西方现代精神自我否定、自我超越的异托邦。①

从比较文学形象学来说，几个世纪以来所形成的对于孔子形象的积极意义的"套话"在 18 世纪后期业已结束，而"套话的时间性又与国家、权力关系以及心态史有着密切关系"②。"套话"发生变化，往往反映出"套话"生产者对他者认知上的变化。那么 18 世纪启蒙思想家们为什么会出现对于孔子形象想象的两种"套话"形态？而这二者之间又因怎样的认知转变而发生转换呢？

第一，18 世纪的法国是封建专制的典型国家，因连年征战和宫廷贵族奢靡的生活，致使国库亏空、经济凋敝、民不聊生，而新生的城市资产阶级已经取得了重要的经济地位，渴望在政治上获得发言权。特别到了 18 世纪中后期，宗教迫害、特权横行、

① 参见周宁：《跨文化形象学》，上海：复旦大学出版社，2014 年，第 63 页。
② 孟华主编：《比较文学形象学》，北京：北京大学出版社，2001 年，第 194 页。

法律黑暗、道德沦丧，各种社会矛盾尖锐复杂，教权与专权如同两把尖刀剥削着普通民众的血肉，当时的法国社会急需救世良方来探寻出路。两种"套话"的启蒙思想家们都是在这样愈演愈烈的社会危机背景下以反对教权、反对封建专制为目的来提出自己的社会改革理想。他们以学者和知识分子的责任担当、对黑暗现实的批判和愤怒，以及痛心疾首的迫切心态，在世界范围内考察和探寻社会改革方案，思考法国可借鉴的经验和思想，并积极启发和引导民众身体力行推动观念转变和社会变革。

第二，近邻英国近代科学、思想和政治的影响。随着 17—18 世纪英国的牛顿、洛克、休谟等在各自领域的成就逐渐涌现，自然科学和哲学极大地改变了人们对于自然和社会的认识，成为法国学习和借鉴的对象，进而使得对于科学、理性、进步的推崇建构起近代主导话语体系。特别是英国率先在欧洲建立起君主立宪制的政治实践，对法国具有极大的参考价值。这些法国哲学家大都出身贵族或者比较富裕的家庭，游历过英国或与英国保持紧密联系，在对英国各个领域的理论和实践研究上做过大量的调查。对于社会改良的方案，如伏尔泰和孟德斯鸠，倾向于建立英国式的君主立宪制国家，并将国家的良好治理寄希望于开明君主，这样孔儒学说中的"有德行的君主"就被这些哲学家理想化为"哲人王"式的君主形象和榜样。同时，从耶稣会士的资料里，他们也看到了像康熙、乾隆这些已经被美化了的中国开明君主和在他们治理下的繁荣中国，这似乎给了哲学家们活生生的实例，进而对开明君主的"仁政治国"深信不疑。受洛克思想的影响，孟德斯鸠和卢梭在政治哲学方面通过逻辑演绎的方式推断出中国的君王不受孔儒道德的约束，反而是利用这些说教和规范作为维护君王统治的工具，进而得出了相反的结论：中国是和法国一样的专制国家，道德无法使社会风气纯良清正，孔儒学说只是专制统治的帮凶而使民众顺从、卑微、愚钝、麻木。洛克的

"白板说"也对卢梭在教育上提倡自然本性，而排斥孔子的家长式教育有较大影响。

第三，权力话语主体发生变化。随着中法商贸和人员往来的增加，对中国和孔子的信息来源更加多元化和具体化。之前传教士是孔子形象构建的主体，并且几乎是信息的垄断者，一部分启蒙思想家继承了他们构建的乌托邦中国形象和虚构化的孔子形象，成为 18 世纪前中期的权力话语主体。但随着新航路的开辟以及海外扩张的需求，越来越多的商人、船员、军人、旅行家等加入言说中国的队伍，他们作为各种事件的亲历者和记录者，在对中国形象的构建中提供了似乎更为生动的、"真实"的、多维的一手资料。而这些所见所闻又构成了启蒙思想家们的资料来源，成为其构建中国和孔子形象的重要依据。前文中我们已经提到，孔子形象负面化源于英国小说家的文学描述，并且由于当时邮局的普及和交通更加便利，书籍、小册子和书信的传递也越发快捷。沙龙、教会学校也在当时扮演着文化和思想传播者的重要角色。乔治·杜比在谈到启蒙思想的传播时做了如下列举："以前大贵族或金融家都是请家庭教师来对子女进行教育，自从卢梭的《爱弥儿》问世后，他们更愿意按照哲学家的方法来调教子女。"① 可见书籍传播在当时的作用不容小觑，这样的作品不仅传播范围广，而且影响力巨大。通过这样的机制，言说主体便发生了变化，从以前的小众耶稣会士和哲学家的个体言说到后来的各个阶层的互文网络，由此形成一种新的权力话语主体来主导社会舆论和价值取向，并且由于其影响力和时代性，最终取代了前一种"套话"，而形成了新的"套话"表达。

第四，进步史观的理论话语体系构建。杜尔阁于 1750 年在

---

① ［法］乔治·杜比、罗贝尔·芒德鲁：《法国文明史》，傅先俊译，上海：东方出版中心，2019 年，第 538 页。

索邦神学院做了三次演讲，题目为"人类精神持续进步的哲学概述"，标志着启蒙主义进步史观的确立，自此，以理性和进步为核心的西方现代性话语体系和思想观念逐步成为评价一种社会文化优劣的主导方式和判断标准。关于进步史观的概念和影响中国形象的机制，李勇所著的《西欧的中国形象》里有详尽的分析，这里不再赘述①。而此时的孔子学说作为中国形象的重要组成部分，因其守旧、固化、愚钝、古老而遭到诟病，成为永恒不变的陈词滥调。对于孔子形象的话语表述，此时与中国形象共生为意识形态化的落后和野蛮的表征。18 世纪中期出现的这一进步史观理论无疑构建了一套新的话语体系，助推了自我与他者对立中的自我主体性和对他者的居高临下。孔多塞于 1793 年完成《人类精神进步史表纲要》一书，以进步史观为核心，将人类历史发展分为十个时期，将中国划入第三时期的"农业民族的进步"，仅次于第一和第二时期的"人类结合成部落"和"游牧民族"，而西方属于第十个时期。② 这一划定将中国固定在了 4000 年未变的农业历史停滞版图中，而西方则将中国远远甩在身后，这个划分进一步将西方作为科学与理性进步的主体已超越东方作为落后与停滞的客体的观点明确化了，表达出西欧中心主义的自我认同和现代性的自我肯定。黑格尔的历史哲学更是将这种西方价值观的进步性观念推向了极致，他以历史即为自由精神的进步为标准，认为自由精神在中国文明中不曾有过，因此将中国排除在历史之外。通过理论家们所建立的时间历史叙事和世界秩序框

---

① 在李勇所著的《西欧的中国形象》一书中，作者在"现代西欧的自信"一节中（第 220 – 235 页）从现代性话语的三个方面——进步话语、自由话语、文明话语——详细分析了西欧进步史观的价值体系和话语体系建构，以及在这些新的权力话语下对中国形象塑造的影响机制。与此相对的其他形态被归为落后的、专制的、野蛮的，成为被批判的对立面，而中国则恰为被言说者、被批判者。

② ［法］孔多塞：《人类精神进步史表纲要》，何兆武、何冰译，北京：生活·读书·新知三联书店，1998 年。

架，中国作为进步、自由的对立面形象，成为此后很长时间西方眼中的"被言说者"和"被凝视者"。正如李勇在《西方的中国形象》中所说："启蒙主义者努力在知识与观念中'发现'并'建设'一个完整的、体现人类幸福价值观的世界秩序，该秩序的核心就是进步，进步的主体是西方，世界其他民族和地区只是对象，这其中既有一种知识关系——认识与被认识，又有一种权力关系，因为发现与被发现、征服与被征服往往是同时发生的。"① 狄德罗在 1750 年以前以赞美孔子的道德哲学来批判教皇的专断皇权，但到 18 世纪 70 年代以后，随着他在哲学信仰上从自然神论者到无神论者的转向，狄德罗对中国的封建家长制加以批判，进而表达对自由民主制的向往。这种转变颇具代表性，显示出在新的现代性话语体系下的认知转变，以及自由话语下的某种专制属性，同时也说明孔子形象只是作为一种表意需求而发挥作用，是赞美还是批判，只在于言说主体的想象构建。当想象主体想利用它去质疑现实，发挥它的"颠覆社会的功能"，用离心的、符合作者对相异性独特看法的话语塑造孔子形象，便将之乌托邦化。反之，利用它去维护和保存现实，发挥它的"整合功能"，完全使用本社会话语（自由、科学、进步）重塑出的孔子形象，则是将其意识形态化。可见，这完全是一种权力话语主导下的表述特征。这种或"颠覆"或"整合"的功能征用也恰恰构成了形象学塑造集体想象物和形成"套话"的乌托邦化和意识形态化两种机制。

以伏尔泰为代表的哲学家征用了强盛、古老、宽容的中国礼仪之邦形象，强调孔儒学说的道德观和政治观的价值，认为通过个人的修为、教育的作用、伦理的规范以及政治上的"以德治国"，能够建立公平、民主、法治、幸福的社会。他们从耶稣会

---

① 李勇：《西欧的中国形象》，北京：人民出版社，2010 年，第 49 - 50 页。

士美化了的儒家教化下的中国看到了平等、公正、仁政、富庶，注意到孔子学说世俗化道德和仁政治国对个人幸福和国家治理的贡献，以此作为反对天主教会的精神控制和权威奴役的工具，并意图利用中国式的德化建立想象的乌托邦。而以孟德斯鸠为代表的哲学家们则征用了衰败、落后、专制的中国形象，将孔儒学说的道德观视为无用之说，甚至是愚化民众、维护专制的始作俑者和同谋共犯，认为在专制统治的国家里，孔子古老的道德教化只培养顺民，不利于培养独立和进步的思考，是中国落后和衰败的原因。他们提取到耶稣会士所记述的曾经被过滤掉的对中国负面形象的描述，同时又看到更多来自小说家、商人、军人等的负面信息，共同互文形成一个停滞、愚昧、贫困、落后的儒家化中国形象，以此作为肯定和超越自我而树立起批判的"他者"，在二元对立的评判体系和价值取向中，实现自我中心主义的意识形态化霸权。

第三节
世俗社会民众眼中的孔子形象

　　18 世纪法国世俗社会出现的"中国热"现象，是流行于普通民众的日常生活中，被广泛接受和认可，并且被竞相追逐和模仿的一种时尚潮流，它的特征是即时性、泛俗化、（意指）符号化。正如维吉尔·毕诺写道："在十八世纪的法国……人们边品尝用明代瓷器盛装的茶、边揣度着孔夫子的模样，而未曾想过需要按照中国人的思想来修正自己的道德观、政治观……"① 孔子形象作为中国文化最具代表性的文化符号，作为当时最时髦的象征意象，也常常出现在大众口中或笔端，不过普通人口中或作品中的孔子往往只作为与西方文化对立的一种"他者"象征符号出现，与前文所述传教士和启蒙思想家笔下的孔子形象相比，这种"揣度"的心理显然表达出，在普通人心里对孔子形象的征用几乎既无对孔子思想深度认知的渴望，亦无表意的聚焦性和延展性。不过我们仍能从这些广泛的探讨和表意活动中，透视出普通民众在其日常领域里对孔子形象的多角度构建。

这种构建涉及诸多领域，首先我们来探访文学文本。

通俗作家克雷毕庸（Prosper Jolyot de Crébillon）于 1711 年创作了悲剧《唐彩和内阿达内》（*Rhadamiste et Zénobie*），在该书的前言他故弄玄虚地声称："这毫无疑义是一部古典名著。中国人极为重视它，甚至认为此书出自孔子之手……"其实这个故事的内容与中国、与孔子完全无任何关系，作者将自己的作品称为"古典"的，并声称"中国人重视它"，认为"出自孔子之手"，显然只是假借"孔子"和"中国"之名吸引读者眼球，抬升自身作品的价值。该作者于大约 1734 年还写了另一本书，名为《日本历史》，出版地写为北京，出版社为 Lou-chou-chu-la，该书的序言里写道："这部作品，毫无异议是古代文化最精确的里程碑之一，中国人也很重视它，他们甚至不屑于将之归功于著名的孔夫子……然而，这本书的作者是另一个杰出的人物，要早孔夫子十多个世纪……是从古代的日语翻译过来的。"这里似乎与上本书有着同样的口吻和相似的措辞，比如"毫无异议是古

---

① ［法］维吉尔·毕诺：《中国与法国哲学精神的形成（1640—1740）》[Virgile Pinot, *La Chine et la formation philosophique en France*, 1640 - 1740. Paris: Paul Geuthner, 1932; Geneva: Slatkine Reprinnt. 1971 (réédition), pp. 9 - 10]。转引自孟华：《伏尔泰与孔子》，北京：中国书籍出版社，2016 年，第 49 页。

代文化最精确的里程碑","中国人很重视它","归功于著名的孔子"。至此我们可以总结出以下几点：第一，在当时法国民众心中，孔子和中国的存在已是个众所周知的事实，并且作为一个遥远异域"文化他者"的符号身份已广为人知；第二，"孔子"成为一个古老且智慧的符码，用以体现某种"经典"，法国人将孔子置于中国人心中的重要位置，凡是"中国人重视的"往往都会与"孔子"联系起来以证明其价值，并且将这种"经典性"比附到自己的作品上；第三，普通民众对孔子了解非常有限，充满了"变异误读"，比如孔子自己从不写作品，所谓"述而不著"，看来至少这位作家并不知晓，更不必说中国那时根本不存在"悲剧"这种西方创作体裁，何来出自孔子之手？第四，"孔子"成为一种指称，往往作为一种信息的拼凑和随意想象，构成一个并无实际意义的当时"流行元素"。所以我们可以说，这里的孔子形象被塑造成为"一个创作经典的写作者"的侧像。

接下来是一位名叫理查德（Reichard）的十六岁德国小伙子在给伏尔泰的信中提到了孔子，他写道："您是欧洲的孔夫子，是世界上最伟大的哲学家……您堪与古代最著名的伟人并列齐名。"很显然，这位充满崇拜之情的年轻人将孔子视为一个具有渊博学识、德高望重、功在当代、泽被后世的精神符号，置于古代先贤的神圣地位。与上一篇中的孔子形象相比，这里将孔子作为对伏尔泰的比附，强调了孔子最伟大、最著名哲学家的侧像。

事实上，伏尔泰早期的《论光荣》一文中，也只是将孔子作为一个代指"中国"这一不同于法国的东方异域的"他者"而使用的。他安排文中的中国商人最后返回那个"崇拜天和凡事都依托孔子的祖国去了"。显然，这里的孔子并无其自身的哲学家或教育家的价值呈现，而仅仅是一个代表神秘、遥远、陌生、祭天、尊孔的中国的指示符号。另外，我们从《伏尔泰书信集》里记录的一则轶事作为一个侧面看出孔子本人及其思想在当时社会的深入人心。18 世纪六七十年代德国美因茨新城的居民被要求按照孔子"为人公正，信仰自由"的标准作为自己的道德行为规范。此外，为了躲避当时严厉的审查制度，在大革命前夕，仍有借孔子之名来宣传新思想、批判现实的作品，有些甚至以匿名的方式出版。如 1784 年由普卢凯写作的《儒教大观》，便以中国为标准提倡儒家的道德和政治治理。1788 年刊行于伦敦，发售于巴黎的一本名为《孔子自然法》（巴多明译注）的书，利用孔子的性善说反驳霍布斯的性恶说。这些现象一方面说明孔子及其学说在当时已被广泛知晓，另一方面也反映出想象主体的一种心理愿景和现实期待，关于孔子信仰自由、以仁治国、自然哲学的观点显然是作者们针对当时宗教迫害、教会不宽容、社会阶级矛盾突出等社会现实而构建出的对于孔子宗教观、政治观和哲学观的侧像。

另外，我们再引用一位英国作家哥德斯密斯的小说《世界公民：或一个住在伦敦的中国哲学家的来信》，最初命名为《中国人信札》，它于 1760 年起在《大公纪事报》上连载，后于1762 年结集出版。这是一本书信体小说，以居住在伦敦的中国哲学家连济的经历批判英国社会的种种弊端。其中作者肯定了中国是一个注重理性法则和仁爱的国度。他曾说，"我试图避开那个人们理想化了的、摆满中国家具和庸俗的装饰品、盛产烟火的中国。相反，我准备借这个时髦货市场来传播中国的道德"。随后作者借用一个梦来表达中国道德的分量，他梦见英格兰所有的作家都在泰晤士河的冰面上售卖自己的书，而当他仅拿着一本关于中国道德的书走上冰面时，冰面就裂了，他掉了下去，在大喊大叫之下醒了过来。我们从作者的描述中可以看出其对于孔子道德家侧像的借用、塑造和传播，作者如此做的目的是借用孔子的道德侧像来表达对英国的批判，可见这些中国具象并非主体，而只是作为一种表意手段和对比参照而存在。

以上材料都是将孔子形象作为一种积极正面形象来借用，但随着英国小说家，如笛福等人陆续将丑化中国的作品出版和传播，以孔子道德秩序建立起来的中国形象在民众心中也开始坍塌，随之孔子形象也在民众心中去除掉了神圣性。小说因其内容的虚构化和娱乐化、阅读受众的普及化、传播方式的大众化，成为塑造和传播形象的重要载体和主要推手，以及形成社会集体无意识想象的重要建构者和鼓吹者，其产生的社会影响力和集体想象物会在很长时间内成为一种表述"套话"，并且具有跨时间的传递性和跨空间的复制性。这在前文中已做过分析，在此不再赘述。

其次，从专门的孔子画像中来直观感受时人对孔子形象的想象（相关图片见本书附图）。一是《智慧的殿堂：哲学家和智者介绍合集》① 中的一幅插图（图2）。此书采用肖像图配文的方式列出了书中谈及的古代著名哲学家，其中第七位为孔子的画像。这是一幅孔子上半身像，置于一个圆形框内，在画像头顶左右两边用大写拉丁文字母拼出"孔子"的名字，左边四个字母，右边五个字母。孔子身披古代中式斜搭襟宽袖长袍服，衣服无纹饰，头顶貌似纶巾的一种汉代帽式，浓眉大眼，目光含笑有神，颧骨高且脸颊消瘦，鼻梁高，络腮胡，双手似执笏板。插图下配有一段文字：孔子，中国人奉他为"先师"，这个国家的"哲学王"。另外还介绍了孔子的家庭出身，说他拥有3000名弟子，其中有72位贤者。孔子致力于推动国家改革，却徒劳无功。这幅画像整体简洁清晰，除了帽式似有年代差，其他的表征符号和配文内容误读不大，特别是对于眼睛的刻画不同于其他画像中的细长形状，而细长状眼睛是当时西方人对中国人的一种刻板想象。

---

① *Palais de la Sagesse: Recueil de portraits de philosophes et de savants*, suivis de *planches sur diverses Sciences*, Paris：J. Vallet, 1713. 作者不详。

二是杜哈德在《中国最著名哲学家孔子》一书中配有孔子画像的版画插图（图 3），画于约 1735 年。孔子同样身披古代中式斜搭襟宽袖长袍服，衣服无纹饰，腰间系有腰带且垂至膝下，脚踩芴头履，头戴与附图中图 1 相似的帽式，且修饰花纹也非常相似。脸颊凹陷，鼻梁高挺，络腮胡垂至胸前，手指消瘦修长，左手握一本纸质书的书脊，右手似乎在翻动，眉头微蹙，眼睛细长，眉梢上挑，神情端庄，目光低垂凝视手中的书页。整个人端正地站立在图片正中央，身后摆放有一张方桌，呈现在观画人视野里的方桌前面绘有山丘、中式翘角凉亭、白云、树木等自然风光，还有一个头戴好似斗笠的人蹲坐在画中读书。方桌上放有毛笔、砚台和纸书，有两位身穿清朝服饰，头戴红缨帽的男子正坐在书桌边书写。书桌的左右两侧各摆放了一列多层书柜，类似西方图书馆，有一位与桌边男子一样着装的男子正在从书架上方拿取书目。连接两边书柜上方的是一个半圆形的拱顶，拱顶内侧面似乎绘有腾龙和祥云的式样。图片最下方中间配有文字：孔子，中国最著名的哲学家。这幅插图充满了对各种想象或真实的中国元素的拼凑，时代、风格、事物错置，中西元素混搭。比如：孔子生活的春秋时期还不曾出现纸张；他的帽式形似晋代前后的纶巾，但其装饰又与实际差别较大；他的长相有欧洲人高鼻梁的特点，但又混合着欧洲人对亚洲人细长眼睛的刻板印象；身后的陪同人员穿着似清代装束，却被置于一个欧洲图书馆样式的空间里；典型欧洲式样的拱形顶下画着中国龙和祥云。所有这些元素的呈现传递出这幅图只是欧洲人对中国人的一种主观想象，是一种典型的知识与想象的"误读"。

三是迪奥盖尔·拉埃斯（Diogène Laërce）于 1758 年所著，肖夫皮（Chauffepié）法译的《古代杰出哲学家传略》第三卷里的一幅孔子画像插图（图 4）。该书中有长达 90 页的《孔子传》，包括对《大学》《中庸》《论语》的详细介绍和部分孔子箴言。这幅图里的孔子与杜哈德作品里的孔子，帽式、样貌、神态、造型、服饰，甚至手里拿着的纸质书及拿书的姿态都非常相似，只是没有图2那样的孔子身后背景、装饰和其他人物，改为由一块布遮盖了多半的一个书架角作为背景，并且只是孔子本人上半身像。插图下方中间配文写着"孔子，中国最著名的哲学家"，名字用大写字母，其他用小写字母，格式与前一张图也一致。可见这幅图是完全参考了杜哈德在《中国最著名的哲学家孔子》一书中的插图。

　　四是雕刻家埃尔芒·赫尔曼于大约1786年制作的一幅孔子肖像版画（图5）。他当时共制作了24幅图，命名为《孔子生活片段概要》，其中第一幅便是孔子的坐姿肖像。此画后被钱德明收入所著的《孔子传》中作为插图使用。画的正上方写着"孔子"，画中孔子端坐在一张底座为六边形的无扶手圆背椅子上，头戴一顶只有皇帝才能戴的冕冠，身披的宽袖口袍服上绣着各式纹样，有祥云、几何三角形构成的山的样式、可能代表日月星辰的圆形图式以及诸多看似龙的图案，衣服左右两边的图案呈对称型。两手握着像书卷一样的东西，神情端庄，目光微垂。同样是高鼻梁，眼睛修长，络腮胡须垂到胸前，但眉毛长垂，有种道家的仙风道骨之气相。这幅图中的孔子形象虽然比上一幅的背景简洁了很多，但对于孔子服饰上的拼凑也是显而易见的。头戴的冕冠加之龙纹式样的衣服，是只有皇帝才能配饰的，但这里用在孔子身上，显然是式样的错配和身份的僭越，而手持书卷似乎又想表达其作为先师的身份，可见这里的身份象征物完全是一种混乱的配用；从面相上来看，既有欧洲人的高鼻梁，又有细长的眼睛这种西方人对东方人的刻板印象，还兼具道家风格的垂目含笑、长眉飘逸，明显是多种特质搭配出来的想象混合体；孔子坐着的靠椅与孔子所处时代也是一种时空错配，春秋及秦汉时期，坐姿以"跪坐"为主，先秦时出现的"凭几"也只是一种非常简易的能撑一下上身的靠椅，而这里孔子所坐的是几百年后才出现的椅子式样，而且脚下踩的六边形基座甚是奇怪。总结来看，这幅图出现了身份错配、相貌错配、时空错配等种种误读，反映出这里的孔子形象只是想象主体基于知识性错误与想象虚构而构建出的一套表征符号。版画配文的标题是"这就是长久以来文人们所敬仰的孔子"，随后正文配文简要介绍了孔子的身份、从政经历、功绩和志向以及他死后的影响。作者在这里还引用了雍正皇帝在一份诏书中对孔子的评价，"我敬仰孔子，皇帝是'万民之王'，而孔子是'帝王之师'"①。这些对孔子的介绍在文本框的最下方用小号字体注明了出处："此处内容部分引自《孔子的生平》，它是由主教先生翻译的道德思想的开头部分"。另外，在图片正下方还引用了伏尔泰对孔子的评价："出于唯一的理性，他是一位有益的阐释者，他的思想即便没有照亮整个世界，但启迪了人们的精神，他只是作为圣人，而从未作为先知。不过人们信奉他，即使在他的国家亦如此。"

　　再者，通过成套的系列绘画或雕刻品来展示孔子的生平及成就，这种图画加配文的方式兼具讲述故事的文字简洁性和描述形态的生动具象化优点，对于孔子的形象传播和思想传播都有很好的普及作用。贝尔坦（Bertin）曾担任法国国务秘书大臣，且是一位收藏家，他与在北京的传教士钱德明关系密切，而后者是中国画在法国的重要供应商。贝尔坦利用职务便利，收藏了不少来自中国的画作，这些画作成为后来很多有关中国主题艺术品在法国的素材来源。雕刻家埃尔芒·东赫曼便是从

---

① 参见原文：Je révère Confucius, disoit l'Empereur Young dans un de ses Edits, les Empereurs sont les Maîtres des Peuples, et il est le maître des Empereurs. 见：Josephe-Marie Amiot, *Abrégé historique des principaux traits de la vie de Confucius, célèbre philosophe chinois, orné de24 estampes gravées par Helman*, chez l'Auteur, de l'Académie de Lille en Flandre, Rue St. Honoré.

他收藏的原始画作中汲取了版画素材，于大约 1786 年雕刻出一套讲述孔子一生的系列作品，共二十四幅，命名为《孔子生活片段概要》。

此处对这套作品的文字部分进行简要概述，从中可以看出对孔子形象真实与虚构的混合。第一幅画为孔子肖像，前文已有描述。第二幅画表现孔子出生时的神迹，麒麟现身，并用爪子抓着一块玉交予即将临盆的孔子母亲，玉上刻有"此子温润如玉，生于大周之衰微时期，未来将成'无冕之王'"①。第三幅画涉及根据中国作者的记述，即孔子出生之时还伴有其他神迹，两条龙出现在孔子父亲祖屋之上，随后"五帝"现身来向这个孩子表达敬意。"'五帝'现身预示未来有一天，孔子将带领同辈人恢复先辈礼制。双龙现身则寓意此人有盖世之才。"② 第四幅图仍然是表现神迹，孔子出生时空中传来礼乐的天籁之音庆贺，这些音乐赋予了他"圣子"（Saint Fils）之名。第五幅画表现孔子五六岁时与同伴玩耍，即已模仿恢复礼制之礼仪，不仅包括对待时人的礼仪，还包括祭祖之礼。第六幅画表现渴望学习并观察当时礼仪之弊的孔子以其对古代传统的广博知识和睿智的对话令当时人钦佩。第七幅画通过孔子通过水桶入井而不倾覆的隐喻表达"满则覆，中则正，虚则欹"的修身治世之道。第八幅画呈现了

---

① 参见原文：un enfant pur comme le crystal naitra sur le déclin des Tcheou，il sera Roi mais sans aucun Domaine. 见：Josephe-Marie Amiot, *Abrégé historique des principaux traits de la vie de Confucius，célèbre philosophe chinois，orné de 24 estampes gravées par Helman*，chez l'Auteur，de l'Académie de Lille en Flandre，Rue St. Honoré. 文字为第二幅版画配文。

② 参见原文：Ces cinq vieillards，selon les plus habiles interprètes，figuroient les cinq Empereurs de la Chine les plus renommés par leur sagesse，et leur apparition annonçoit qu'un jour Confucius retraceroit aux yeux de ses contemporains le souvenir presque effacé de ces grands hommes. Les Dragons presageaient la vaste étendue de ses connaissances et la supériorité de son génie. 见：Josephe-Marie Amiot, *Abrégé historique des principaux traits de la vie de Confucius，célèbre philosophe chinois，orné de 24 estampes gravées par Helman*，chez l'Auteur，de l'Académie de Lille en Flandre，Rue St. Honoré. 文字为第三幅版画配文。

遍布中国乡村的亭子，它们常是人们议事、传令或者受教的场所，孔子和其弟子置身其间。第九幅讲述孔子将一名官员仅出于夸耀和虚荣而赠予自己的粮食分发给贫苦人的故事，身体力行何为"行善"之道。第十幅画的内容出自《史记·孔子世家》《孔子家语·辨物》等典籍中孔子辨"焚羊"的故事。第十一幅画呈现孔子参与审判罪犯的一个表达"正义"的场景。第十二幅画描绘了孔子陪伴鲁国国君与秦国国君会晤的一个场景，并当场破解了秦国想谋害鲁国的阴谋。第十三幅画呈现了孔子的一位出身高贵的弟子去拜访孔子时所表现的谦逊和礼节，体现孔子的礼仪之教化。第十四幅画讲述秦国国君行弑君篡位、礼崩乐坏的不仁不义之举，映射出这些所作所为背道于画面远景中的孔子之教导。第十五幅画表现孔子失宠于鲁国国君后，路过魏国，受到魏国国君的礼遇这一场景。第十六幅画讲述魏国国君的一位妃子对孔子十分倾慕，意欲一见，孔子应召前往，但他站在台阶之下，态度谦恭，双目低垂，双手拱于胸前，沉默不语，表现得谦逊有礼。第十七幅画呈现了孔子陪同魏国国君出行时的朴素形象，与之相对的是后者的奢华。第十八幅画描述的是在孔子的感召下，秦国国君释放了因小过错而准备被执行死刑的监工，赞扬孔子以"仁"治世的理念。第十九幅画和第二十幅画分别描绘了孔子在一座庙前给弟子讲述为臣为人的德行，前者是忠诚辅佐幼君的臣子德行，后者是君子谨言慎行的德行。第二十一幅画是描绘了孔子祭天的场景，感谢上天让他完成了表达他思想的著述"六书"，上天感知后祭坛上出现了神迹。第二十二幅画中无人物，前景是中国"庙"的样式，并且文中说明："庙是像礼拜堂一样的一种空间，中国人在此举行仪式表达对祖先的敬重。这些仪式是神圣的，但又是非宗教的，因为中国旧制中看不出有迷信的迹象，这也是这个民族不同于其他民族的地方"①。庙后方中间一个很大的圆顶建筑是孔子墓，墓旁有孔子的一个学生栽种的树作为装饰。第二十三幅画表现后世君王在孔子死后为表尊敬而为其建庙，同时也为表达对所有逝世先人的尊敬而在此举行仪式。第二十四幅画画的是宋朝第三位皇帝到庙里祭拜孔子，并且尊奉孔子为"先师"的场景。对孔子塑像的祭拜，随后代之以简易的书简，上面刻有孔子的名字以及对他的敬言。文中写道，文人们不喜欢祭拜塑像这种迷信的做法是基于对孔子学说的尊崇，因为孔子将美德置于理性之上，将美德视为上天给予人们的最好礼物。接着陈述了孔子对理性的重视，强调智者的追求就是拥有美德，并且美德建立在适度之上，它来自人的本性。末尾引用了孔子"己所不欲，勿施于人"②的箴言。

从这二十四幅版画中，我们可以看出，一方面它们以图文并茂的直观方式宣传了孔子推崇的"德""仁""善""礼""义"等为人、处世、立国的儒家思想理念以及中国祭祖尊孔的习俗，推动了孔子及儒家思想在法国的接受和传播。另一方面这里也有一些传说和"误读"，如孔子的出生和其"献书祭天"的神迹场景，有将孔子比附耶稣降世的神圣化和虚构化，尤其使用了"圣子"（Saint fils）这个表述，显然是一种跨文化比附和误读，

---

① 参见原文：Ce sont des espèces de Chapelles où les Chinois font des cérémonies respectueuses en l'honneur de leurs ancêtres. Ces cérémonies sont sacrées et non religieuses, car dans les anciennes institutions de la Chine, on n'appperçoit aucune trace de superstition et c'est ce qui distingue encore ce peuple de tous les peuples de l'univers. 见：Josephe-Marie Amiot, *Abrégé historique des principaux traits de la vie de Confucius, célèbre philosophe chinois, orné de 24 estampes gravées par Helman*, chez l'Auteur, de l'Académie de Lille en Flandre, Rue St. Honoré. 文字为第十二幅版画配文。

② 参见原文：Cette loi lui dicte de ne pas faire aux autres ce qu'il ne voudroit pas qu'on lui fit, et de faire pour les autres ce qu'il voudroit qu'on fit pour lui-même. 见：Josephe-Marie Amiot, *Abrégé historique des principaux traits de la vie de Confucius, célèbre philosophe chinois, orné de 24 estampes gravées par Helman*, chez l'Auteur, de l'Académie de Lille en Flandre, Rue St. Honoré. 文字为第二十四幅版画配文。

最终呈现出一个真实与虚构交织的孔子形象。

又次，中国古典园林设计和传统山水绘画的理念在法国和欧洲的传播和接受，也是孔子形象构建的重要途径。它们丰富和拓宽了西方人对于孔子自然哲学思想及孔子形象建构的维度。英国建筑家威廉姆·钱伯斯曾受乔治三世委托，负责建造了一座名为"邱园"的中式花园，在当时轰动整个欧洲，成为各国宫廷及贵族争相模仿的对象。他曾到访中国，并对在中国的经历及对中国园林的见闻有过如下书写："我记录下了和一位中国著名画家的多次谈话，都是关于他们的装饰艺术。这让我认识到存在于这种艺术中的理想和民族性。自然是他们的榜样，目标就是在所有最优美的不规则中模仿它。"[1] 这显然是孔子自然哲学思想中"尊重自然""顺应天道""天人合一"观念在园林建筑上的运用。孔子曰："四时行焉，百物生焉，天何言哉。"尊重自然界本来存在的万物形态，因地制宜，因势利导，是中国园林建筑的一个基本理念。此外，孔子"智者乐水，仁者乐山"的山水情怀也是对大自然包容和谐的生命状态的赞赏和尊重。因此，通过这样的园林设计理念和绘画表达传递出的"理想和民族性"，与孔子的道德观和治世观是一脉相承、本质趋同的，也是对儒家学说更具体化和形象化的诠释。

最后在政治领域，雅各宾派领袖罗伯斯庇尔在 1793 年起草的《人权和公民权宣言》中引用了孔子的"己所不欲，勿施于人"作为对于人自由权利的道德准则。由此可以看出孔子作为道德思想家的格言在当时的法国社会已经深入人心，并进入法律层面，推动了法国社会对孔子道德观的接受和认可。

从上述分析中我们可以看到，在 18 世纪的法国，孔子形象

---

① 亨利·柯蒂埃：《18 世纪法国视野里的中国》，唐玉清译，上海：上海书店出版社，2006 年，第 69 页。

出现在民众生活的诸多领域，有居民的行为准则、法律的道德规范、文学文本中作者各取所需的侧像塑造、肖像的直观想象、版画图文并茂的真实与虚构，以及园林建筑和绘画等艺术领域的理念呈现，由此实现了法国对孔子形象立体而深入的宣传与接受。而在这一过程中，孔子形象本身显然只是作为被动地被塑造出来的"表征符号"，附属于一种独语式的话语权力体系，这背后并非平等的对话，只是在表达想象主体的愿望和需求。

此外，我们还有必要观照从 17 世纪末开始在传教士带领下赴法的中国留学生群体，他们为 18 世纪法国对孔子形象的构想和塑造起了添砖加瓦的作用。这些留学生在中国时大都出生于父母信奉基督教的家庭，从小接触并了解基督教教义，与传教士有着较为密切的往来，同时也接受了良好的中国传统教育，往往在青年时被选中，随来华传教士赴法国或欧洲其他国家学习互鉴，成为中西文化的交流使者。他们一方面帮助传教士翻译、编写孔儒典籍，解疑答问；另一方面由于身心都不可避免地打上孔儒思想的烙印，从坐站行姿到言谈举止，从外貌衣饰到品学智识，作为来自遥远异域国度的使者，他们成为欧洲人对中国人形象想象的具象化参照，对于孔子形象和孔儒学说在法国及欧洲的传播起着不可忽视的作用。下面，笔者选择了几位成就较高且影响力较大的中国留学生为例，按照时间顺序简要梳理他们的贡献。

1681 年，二十五岁的沈福宗携带四十多部中国儒家典籍和其他书籍，随比利时教士柏应理远赴欧洲，开启了中法人文交流的新篇章。他先后游历了法国、英国、意大利等六国，分别会见了罗马教皇和法、英两国国王，并结识当地名流。1684 年，作为历史上第一位会见法国国王的中国人，沈福宗在接受路易十四召见时将《大学》《中庸》《论语》的拉丁文版赠送给法国国王，并请求在法国出版，当时他还向法国君臣展示了孔子、康熙皇帝等人的画像。在他与法王会面并回答了各种问题后，巴黎有报道称中国文字共有大约八千多字，同一音有不同声调，而同一音又有数十种意思，由此推断"中国人记忆力之强，想象力之丰富"。在接受国王宴请时，沈福宗向众人说明并展示了中国人使用筷子的方法以及中国的书法，随后宫廷画家还为沈福宗绘制了肖像画，现藏于巴黎国家图书馆的版画部。据汉学家史景迁考证，沈福宗还参与校对当时法国耶稣会正在进行的四书五经翻译工作。由此可见，沈福宗此行不仅将中国语言文字、儒家道德哲学、制度习俗等知识直接介绍到欧洲，同时其作为中国人的"现身说法"也为西方人了解中国和中国人形象提供了直观的表达。他的到来无疑为当时法国兴起"中国热"起到了推波助澜的作用。

1701 年，二十二岁的黄嘉略跟随法国传教士梁弘仁到欧洲，在法国王室学术总监让-保尔·比尼昂的推荐下，受聘为路易十四的中文翻译，并在王室图书馆整理编目中文书籍。他用拉丁文编写了第一部汉语语法书并编纂汉语词典，还与当时不少法国哲学家和思想家交往面谈，并对他们产生了重要影响，如孟德斯鸠、傅尔蒙、弗莱雷等。关于他对中法交流所做的贡献，许明龙在《黄嘉略与早期法国汉学》一书中有详尽的论述和考证，在此不做赘述。值得一提的是，孟德斯鸠与黄嘉略经人介绍，在巴黎有过几次面对面谈话，并做了笔记，他们就中国人的性格和信仰、历史、文学、哲学、司法制度、科举制度等进行了探讨，后汇编成册《我与黄先生的谈话中关于中国的若干评述》。孟德斯鸠在《论法的精神》一书中，曾多次直接引用黄嘉略的谈话内容。并且有人考证到，孟德斯鸠根据黄嘉略描述的自己作为中国人在巴黎被围观的经历，创作出《波斯人信札》中主人公初到巴黎时被当作"天外来客"的情景。由此可见，黄嘉略成为孟德斯鸠了解中国形象的重要"一手资料"。不过由于黄嘉略从小接受了基督教和儒家思想的双重影响，他对中国文化的传承和批判都带有中西合璧的味道，这对孟德斯鸠来说或许也是对中国文化信息接收既有真实也有误读的原因。

1752 年，高类思和杨德旺在法国传教士卜日生的带领下前往欧洲深造学习，1763 年被祝圣为司铎。1764 年 6 月他们在凡尔赛宫谒见了国王路易十五和王后，并在时任国务大臣和财务总监贝尔坦的安排下，参观了一些手工工场并学习各项手工技艺和仪器的使用，法国方面的目的在于使其了解法国各种制作工艺及其产品，以便与中国相关技术行业进行交流。在巴黎期间，二人还与当时法国重农学派领袖杜尔阁交往频繁，在得知二人即将回国时，杜尔阁向其提出了 52 个有关中国的问题，希望二人能在回国后给予解答。回国后，虽因当时在华传教政策发生改变而使他们行事困难，但他们仍陆续给贝尔坦和杜尔阁寄去了大量实物和书信，成为西方认识和了解中国的重要窗口。此外，二人还负责撰写了《中国古代论》，后成为《北京耶稣会士中国纪要》的第一卷。

需要说明的是，在与这些真正的中国人接触的过程中，西方人对待他们也褒贬不一。对他们好奇的人会觉得他们博学多才、智慧有礼，对他们不抱好感的人会认为他们迂腐拘谨、冥顽不化。这再一次反映出想象主体在对待异域形象时的心理活动所发挥的作用，以及他们的现实需求对形象的塑造，而这些形象不过是他们心理的"镜像"。

总而言之，关于中国留学生这个群体对于孔子形象在 18 世纪法国的形成和传播所产生的影响，我们可以做如下总结：首先，由于他们都是在传教士带领下赴欧，且这些传教士大多具有较高学识，在教会和王室都有一定影响力，所以这些中国留学生因为拥有基督教信徒和远道而来的东方稀客双重身份，在法国及欧洲其他国家受到了较好接待，有机会与罗马教廷、教会高层、皇室、上流社会以及思想知识界人士等进行交流互动，开创了中西人文交流史中"中国人西游"的重要阶段，为西方、特别是法国的汉学发展起到不可忽视的作用。其次，他们作为遥远异域文化的稀缺具象，在欧洲学习、生活、工作、社交等过程中成了欧洲了解中国和孔儒文化的直接信息源和现实对照物。诚如亨廷顿所说，"人们通过祖先、宗教、文化、语言、历史、价值观、习俗以及体制来界定自身"[1]。这种将个体与文化群体和文化的主要体制联系起来的文化身份塑造，在跨文化的对立与理解过程中，使得这些作为个体的身处异乡的中国留学生被赋予了表征文化群体的深层次意义。作为活生生的中国人，他们让西方人见识了孔儒礼教塑造出的中国文化符号特征，使其更加肯定中国孔儒文化的真实性和强大基因，这直接或间接地对阐释孔子学说和扩大孔子影响力起到了积极推动作用。再者，由于基督教文化和孔儒文化分别是西方和中国最具代表性、最核心且最具影响力的文化系统，作为受两者文化共同浸润的早期中国留学生群体，在中西跨文化交流中具有一定的天然优势，如涓涓细流，在接下来的很长时间中一直发挥着纽带作用。当然，随着时代的变化，西方宗教和中国孔儒文化在各自国家的影响力下降，以教会途径赴法的方式逐步退出历史舞台，但中国留学生群体却在历史长河中源源不断地为两国交流和互鉴做出贡献，如20世纪初赴法的蔡元培、邓小平、周恩来等。最后，传教士带中国早期留学生远渡重洋，本是基于"礼仪之争"的现实背景，希望通过中国信徒现身说法的方式证明耶稣会在华传教的成果以及说服教皇和其他教派，但在历史的演进中，孔儒思想及其受教者却被哲学家和思想家们挖掘出新的价值，成为对抗教会和批判封建制度的利器，构成一种出乎意料的历史悖论。

---

[1] S. P. Huntington, *The Clash of Civilizations and the Remaking of World Order*. New York: Simon and Schuster, 1996, p. 21.

第四章

欧洲中国形象转向背景下的孔子形象

16、17 世纪欧洲对中国的一片赞美之声在 18 世纪开始出现不和谐的端倪，法国启蒙思想家如卢梭、狄德罗就曾对中国的政治、经济等方面进行批评。随着欧洲国家经济和国力的进一步提高，之前对中国的褒扬立场和心态开始发生变化，19 世纪欧洲近距离审视中国的趋势更加明显。这一时期，欧洲各国在文学文化作品中从众多方面对中国进行了书写。

第一节
19 世纪法国的中国形象①

欧洲文学作品对中国的描述早于欧洲传教士对孔子和儒家思想的介绍。法国人米丽耶·德特利在她的文章《19 世纪西方文学中的中国形象》中比较详细地整理了欧洲文学作品中对中国的书写。在文章开头，她指出欧洲最早的亚洲描写出自圣方济各会的两名修士让－杜·布朗·卡尔班和纪尧姆·德·卢布鲁克，二人最先撰写了亚洲游记。这两名修士于 13 世纪上半叶深入喀喇昆仑山，进入蒙古可汗的宫廷。他们对一路经历的记载和书写为当时的欧洲人提供了对亚洲的第一印象，并且这一印象并不那么美好，"使人认为远东各民族生性凶残，在各方面都与欧洲人迥异，因之成其心患"。她在文章中接着指出，马可·波罗到达中国

---

① 此部分内容多处参照了［法］米丽耶·德特利：《19 世纪西方文学中的中国形象》，罗湉译。见孟华：《比较文学形象学》，北京：北京大学出版社，2001 年，第 241－262 页。

时也正是元朝时期，但他的游记带给欧洲的却是一个"极度文明、和平而繁荣的民族"，马可·波罗记录道，尽管中国人不信仰上帝，却在许多方面值得尊敬。以这两种极为反差的历史书写为开头，作者米丽耶·德特利提出，许多个世纪以来，欧洲人对亚洲人首先是分不清的，统一称为"黄种人"，但具体是中国人、蒙古人还是日本人，他们并不做区分，同时他们对待亚洲人的态度是"游移不定的"，时而褒扬，时而贬低，原因应该很简单，他们仅仅根据极少数的书写痕迹"想象"了亚洲。因此，最初的欧洲人心中的亚洲人形象，完全是一种社会集体想象物，并且这些想象可以追寻的事实痕迹是极其稀少和零碎的，但不可否认的是，这些痕迹，比如马可波罗的游记，在他们的心目中给亚洲和中国蒙上了神秘而又新奇的面纱。

14 世纪和 15 世纪，欧洲与中国的可以查询的交往踪迹依旧不多，到了 16 世纪，欧洲和中国的交往因传教士的活动而正式展开，因此在中欧关系史研究中，我们都将 16 世纪看作中欧交往的滥觞时期。在德特利的描述中，从作为先驱的利玛窦神父开始到后期的众多耶稣会传教士，他们对中国采取的是一种"文化适应政策"，欧洲人"采纳了中国的风俗习惯，学习当地居民的语言，尝试理解他们的思想和哲学，简言之就是接近并尊重他者"。德特利总结说，这一时期，欧洲人"与中华民族建立关系的心愿和对中华文化的兴趣压过了恐惧和敌意"。她认为直到 17 世纪和 18 世纪，接连不断的传教士来到中国，又向欧洲"宣扬一种正面的中国人形象，把他们塑造成一个生来就有礼有德、进步繁荣的民族，治国君主睿智通达，朝廷谏臣都是智者贤士"，这都是为了让欧洲教会和君主相信，中华民族是一个有智慧基础的民族，他们只是缺少基督教的引领，因此传教士们是有可能将中国基督教化的。德特利认为，传教士介绍中国的成果和他们在中国时寄回欧洲的信件，在那个时期创造了一个关于中国的真正神话。与其他众多后世研究者的观点相同，她认为随后启蒙时期的思想家们充分利用了这一神话，通过继续撰写政论文章甚至虚构作品来褒扬中国、赞美孔子，对欧洲在智慧、道德等方面提出建议，其目的是争取自由思想、对抗教会，为资产阶级革命制造舆论武器。

当人们拿这些作品和 19 世纪的出版物进行比较时，只会对其中的反差感到震惊。事实上，在 19 世纪的作品中，中国不再指导别人而是接受指导，它不再被视作典范却成为批评的对象，不再是受人崇敬的理想国度，而是遭到蔑视和嘲笑。对于 19 世纪西方和中国力量关系的变化，我们可以借用艾田蒲《中国之欧洲》第二卷的标题"从热爱中国到仇视中国"来描述。事实上，最初几十年，在中国相对来说还难以接近的时候，它仍然是一个被梦想和觊觎的国度；随着中国对欧洲列强的抵抗，随着鸦片战争（1840—1842）和义和团运动（1899—1900）的爆发，中国逐渐成为令欧洲列强垂涎欲滴的猎物。

关于 19 世纪欧洲人对中国的集体描述，我们可以将它分作两个阶段：从 18 世纪末期中国闭关锁国到第一次鸦片战争为第一阶段；从 1840 年到 20 世纪头十年为第二阶段，这时无论是欧洲的第一次世界大战还是清朝的覆灭，19 世纪最终以各种政治争斗和纷乱而告终。

18 世纪流传着中国贤哲的神话，而到了 19 世纪，在浪漫主义占主导地位的法国，这一方面的读物明显减少，文学方面对中国的关注演变为中国爱情诗歌等。需要注意的是，从启蒙时代传承下来的"中国热"传统在浪漫主义时代还是有少数继承者，如德特利就认为，法国作家本杰明·贡斯当就继承了中国儒家思想。①

---

　　① ［法］米丽耶·德特利：《19 世纪西方文学中的中国形象》，罗湉译。原载《在爱与恨之间的中国》（*La Chine entre amour et haine*），［法］贾永吉主编，巴黎：戴克雷·德·布鲁维出版社，1998 年。

德特利在文章中认为，从 19 世纪初开始，文学作品中就有一种"反面的受嘲弄的中国人形象"，"有的作品已经直截了当地表示了对中国人的蔑视之情，或者至少也是采取嘲笑、俯就的态度"。在德国，黑格尔宣扬中国"停滞不前，没有历史、总是保持原状"的观点，认为中国百姓在棍棒统治之下不是公民，在家庭里起作用的不是亲情，而是命令。

德特利总结说，19 世纪初期欧洲文学中的中国人形象多是表面化、漫画式的：它注重例如衣着饰品的细节描写（男人穿着妇女们才穿的彩色长袍、带着阳伞、扇子）和对外形特征（女人的小脚、男人的辫子、黄皮肤、长指甲、吊眼睛），以及一些琐碎小事（爱情、诗歌、梦幻等）的叙述。其中对中国人精神状态的勾画往往自相矛盾，比如一边认为中国人对旧事、诗歌、外表等充满兴趣，一边又认为他们无所事事；一边认为他们文雅细腻，一边又认为他们懒散粗俗。这说明当时的欧洲对中国以及中华民族所知甚少；对于中国，是羡慕还是嘲笑，该尊敬还是蔑视，该模仿还是教化，欧洲人的态度是不稳定的。

19 世纪下半叶以后，随着中欧交往增多，以及欧洲对中国发动侵略战争，中国国门被打开。欧洲涌现了大量游记以及从游记中汲取灵感的虚构作品，这些作品不断在有意无意地对照之前耶稣会士和启蒙哲学家塑造的理想的中国人形象的基础上，去重建一个完全相反的新形象，对中国的各种相关事物的态度由喜好转为厌恶，由崇敬转为诋毁，由好奇转为蔑视。相比前两个世纪欧洲作家们对儒家思想影响下中国人高尚道德品质的描写，在 19 世纪的欧洲，无论是"善良的野蛮人"还是"高尚的中国人"的神话都不再时兴了。这一时期的文学作品对中国人的描写更多是负面的，如不诚实、虚伪、野蛮等。显然，这一时期的中国形象反映出的是欧洲列强由于经济和工业力量强大而产生的一种肤浅优越感，他们需要由此证明自己是唯一拥有文明的民族，以便替自己的帝国主义野心开脱。当代法国比较文学家让－马克·莫哈曾在一次形象学学术讨论会上清楚明了地发言表示，与其说 19 世纪出现的"黄祸"（péril jaune）是亚洲人反抗白人所带来的现实的危险（因为西方帝国主义正处于上升阶段），不如说它表现了那种威胁到西方人个体良知和文明基础的软弱。为什么在上升阶段的欧洲人会表现出软弱呢？其实，他们的软弱来自对黄种人的恐惧，这也是他们内心忧患情绪的表现方式。正因为对外在世界的扩张如此急剧，他们更担心这种快速的胜利并不长久和稳固，担心会失去对世界甚至对自己的控制。莫哈认为，"黄祸"成为这些黑暗、骚乱心理的一种表现，即便在最文明的主体内部也会存在这样的心理，时代正在揭露它的存在：它将成为无意识的一种表现。

正如史景迁在谈到英国 18 世纪航海家乔治·安森在其《环球航行记》中对中国的各种否定描写时所说的："在此，我们看到了一个彻头彻尾的幻想家，他（乔治·安森）所说的话十足地荒诞无稽。虚幻、荒诞和真实混杂在这部作品里。正如我前面说过的那样，在欧洲利用中国的历史中，我们很难搞清楚真实和虚构是在哪里混淆起来的，又是在哪里分离开来的。因此，对于没有批判水平的读者来说，这里出现的那种奇特地混合而成的信念，畅销书中的奇怪对话以及人们为建立全新的思想体系所进行的雄心勃勃的尝试等共同开始形成一个全新的、否定中国的复杂观念。"①

因此，在很多形象学研究学者看来，通过欧洲人描述的中国

---

① ［美］史景迁讲演：《文化类同与文化利用》，廖世奇、彭小樵译，北京：北京大学出版社，1997 年，第 72 页。

人，其实让大家更多地了解了欧洲人而非中国人。在大工业时代，上升中的欧洲帝国主义国家确信自己是文明的持有者，不能容忍另一个民族的崛起。为了维持自己的优势，于是欧洲人不停地诋毁、否定中国人和中国文明。

第二节
19 世纪孔子研究成果

19 世纪研究者们的工作首先建立在早期传教士译介的零散成果的基础之上，加之 18 世纪"中国热"中法国全社会对儒家思想的传播，很多学者继续孔子研究。19 世纪法国资产阶级革命与封建王朝交替，政体更迭不断，社会环境动荡，法语研究者们从自身处境出发，看待孔子的视角有了新的变化。

这一时期法国关于孔子研究的主要出版物包括：

1.《孔子及其他儒家学者的道德思想》，巴黎：维克多·勒古出版社，1851 年。①

2.《关于孔子的历史和哲学研究》，勒阿弗尔：勒佩尔第耶出版社，1867 年。②

3. 《孔夫子中国大师》，罗马：柏利格罗特出版社，

---

① LEFÈVRE, *Pensée morales de Confucius et de divers auteurs*, Paris：chez Victor Lecou, 1851.

② HERVAL（M. l'Abbé）, *Étude historique et philosophique sur Confucius*, Le Havre：Imprimerie Lepelletier, 1867.

1874 年。①

4.《关于孔子和中国古代儒生的宗教信仰研究》，巴黎：国家出版社，1887 年。②

5.《孔夫子与中国的道德》，《两个世界》杂志，1898 年 11 月 1 日。③

这一时期对孔子的研究较前一时期有了主题上的转向。通过以上书名，我们可以大致窥见其主题。可以看出，法国对孔子思想的关注点从启蒙时期的道德聚焦，开始转向历史、哲学等层面。虽然前期对道德的关注也属于哲学体系，但从 19 世纪著作的内容来看，已经有了本质的改变。

一、《孔子及其他儒家学者的道德思想》

《孔子及其他儒家学者的道德思想》是以箴言集的形式呈现孔子及主要儒家思想的非学术性读物。这部作品也是一部译著，译者在书中说明："此选集是从雷翁迪耶夫先生的俄语版忠实地翻译而来，而雷氏的翻译是基于满语文献。雍正皇帝是这些文献著作的作者。"④ 译者给予雍正极高的评价，言语之中传达出他对雍正的崇敬之意。"他是一位明君，审慎而宽厚；救护贫穷者，镇压造乱者，鼓励农业，实施法治。……他爱民如子，本能

---

① *Confucius*, *Essai historique*, Rome：Polyglotte, 1874.

② Hervey-Saint-Denys（le Marquis de）, *Mémoire sur les doctrines religieuses de Confucius et de l'école des lettrés*, Paris：Imprimerie nationale, 1887.

③ VALBERT（G.）, *Confucius et la morale chinoise* a Revue de Deux Monde, 1 er novembre, 1898.

④ 参见原文：Nous les avons fidèlement traduits d'après la version russe faite par M. Léontief sur le texte manjour. l'empereur Young-Tching, ou plutôt Youdjeu, suivant la prononciation manjoure, est l'auteur de ces ouvrages. 见：*Pensées morales de Confucius et de divers auteurs chinois*, 1851. *Avis du Traducteur*, p. 189.

地要保护他疆土之内的一切。"①

全书的主体部分主要包括三章，内容是对儒家思想的介绍和阐释，形式是独立成段的箴言体。根据译者的介绍，这三章内容的原作者是雍正皇帝。虽然笔者尚未查证到原文，但从译者的自述特别是上文最后一句颇有"溥天之下，莫非王土；率土之滨，莫非王臣"意味的引文中，可以看出，这部作品主要给法语读者带去的是中国封建社会"家天下"的统治思想。儒家思想对中国封建社会的影响本就很大，长期被封建统治者奉为正统。自汉代以后，中国历代王朝尊崇儒学和孔子，而雍正也是公认的将尊孔热潮推至无以复加地步的一位皇帝。书中收录的儒家思想箴言，涉及的都是关于顺从和服务于封建统治需要的主题，例如"亲亲""尊尊"的立法原则、维护"礼治"、提倡"德治"等。书中的第一段箴言便是关于中庸之道的描述："中庸之道是君子始终的追求。君子以此为目标不懈追求，但也绝不逾越中和之外。不过分追求名利，谦和，隐忍，积极乐观，努力上进不追悔，这种高于自然天性的品质，只有高尚的灵魂才能拥有。"②

从此书可以看出，在作者眼中，雍正这样一位生活在比当时早大约一百年的东方明君是严格受到儒家思想教育的，他无限尊

---

① 参见原文：C'était un prince sage, vigilant, généreux; il secourait les pauvres, réprimait l'ambition remuante des bonzes, encourageait l'agriculture, et faisait observer les lois. Jamais les édifices publics, les grands chemins, les canaux qui joignent tous les fleuves de l'empire, n'avaient été entretenus avec autant de magnificence, ni avec plus d'économie. Protecteur, ami de ses sujets, qu'il regardait tous indistinctement comme ses fils, il ne laissa prendre à la nation dominante, dont il était le chef, aucune supériorité sur la nation subjuguée. 见：*Pensées morales de Confucius et de divers auteurs chinois*, 1851. *Avis du Traducteur*, p. 189.

② 参见原文：Le juste milieu où repose la vertu est toujours le but du sage. Il ne s'arrête point qu'il n'ait su l'atteindre: mais il ne tend jamais au-delà. Fuir le monde et les honneurs, ne se pas montrer aux hommes, n'en être pas même connu, n'éprouver cependant aucun sentiment de tristesse d'une si profonde obscurité, ne se repentir jamais de s'y être condamné: cet effort, supérieur à la nature commune, ne convient qu'à des âmes privilégiées. 见：*Pensées morales de Confucius et de divers auteurs chinois*, 1851, p. 11.

崇孔子，并以儒家思想来治国。由此，孔子在中国封建社会中从上至下的精神领袖地位便又一次得到证明。

二、《关于孔子的历史和哲学研究》

这是一本 20 来页的小册子，作者是埃瓦尔神父（l'Abbé Herval）。虽然篇幅不长，但从多个角度来看，这篇文章首开后世以孔子研究为主题的著作之先河。首先，从结构上说，文章主要从三个方面对孔子进行研究：孔子生平（sa vie）、孔子主要思想（ses dogmes）、孔子倡导的行为准则（ses lois）。之后的关于孔子研究的著作，包括大部头作品，基本都以这个框架结构呈现。其次，从研究角度上说，这本小册子从历史和哲学角度研究孔子。作者把孔子生活的时代与西方的古希腊时期相比较，对孔子进行历史性的研究；作者也通过将西方世界中与孔子基本同时代的巨匠苏格拉底等和孔子相比较，从哲学的角度研究孔子的主要思想，诠释孔子所倡导的行为准则等方面所体现的哲学性。因此，这本小册子可称得上是用比较研究的思路对孔子进行接受研究的典范。

这本小册子开篇中，作者介绍了孔子的崇高地位："西方的先哲圣人永远无法得到跟中国人给予孔子那样同等的感激和崇敬之情，他们尊孔子是最高贵的人，因为他是圣人，最有智慧者，有资格教化众生，培养帝王。"[1] 在全篇的结尾，作者总结孔子是"古代文明中最伟大的人之一"[2]。

_____

[1] 参见原文：Athènes et Rome n'eurent jamais pour aucun de leurs sages et de leurs philosophes cette reconnaissance et cette vénération profonde que les chinois ont eu et ont encore pour Confucius；ils l'appellent à juste titre l'homme le plus élevé au-dessus de tous les hommes，parce qu'il a été tout à la fois l'homme le plus sage，le plus éclairé et le plus digne de commander aux hommes et d'instruire les rois. 见：*Étude historique et philosophique sur Confucius*，1867，p. 5.

[2] 参见原文：une des plus grandes figures de l'antique civilisation. 见 *Étude historique et philosophique sur Confucius*，1867，p. 23.

在关于孔子生平的部分，作者先介绍了孔子的出生以及他父亲作为鲁国官员的贵族地位。孔子的出生被描述成富有神秘色彩的"天选之子"，文中描述道："（在孔子父亲去世后，）他的母亲颜氏决定不改嫁，此生只为这个她向上天祷告而得来的孩子。"① 七岁的孔子被母亲送到私塾去读书，他天资聪颖，智慧非凡，很快就成为最优秀的学生，然而他从不骄傲，因为"谦逊是真正的智慧"。孔子待人谦逊，受到老师的喜爱，同时也跟同学保持很好的关系。他从小就刻苦努力，不贪玩。渐渐地，他的学习兴趣体现在"哲学"和"政治学"上，并为此钻研终生，传道授业。与其他同时代哲学家不同的是，孔子认为不能仅满足于自己从道，他认为更重要的是要传道，于是他教育弟子，也在王公诸侯面前宣传自己的政治主张，受到了极高的尊重。作者写道："孔子（对人们）说：'我生而为人，且与众人为伴，因此我应不遗余力地启发大家对真理和道德的爱；这是大家唯一应该追求的。'"② 由此可见，在作者看来，孔子最重要的身份是"传道者"，即教育者。这一观察视角应该与作者本人的神父身份有很大的关系，神父亦是传道者，他们的天职是启发众生心中的"爱"，作者在描述中所用的"启发大家对真理和道德的爱"这种措辞本身就是非常典型的宗教表述方式。作者从孔子身上看到了他与自己相同的使命，即"传道"，尽管所传之道不尽相同，但都是为了启发众生达到一种崇高的道德境界。同时，作者注意到了孔子所强调的"人"这个概念，由此可见，与最早研究儒家思想的耶稣会传教士不同，19 世纪的传教士

---

① 参见原文：Sa mère Yen-Chi, résolut de rester perpétuellement veuve et de ne plus vivre désormais que pour cet enfant que le ciel avait accordé à ses prières. 见 *Étude historique et philosophique sur Confucius*, 1867, p. 6.

② 参见原文：Je suis homme, leur disait-il, c'est avec les hommes que je dois vivre; je ne négligerai rien pour leur inspirer l'amour de la vertu; c'est elle seule qu'ils doivent tout attendre. 见 *Étude historique et philosophique sur Confucius*, 1867, p. 6.

更多地认识到了儒家思想的非宗教的世俗化和人文主义的一面。

总体来说,介绍孔子生平的部分按时间顺序,相对客观地梳理了孔子的一生。在作者眼中,孔子的一生始终践行最崇高的道德,并致力在各个诸侯国传播这种道德观。他周游列国,是为了寻找与自己有共同追求和价值观的贤能君主。讲到孔子在不得已的情况下离开鲁国,开始周游列国时,作者写道:"于是他背井离乡,离开故土和赏识他的君主,四处游走。他唯一的错误在于试图将迷失在不道德中的人引回道德之路。"①(意指孔子因季桓子及其臣下沉迷齐国送来的八十名美女的歌舞而不理朝政,由此倍感失望,从而导致与季氏嫌隙愈深。)

作者讲到,即使在政治上不太得意的时候,孔子在传道授业、教化人民上也从未懈怠。他介绍了孔子有弟子三千,其中有五百多位弟子在鲁国或者其他邻国担任要职。作者认为孔子学生的这些成就也为孔子的声望奠定了基础。作者对孔子作为老师教育弟子的基本情况做了介绍,即孔子将弟子们按照各自的特点大致分为四类:德行、政治、文学、口才;三千弟子中有七十二位很有成就,而七十二位中又有十位成就非凡。随后,作者介绍孔子为了传道而修书的成就,如编注《尚书》等。通过对这一部分内容的考察,笔者发现了少许谬误。例如在介绍孔子编注成就时,作者写道:"孔子为他们(弟子们)写了多部经典作品:他整理了《书经》并为之作注;他也为《礼经》作注,这本书是

———————

① 参见原文:Il est donc errant, loin de sa patrie le sage qui l'instruisit et qui l'aima! Tout son crime est d'avoir osé ramener à la vertu des cœurs adonnés à tous les vices. 见 *Étude historique et philosophique sur Confucius*, 1867, p. 8.

伏羲所作。"① 根据后文作者对"《礼经》"所作的补充说明，笔者判断，此处的"礼经"应为"易经"。

总结来看，这位埃瓦尔神父对孔子形象勾画中最浓墨重彩的便是他那虔诚、不懈、贡献卓越的传道者身份。正如前文所说，其中最重要的原因应是源于作者本人的身份，而且，由于作者的宗教身份，他在赞颂孔子思想的时候也表达了自己的不同立场："这就是人类的智慧，然而它在某些方面存在错误：它涉及科学、政治和道德，但是它丝毫没有讲到上帝的神圣与能量。"② 由此可见，19世纪中叶，孔子在法语世界的接受还没有摆脱传教士的阶层而世俗化。

三、《孔夫子中国大师》

《孔夫子中国大师》的作者是一位署名 F. G. 的传教士，该书1874年在罗马出版。这本书的扉页有一张画像（见附图，图7），画像中的人身着长衫，戴着如同西方传教士的头冠；画中人是一位长着典型的欧洲人模样的美髯公，双手在胸前恭敬地持着写有"孔夫子"三个字的手牌，画像下写着一行字："哲学家孔子"。从画像下的字看来，画像中的人物应该就是孔子；但是从人物的相貌特征和手持的手牌来看，似乎又不应是

---

① 参见原文：Confucius écrivit pour eux plusieurs ouvrages classiques：il revit et commenta le Chou-King, ou livre sacré；il expliqua également, par un savant commentaire, Li-King, ouvrage énigmatique attribué à Fo-Hi. Confucius avait pour ce livre mystérieux tant d'admiration et un respect si profond, qu'il ne désirait la prolongation de ses jours qu'afin de le mieux connaître, le méditer et en pénétrer son esprit et son cœur. Enfin, on lui doit les annales du royaume de Lou, sa patrie. Cet ouvrage, où la force s'unit à la simplicité, est l'œuvre le plus parfait des grands Kings ou livres sacrés. 见 *Étude historique et philosophique sur Confucius*, 1867, p. 9.

② 参见原文：Tout est la sagesse humaine, elle est toujours fautive en quelqu'endroit：elle parle de science, de politique et de moralité, elle ne dit rien de la sainteté et de la puissance de Dieu. 见 *Étude historique et philosophique sur Confucius*, 1867, p. 9.

孔子：如果画家到过中国，那么他笔下的孔子一定不会是这般完全不似中国人的长相，而且孔子为何会恭敬地手持写着自己名字的手牌呢？笔者认为，这张画像中的人物应该就是孔子，但其中充满矛盾的细节，这正是当时法国乃至欧洲人对孔子外貌形象的想象集合。

在正文之前的两页文字中，作者描画了当时欧洲人心目中模糊而又充满矛盾的孔子形象："孔子这位著名中国哲学家二十四个世纪以来对这个世界上最大的国家有着不可思议的影响力。然而，大多数欧洲人仅仅只是听过他的名字而已，甚至很多的传教士完全不了解他的生平、他的学说、他的道德观和他的作品。因此，我们要去了解上述这些，而不仅仅是知道他或者能够提到他，正如一位杰出人物告诉我的，要去了解'确切的真理'。"① 可以看出，当时欧洲的传教士或者说对中国文化有过接触的人都只是听说过孔子的盛名，但对他思想学说的内容并不了解，因此画像中出现不伦不类的孔子形象便可以理解了。

作者接下来的一段介绍可以视为他对孔子形象的总结："有些人称他（孔子）为一位具有人文主义精神的最伟大的天才；而另一些人毫不掩饰地说他是一个无知者。其实这都不是孔子，他只是一个被后世过分夸大的智者。"② 接着他将孔子与西方先

---

① 参见原文：Confucius, célèbre philosophe chinois qui depuis vingt-quatre siècles exerce une prodigieuse influence sur le plus vaste empire du monde, n'est connu que de nom par la plupart des Européens; bien des missionnaires même ignorent sa vie, sa doctrine, sa morale, et ses écrits; c'est donc rendre service à la cause des missions que de le faire connaître et de dire sur lui, comme un éminent personnage me l'a demandé, «l'exacte vérité». 见：Confucius, essai historique, 1874, 序言。

② 参见原文：Des auteurs l'appellent le plus grand génie qui ait illustré l'humanité; d'autres ne craignent pas de lui donner l'épithète d'ignorant. Confucius ne fut ni l'un ni l'autre, mais un prétendu sage que la postérité a trop exalté. 见：*Confucius, essai historique*, 1874, 序言。

贤相比较："（孔子）作为与泰勒斯①和毕达哥拉斯②同时代的人，他的声望随着时间的推移越来越高，并一直持续到现在，远高过希腊哲学家们（在后世的影响力）。他的名字被挂在中国的学堂里，中国的每个城市都有孔庙，人们用这种夸张的方式铭记着这位大师、这位圣人、这位博学的巨擘。"③

全书包含六章：生平简介（Abrégé de sa vie）、主要思想（Sa doctrine）、道德训诫（Ses leçons de morale）、孔子思想代表作品（Ses écrits）、后人对他的崇拜（Culte qu'on lui rend）、不同的评价（Divers jugements）。

在介绍孔子思想的代表作品时，作者首先用"经"这个词作为归类概括。随即他介绍道："孔子'不作'，他仅编撰、评注、整理、补充古代著作。有两部作品的编撰工作是他一人独立完成，其他则是他的弟子们在他的影响之下完成的。每一部著作的名字中都有'经'字，意思是神圣的书、经典的书，跟《圣经》一样。"随即，他继续介绍并分析了这些"经"："分为三个类型，第一类是五部经典，即'五经'；第二类是四部道德书籍，即'四书'；第三类是其余的一些论著。"在这位传教士看来，"这些作品构成了中国人科学观、道德观、政治观、宗教观的基础。士大夫阶层对这些作品已经不仅是认可和尊重，而是已经到了膜拜的地步；他们背诵这些经典，将之用于自己的写作中、对话中，不那么熟知经典的人被他们视为未开化的野蛮人；

---

① 泰勒斯（Thalès，公元前 624—前 546），古希腊第一位自然主义哲学家，爱奥尼亚学派创始人，名列希腊"七贤"之首。

② 毕达哥拉斯（Pythagore，公元前 580—前 500），古希腊著名哲学家、数学家、天文学家。

③ 参见原文：Contemporain de Thalès et de Pythagore, il a, préférablement aux philosophes de la Grèce, joui d'une gloire qui s'est accrue avec le temps et s'est maintenue jusqu'aujourd'hui. Son nom est dans toutes les écoles, son temple est dans toutes les villes de la Chine, avec cette fastueuse inscription: Au grand maître, au saint, au prince des docteurs. 见：*Confucius*, *essai historique*, 1874，序言。

他们由此产生自己可笑的自傲，以及对异类的蔑视"①。

从以上内容可以看出，这位传教士根据自己在中国的经历，全面描述并向西方介绍了中国社会中的"孔子"，包括孔子的思想以及孔子在中国社会的形象。而且，对于他观察到的中国的"尊孔"现象，这位西方传教士并不是完全赞同的，他甚至认为这是一种盲目的"膜拜"。

相比之前几个世纪传教士向西方传回的数量众多但零散甚至杂乱的关于"中国礼仪""中国人的信仰"，甚至"中国人的道德"方面的书信、文章、著作，这部作品主题相对鲜明集中（以介绍孔子为目标），内容基本涵盖了关于孔子个人、思想、成就、地位、影响等各个方面，可以说是一部比较全面地向法国人"科普"孔子其人其思想的著作。

该书从序言开始，就展现出不同于以往时代的新视角。在序言中，作者指出中国社会后世对孔子的尊崇过于"夸大"了他的贡献，并对欧洲人对孔子的不同评论不置可否，在后文中，作者也多次提到中国儒生对孔子的膜拜是"盲目"的。表面上看，作者对孔子保持着一种"客观"的态度；实际上，作者撰写这本书时的视角和态度体现出的正是 19 世纪西方孔子形象发生的

---

① 参见原文：Le King Confucius a peu écrit；il a surtout compilé les ouvrages de l'antiquité，les a commentés et mis en ordre，en y ajoutant quelques fragments．Deux livres sont entièrement de sa main，d'autres ont été inspirés par lui，à ses disciples．Tous portent le nom de *King*，c'est-à-dire livres sacrés，livres par excellence，dans le même sens que Bible．Pour connaître ce qui est dû à Confucius，parmi ces œuvres，nous allons les parcourir et en donner une courte analyse．Les King se divisent en trois classes：la première comprend les cinq livres canoniques：Ou-king．La seconde comprend les quatre livres moraux：*Se-chou*．La troisième comprend plusieurs traités appelés classiques．Ces ouvrages sont comme la base sur laquelle reposent la science，la morale，la politique et la religion du peuple chinois．Les lettrés ont pour eux non-seulement du respect，mais une sorte de culte；ils les apprennent par cœur，les citent dans les compositions littéraires，dans les conversations，et quiconque n'en connaît pas les passages les plus importants est à leurs yeux un barbare；de là vient leur sot orgueil et leur mépris envers les étrangers．见：*Confucius*，*essai historique*，par un missionnaire，Rome：Polyglotte，1874，pp．75-76．

转变。正如上一节所论述的，19世纪西方文学作品中的中国形象已经发生了转变，这两种转变是相辅相成的。启蒙运动的"中国热"结束后，随着殖民霸权心理的膨胀，西方国家开始否定启蒙时期对中国的看法，带着一种文明的优越感，用一种新的视角审视中国文化，以证明欧洲文明的进步性。序言中作者表达出，孔子与古希腊的泰勒斯和毕达哥拉斯同时代，但他在后世享有比他们更高的地位，其实这一评价已体现出作者认为孔子的这一地位是被夸大了的，他认为作为西方文化源头的古希腊文化对人类的贡献应该是更高的。事实上，从该书扉页的画像便可看出，他们眼中的孔子形象实则是不客观的，是建立在没有真实了解的基础上的一种想象的结果。因此，作者在序言中说该书的目的是让法语读者了解真实的孔子，这看似抱着一种追寻"确切的真理"的态度，但其实是讽刺而可笑的。

四、《关于孔子和中国古代儒生的宗教信仰研究》

《关于孔子和中国古代儒生的宗教信仰研究》是一篇20来页的文章，由德理文侯爵（Léon d'Hervey de Saint-Denys，1822—1892）所著，是从一部合集中节选而来的。德理文侯爵是法国汉学家、法国国家学术院（Collège de France）第三任汉学讲座教授，是为中国古诗词在法国的翻译和传播做出重要贡献的第一人。他翻译的《唐诗》（*Poésies de l'époque des Thang*）于1862年在巴黎出版，这是法国首次以合集形式出版的唐诗译文。德理文的翻译雅致传神，传达出了唐诗的东方韵味，使得《唐诗》在当时法国的文学沙龙深受好评，接受度很高。

《关于孔子和中国古代儒生的宗教信仰》这本小册子原为合集，是法兰西学院（Institut de France）下设的五个学术院之一的法兰西铭文与美文学院（Académie des inscriptions et belles-

lettres）编写的回忆录。法兰西学院成立于 18 世纪，是法国举足
轻重的学术机构。这本小册子探讨了关于孔子及中国古代儒生的
宗教信仰问题。18 世纪起，在欧洲开始流行一个思想体系——
自然神论。"它探讨上帝在世界上的意义。它并不执着于一种宗
教……换言之，根据自然神论，人们在信仰上获得了很大的选择
余地，他们可以不信任何一种宗教，同时仍可保持对上帝的虔诚
信仰，仍然相信上帝支配着人的命运。可见，自然神论并非无神
论，因为它并未否定上帝的存在。自然神论者认为中国人有一种
关于宗教生活和伦理准则的自然感受，而这些正是西方人应效法
的。"① 或许正是由于这一背景，法兰西学院这一法国学术圣殿
便开始关注孔子这位中国圣人的宗教信仰问题。

德理文侯爵在开篇就提出了论题：有一种错误的观点认为古
代中国人是唯物主义者，孔子是无神论者，因此有必要在中国传
播佛教，以便让中国人有宗教信仰。作者随即指出这种观点是与
中国古代经典中的记载完全矛盾的。接着作者进行了层层论证，
首先通过大量列举《诗经》和《尚书》中的相关内容，用大部
分的篇幅列举了《诗经·周颂》中《清庙》《维天之命》和《尚
书》中一些篇章中有关"天"和"上帝"的表述，通过分析这
两个词在原文中的所指和含义，来探讨中国古人对这两个词的理
解，从而认为，在中国古人的观念中，"天"并不只是一般"穹
顶"的客观存在，它是具有信仰含义的。② 因此，作者认为中国
人对"上帝"的信仰便是一种宗教信仰。在这本小册子的后面

---

① ［美］史景迁讲演：《文化类同与文化利用》，廖世奇、彭小樵译，北京：北
京大学出版社，1997 年 5 月，第 58 页。

② 参见原文：De tels rapprochements auront suffi, je crois, pour démontrer l'inanité
de cette étrange opinion, que les Chinois aient adoré la voûte céleste. Je demanderai
cependant la permission de citer encore, par fragments, une ode du *Chi-king* où la véritable
acception du mot Ciel est non moins manifeste, en même temps qu'il est fait mention du culte
des esprits, dont il sera bon de dire aussi quelques mots, en passant. 见：*Mémoire sur les
doctrines religieuses de Confucius et de l'école des lettrés*, 1887, p. 8.

部分，作者用少量篇幅简要介绍了道教在中国的影响和佛教自印度的传入，总结了这两个宗教对中国古代人精神领域的影响："新的教派并没有带来确切的新教义或者神秘主义，也没有具体的神职人员，就这样自然地嫁接在古代的自然神论之上。传统的信仰也就自然接受了这些新衣的装扮。这种多信仰的融合产生了一种奇特的多神论组合和诸多可能性。"① 然而，作者认为这些新的因素并不能使中国人抛弃他们从祖先那里代代相传而来的对"上帝"（Chang-ti）的信仰和宗庙祭祀仪式，因为中国人最大的信仰是"传统"。因此作者总结："如同后来那些既非基督徒也非佛教徒的中国人所总结的，在中国'三教合一'了。"② 作者引用维斯德鲁神父（le P. Visdelou，1656—1737）的话来解释这种"三教合一"：中国的宗教信仰会随着历史推进发生一些小的改变，但总的原则还是遵从古代传统。

文末作者总结道："总之，从上古时代起，中国百姓便信仰一个唯一的神，并相信灵魂不死；而孔子对自古的这种信仰是遵从并怀有深深敬意的。"③ 作者指出，欧洲人之所以会错误地认为孔子和中国儒生是无神论者，唯一的原因可能是那些来过中国的人所写的游记的误导。那些游历者只看见了中国遍地的佛教寺

---

① 参见原文：Les nouvelles doctrines se greffèrent aisément sur le déisme antique qui, n'ayant dans sa simplicité native ni dogmes précis, ni mystères, ni sacerdoce, acceptait volontiers les habits variés dont on lui proposait de se revêtir. Du mélange de ces croyances diverses naquirent des combinaisons et des rêveries polythéistes extraordinaires. 见：*Mémoire sur les doctrines religieuses de Confucius et de l'école des lettrés*，1887，p. 20.

② 参见原文：On est arrivé ainsi à proclamer cet axiome："Les trois religions n'en font qu'une", adopté par tous les Chinois modernes qui ne sont ni chrétiens ni mahométans. 见：*Mémoire sur les doctrines religieuses de Confucius et de l'école des lettrés*，1887，p. 21.

③ 参见原文：le sens religieux de Confucius est d'ailleurs attesté par l'axiome que je citais tout à l'heure："Les trois religions n'en font qu'une", puisque la doctrine des lettrés, qui fut la sienne, est mise au nombre des trois religions. En résumé, le peuple chinois a professé dès la haute antiquité la croyance en un dieu unique et en l'immoralité de l'âme, et Confucius fut pénétré de l'amour et du respect de l'antiquité. 见：*Mémoire sur les doctrines religieuses de Confucius et de l'école des lettrés*，1887，p. 23.

庙和道教道观，而没有看到任何能代表儒生信仰的建筑。事实上，对"上帝"行礼的地点就是天空，供奉祖先牌位的地方就是在各自家里，这自然不容易被外国游历者了解。

这本小册子对孔子和中国古代儒生（即知识分子）的宗教信仰进行了考证研究，具有较高的学术价值。这篇长文虽然探讨的是宗教信仰问题，但不同于当时其他相同主题的出版物，作者考证了儒家典籍，从中找到上古时期中国人对"天"和"上帝"崇拜的证据。而且，同样是对宗教信仰的关注，他与早期欧洲入华耶稣会士又有不同。早期耶稣会士将孔庙和中国人的祭祖仪式都看作中国人的一种信仰，尤其是因为孔庙的存在便认为儒学是一种宗教，这种认识至今尚无定论。而德理文侯爵在文中明确指出应该清楚地区分"宗教信仰"（la question des croyances）和"祭典仪式"（la question des cérémonies），以免陷入严重的认识误区。因此从这个意义上说，德理文侯爵的这篇长文对于孔子形象研究具有重要的价值。它第一次明确地厘清了孔子在中国古代社会的地位和影响。作者明确指出，孔子既没有创立某个信仰教派，也不是神学家。孔子编订"五经"的原因是当时礼崩乐坏，因此唯有效仿古人，继承古人的思想，才是避免人性继续腐化的最好方式。孔子通过整理编辑上古时期的书籍，使中国祖先在政治、历史、信仰、文学、音乐、礼仪等方面的习俗传统得以传承。另外，从早期耶稣会传教士起，欧洲人对孔子思想的关注大部分集中在以"四书"为基础的儒家道德哲学，包括早期对儒家典籍的翻译也是以"四书"为对象。而德理文侯爵的研究关注点在孔子及儒生的宗教文化，因此研究对象是更多代表了中国上古文化的《诗经》和《尚书》。这也正是欧洲的儒学研究中值得我们注意的一个转向点。

出版于 19 世纪的孔子研究成果除了上述的著作，还有一些对 17 世纪经典著作的再版。例如最早出版于 1688 年的《中国哲学家孔子的道德思想》（*la morale de Confucius，philosophe de la Chine*）先后于 1818 年和 1844 年被不同的出版社再版。

总结来看，19 世纪法国的孔子研究呈现两种路径和姿态：一是沿袭早期包括 18 世纪的研究视角和立场，对孔子及其思想整体持褒扬的态度；二是受到 18 世纪末至 19 世纪西方看待中国的新视角影响，对孔子的研究其实是建立在过时的资料——早期传教士的书写——基础上，并且是在新的出发点之上的想象结果。

第三节
19 世纪孔子思想译介成果中的孔子书写

19 世纪中后期在法国出版了两个经典的"四书"法语译本：顾赛芬译本和鲍迪耶译本，这两个译本均对后世儒家思想在法语世界的传播产生了深远的影响，特别是顾赛芬的译本，直至 21 世纪的今天都不断被重新出版、重新制作，在法国的传播广，接受度颇高。

一、鲍迪耶眼中的孔子：最伟大的立法者和绝无仅有的最伟大导师

鲍迪耶（Guillaume Pauthier，1801—1873）是法国著名的东方学家和诗人，著作颇丰，其中不少是关于中国和印度的。

他翻译过马可·波罗的游记，是《道德经》第一个法语译本的译者，也是"四书"的一个经典法语译本的译者。鲍迪耶的译著还包括大量当时中国的官方文献，这对中欧交流史研究有非常重要的意义，例如《中国官方统计文献》《中国外国使节官方文献》等。此外，他所写的关于中国的著作还包括：《东方诗歌》第一册"中国诗歌"、《中国的历史、地理、文学书写》等。

已有的"四书"法语翻译研究中，鲍迪耶译本的被关注度不算太高，国内对他的译本的研究仅停留在简短、表面的介绍层面上。笔者认为这种待遇颇有让该译本受"冷遇"、译者受"委屈"的嫌疑。首先，鲍迪耶的译本是第一个直接从中文翻译为法语的"四书"法语译本。在此之前，仅有《大学》《中庸》被单独翻译成法语出版，《论语》《孟子》尚无单独的译本，也没有一位译者完整地将"四书"译成法语①。因此，鲍迪耶的译本具有里程碑意义。此外，由于鲍迪耶本身的诗人身份，他的译文语言流畅优美，风格美逸，更符合法语读者的阅读习惯。

在"四书"译著序言的导论（Introduction）中，作者用诗人的笔调评价了他心目中的中国文化："（但是）有些拥有古老璀璨文明的民族，经历住了约四千年自然变化和人类变革的洗礼和考验。这些民族坚定不移地矗立着，任凭世事变迁，如同陡峭的岩石，存在之时起变屹立于波涛汹涌的海浪之中却丝毫不为所动。历史如大浪淘沙，冲褪并非永恒的作品，但从未能改变他

---

① 参见鲍迪耶"四书"译本《中国道德政治哲学四书》的"导论"第34页脚注2。法语原文如下：La traduction que nous publions des *Quatre Livres classiques de la Chine* est la première traduction française qui ait été faite sur le texte chinois，excepté toutefois les deux premiers livres：le Ta-hio ou la Grande Étude，et le Tchoung-young ou l'Invariabilité dans le milieu，qui avaient déjà été traduits en français par quelques missionnaires.

们。……毫无疑问，中华文明是地球上最古老的文明。可以考证的历史表明，她可以追溯到公元前两千六百年。"①

鲍迪耶高度赞扬了孔子和儒家哲学。他认为，阅读儒家典籍给他带来的最大的震撼，是其中反映出来的高度理性和崇高的道德感。他说，这本书（"四书"）的作者们以及书中提到的智者们，他们在那么古老的时代就已经拥有即使在今天也难以超越的、高度的伦理道德文化。这种伦理道德不同于一切不纯粹，不同于所有信仰、命运暗示，对人类历史而言是非常重要的一种存在；因为它是一种高度文明的产物，与一种十分正直、审慎的天性共生：总之，这种伦理道德比所有哲学家和历史学家的思想都更为尊贵。

在谈到《书经》中所涉及的统治者与被统治者的关系，以及儒家思想家的政治道德观时，作者认为必须指出的是，在当时中国所有的道德政治作家中，没有一位为暴君、暴政说话的，没有一位胆敢怀有不慈悲的心而冒犯上天赐予的权力，这些权力是用于团结社会中的人群和帮助他们捍卫自己的利益的。这些作家认为，统治者拥有的绝对权力是上天和绝对理性赋予的，只能用于为大众谋福利，而绝不能用于谋一己之私。这个绝对权力被赋

---

① 参见原文：Mais d'autres nations, contemporaines de ces grands empires, ont résisté, depuis près de quarante siècles, à toutes les révolutions que la nature et l'homme leur ont fait subir. Restées seules debout et immuables quand tout s'écroulait autour d'elles, elles ressemblent à ces rochers escarpés que les flots des mers battent depuis le jour de la création sans pouvoir les ébranler, portant ainsi témoignage de l'impuissance du temps pour détruire ce qui n'est pas une œuvre de l'homme…. La civilisation chinoise est, sans aucun doute, la plus ancienne civilisation de la terre. Elle remonte authentiquement, c'est-à-dire par les preuves de l'histoire chinoise, jusqu'à deux mille six cents ans avant notre ère. 见：Pauthier（M. G.）, *les Quatre Livres de philosophie morale et politique de la Chine*, Paris：Charpentier, 1858, pp. 2 - 3.

予了不可逾越的道德界限①。

从导论多处可以看出，鲍迪耶最看重儒家思想中的伦理道德观，而在儒家伦理道德观所涉及的诸多方面之中，他最为欣赏甚至惊叹的是其中对统治者权力的道德规范，即"仅用于为大众谋福利"（s'exerçant uniquement dans les intérêts de tous）。而对于"统治者的权力"，鲍迪耶主要探讨的是"立法权"。鲍迪耶认为，中国古代对统治者权力的道德规范就蕴含在包括《书经》、"四书"在内的儒家典籍之中。鲍迪耶认为，这些书籍与世界上其他民族最受景仰的书籍一样被推崇，它们经受住了历代无数人的检验，最终构成了公共权利的基础。这些著作得到那些最负盛名的哲学家和伦理学家的阐释和评论，然后持续被世代传承，传承者们希冀自己的智慧随之发光，渴望能将书中这些能使人类社会日臻繁荣昌盛的伟大道德真理拥入怀。② 其中的"最负盛名的哲学家和伦理学家"，无疑便是鲍迪耶反复不停地以极尽溢美之词歌颂的儒家思想者们。因此，他在导论中正式谈到孔子身份时

---

① 此段总结参考以下原文：nous devons le dire, on ne trouverait pas dans tous les écrivains politiques et moraux de la Chine, bien plus nombreux que partout ailleurs, un seul apôtre de la tyrannie et de l'oppression, un seul écrivain qui ait eu l'audace, pour ne pas dire l'impiété, de nier les droits de tous aux dons de Dieu, c'est-à-dire aux avantages qui résultent de la réunion de l'homme en société, et de les revendiquer au profit d'un seul ou d'un petit nombre. Le pouvoir le plus absolu que les écrivains politiques et les moralistes chinois aient reconnu aux chefs du gouvernement n'a jamais été qu'un pouvoir délégué par le Ciel ou la Raison suprême absolue, ne pouvant s'exercer que dans l'intérêt de tous, pour le bien de tous, et jamais dans l'intérêt d'un seul et pour le bien d'un seul. Des limites morales infranchissables sont posées à ce pouvoir absolu. 见：Pauthier（M. G.），*les Quatre Livres de philosphie morale et politique de la Chine*, Paris：Charpentier, 1858, p. 6.

② 此段总结参考以下原文：Ces livres, révérés à l'égal des livres les plus révérés dans d'autres parties du monde, et qui ont reçu la sanction de générations et de populations immenses, forment la base du droit public；ils ont été expliqués et commentés par les philosophes et les moralistes les plus célèbres, et ils sont continuellement dans les mains de tous ceux qui, tout en voulant orner leur intelligence, désirent encore posséder la connaissance de ces grandes vérités morales qui font seules la prospérité et la félicité des sociétés humaines. 见：Pauthier（M. G.），*les Quatre Livres de philosphie morale et politique de la Chine*, Paris：Charpentier, 1858, p. 7.

指出，孔子"不是中国第一位，但是是最伟大的立法者"。鲍迪耶认为，孔子对古代文明有着深深的尊重，他"整理了文献，而并未改动"，即"述而不作"，他"收集并整理他那个时代所有的宗教、哲学、政治、伦理文献，并将它们编辑成册，分别命名为《易经》《书经》《诗经》《礼记》。而"四书"则是他自己的思想和言论，由他的弟子们收集整理"。基于孔子对后世的巨大贡献，他评价孔子是绝无仅有的人类最伟大的导师。

与之相关的同样重要的一点在于，尽管这一时期《论语》译本尚未单独出版，但与前一时期相比，出版的相关译本已经按照朱熹所定"四书"之名来编辑成书了。鲍迪耶译本的书名为 *"Les Quatre Livres de philosophie morale et politique de la Chine"* （《中国道德政治哲学四书》），书名首次选取"les Quatre livres"（"四书"），这在儒家典籍的法语翻译史上是开创先河的表现。

同时从书名还可以看出，鲍迪耶译本的重要特点之一，体现在译者对"四书"所蕴含的"道德感"的极度关注。他在序言末尾写道："今天，这个新译本的出现，并非是出于虚荣之心，而是希望能同跟我们一样，从中读出了一部分道德感的读者分享感受。"① 值得注意的是，译者在序言中明确提出"道德感"，并在接下来的段落中给以了阐释。

由此可见，这个出版于 19 世纪中叶的译本，是以孔子的道德哲学为主。主要原因有二。首先，这种导向很大程度上还是缘于之前几个世纪的接受影响。19 世纪之前，将儒家典籍翻译介绍到欧洲的基本上是传教士，他们的切入点和关注角度正是信仰

---

① 参见原文：Avant que de terminer, nous devons dire que ce n'est pas le désir d'une vaine gloire qui nous a fait entreprendre la traduction dont nous donnons aujourd'hui une édition nouvelle, mais bien l'espérance de faire partager aux personnes qui la liront une partie des impressions morales que nous avons éprouvées nous-même en la composant. 见：Pauthier（M. G.）*Les Quatre Livres de philosophie morale et politique de la Chine*, Paris: Charpentier, 1858, Introduction, p. 31.

和道德层面的。其次，译者对"道德"的关注，也基于他本身所处的时代环境以及译者接受儒家文化时的期待视野。译者翻译工作的第一步是对原文的阅读，这一文本接受的过程具有"对话性"特点。而阅读者在阅读作品的过程中，必定会在自身经验审美的基础上进行选择、接纳或扬弃。

鲍迪耶认为，孔子的道德政治观对法国当时的社会政治有非常大的指导意义。鲍迪耶出生于 1801 年，彼时在整个西方世界掀起惊涛骇浪的法国大革命正如火如荼地进行。法国大革命的全过程伴随着他的童年和少年时期。1815 年滑铁卢战役之后，拿破仑帝国宣告失败，整个法国在这十来年间经历了从辉煌到幻灭的极大落差。此后法国的政治统治依旧风雨飘摇。在此译著出版之前，鲍迪耶生活的法国社会历经了 1814—1824 年十年的路易十八的复辟王朝、1830—1848 年的七月王朝、1848—1851 年的第二共和国，以及 1852 年开始的拿破仑三世建立的第二帝国时期。生活在这样的历史环境下，接触了遥远东方儒家哲学的鲍迪耶，关注点自然地聚焦在其中的政治思想方面。19 世纪上半叶的法国因为处于"后大革命时代"，社会政治秩序动荡，政体更迭频繁，经济混乱，人心更是无处安放。在这个产生了大文豪夏多布里昂和雨果的浪漫主义时期，如何抚慰法国人的"世纪病"，是法国社会有志之士共同思考的问题。因此，译者有这种从古老东方哲人的思想中寻求理性智慧的愿望，以及对"道德"这个人性中最底线问题的自觉思考，就不难理解了。

二、顾赛芬的拉丁文和法文双语译本：跨越时代的孔子传播媒介

顾赛芬（Séraphin Couvreur，1835—1919）是法国著名汉学家。1853 年，他加入耶稣会，后于 1870 年和 1904 年两次来到中国。在华期间，他主要在直隶省河间府从事传教工作。

由于顾赛芬酷爱中国古典文学，在华期间他学习汉语，编撰汉语词典，并翻译中文典籍，为这一时期的汉学研究做出了卓越贡献。他翻译出版的中国古籍包括《四书》（1895 年）、《诗经》（1896 年）、《书经》（1897 年）、《礼记》（1899 年）等。他为中国古代文化、语言、文学在欧洲的传播做出了卓越贡献。

19 世纪末由顾赛芬翻译并出版问世的拉丁文和法文版"四书"，堪称最经典的译本，这从此版本自问世至今的出版次数便可看出。其经典之处首先体现为译本内容的完备。顾赛芬翻译的中文底本是朱熹的《四书章句集注》，他的拉丁文、法文双语译本全文翻译了该底本包括注释在内的中文原文，反映出译者严谨的研究态度和深厚的汉学功底。同时，译本的经典之处还体现为译文语言上的高质量和对原文的忠实度。顾赛芬的法语和拉丁语译本、特别是拉丁语译本，具有简洁性的特点，行文自由，逐字逐句地直译汉语原文，译文精练可读。他的翻译严格忠实于当时中国官方推崇的朱熹学派的诠注，对于注释他并不作进一步的阐释。他的译作十分严谨，很少带有个人的见解，为后人研究提供了比较客观的依据。

基于以上两个最突出的特点，顾赛芬的"四书"译本问世以来的一百多年间被多次重印和再版，其中的《论语》法语译本因此成为《论语》法译史上被出版次数最多的译本。首次和早期出版的版本兼有拉丁语和法语两种语言的译文，后来随着拉丁语完全退出法国常用语（包括书面用语和日常用语）的舞台，重版、再版的版本中便仅保留了法语译文。20 世纪末至今，顾赛芬译本在法语世界的传播出现了新的特点。第一个特点是由于顾赛芬译本越来越普及，为了方便读者阅读，重新出版的法语译本越来越简化，不再保留译者在最初版本中翻译的朱熹《四书章句集注》中的注释内容，仅保留包括《论语》在内的"四书"原文。第二个特点体现在新时期的传播新形式——音像制品的制作与发行。多个制作公司将顾赛芬的《论语》原文法语译本制作成朗读版的有声读物并发行，这一形式充分体现了《论语》在法国的较高的接受程度，同时也体现出顾赛芬译本的经典性受到法语读者的充分认同。

19 世纪法语世界在对孔子形象的接受与对中国形象的接受问题上，有着相同的时代背景和民族文化心理。一方面，早期传教士的译介成果和 18 世纪启蒙思想家的研究成果在法国社会渐渐普及，东方智慧及道德精神持续得到了更多人的了解和认可。另一方面，受上升中的欧洲帝国主义的文化霸权心理影响，有些群体开始以审视甚至俯视的目光看待中国文化，例如黑格尔在《法哲学原理》中提出"中国没有历史"的荒谬说法，在阅读了《论语》之后却评价孔子思想只是常识道德，毫无出色之处。19 世纪正是欧洲中心主义形成的时期，然而，值得欣慰的是，这种文化霸权心理在法国的孔子形象接受中尚无明显体现，相反，在前文探讨的两个经典"四书"法译本中，孔子思想都得到了盛赞，这与法国独立的文化意识和长久以来的优良汉学传统有很大的关系。

第五章

走下『神坛』的孔子：20世纪孔子研究的大众化趋势

20世纪以来，法语世界对孔子的接受呈现两个特点：首先，经过了19世纪的过渡，法国乃至欧洲的儒学研究逐步走向世俗化，至20世纪中叶以后，开始出现大众化的趋势。这一特点与20世纪法国出现了数量众多的汉学研究机构和相关大学密切相关，其中较为著名的儒学研究机构有法国远东学院（École Française d'Extrême-Orient）、法兰西公学院（Collège de France）、近代现代中国研究中心（Centre d'études sur la Chine moderne et contemporaine）、法国社会科学高等研究院（École des hautes études en sciences sociales）等。第二个特点是法语世界的范围扩大。之前法语世界基本仅包括欧洲传统的法语世界，即法国和比利时的法语地区。随着世界各国交流日益频繁，加之世界政治格局发生了新的变化，法语世界的范围扩大，注入了新的血液。法国的殖民地国家成为"说法语的国家"（pays francophone），是"法语世界"（francophonie）的组成部分。另外，加拿大魁北克地区成为法语世界的一位有规模的成员，20世纪以后，魁北克地区的学术研究也日渐形成规模。由于受到欧洲传统和北美新法语世界两个方面的影响，其研究成果呈现出自身的特点。在这种新的环境下，孔子形象被赋予了更加丰富的内涵。

第一节
20 世纪的孔子研究成果

如果说早期欧洲及法国对孔子的研究是为了基督教神学研究而附会孔子的儒家学说，启蒙时期的研究是为自身革命而寻求武器的话，那么 19 世纪末特别是 20 世纪以后的孔子研究则实现了更贴近本体论的转向。这一时期的孔子研究成果丰富，著作者的身份也越来越多样化。随着国家之间各种层面的交流越来越多，外国人对中国文化和对孔子的了解更加直接，尤其是自 20 世纪中叶开始，越来越多的作者对孔子及儒家文化的了解不再拘于书本这一途径，而是中很多人都有旅居中国的经历，因此越来越多地亲眼见证了真实的中国，亲身体验了真正的中国文化。同时，随着法国社会本身的逐步世俗化，早期传教士介绍而来的孔子形象在法国民众中的影响逐渐减弱。这些时代赋予的新特征促使孔子研究逐步大众化。

一、 孔子研究整体概况

整体来看，20 世纪的研究成果比之前任何一个时期都更为丰富，现将代表性著作梳理如下。

表二

书名	中文译名	作者	出版社	出版时间
Confucius, sa vie et sa doctrine	《孔子：生平和思想》	P. Caron（卡隆）	Paris：Librairie Bloud et C.	1901
Les livres de Confucius	《孔子的书》	Pierre Salet（皮埃尔·萨勒）	Paris：Payot	1923
Le Catéchisme de Confucius. Contribution à l'étude sociologique chinoise	《孔子的教理：献给中国社会学研究》	Gu Hongming, Borrey, Francis（辜鸿铭、博雷、弗朗西斯）	Villeneuve-Saint-Georges：impr. l'Union typographique；Paris：Libr. des sciences politiques et sociales, Marcel Rivière ed.	1927
La Vie de Confucius（Krong Tse）	《孔子的一生》	G. Soulié de Morant（莫兰）	Paris："la sagesse antique"，H. Piazza Éditeur	1929
La philosophie sociale et politique du confucianisme	《儒家社会政治哲学》	Fr. Jean-Baptiste Kao O. F. M.，（让·巴蒂斯特）	Paris：Éditions Franciscanes	1938
Confucius	《孔子》	Alexis Rygaloff（理各洛夫）	Paris：Presses universitaires de France	1946
la chine：oeuvre de Confucius	《中国：孔子的杰作》	Cheng tien-Hsi（郑天锡）	Bruxelle：Éditions de la Baconniè re—Neuchâtel	1946
L'art de gouverner selon Confucius	《孔子的统治艺术》	Jean-Charles Fol（让－夏尔·弗尔）	Paris：La nouvelle éd.	1947
Confucius, sa vie, son oeuvre, sa doctrine	《孔子：生平、作品、思想》	Youn Eul Sou, Laurent（Abbé）（永厄苏、罗朗神父）	Paris：A. Maisonneuve	1948
Confucius, sa vie, son oeuvre, son message	《孔子：生平、作品、教导》	H. Delétie（德雷提）	Aix-en-Provence：l'Auteur	1949
La sagesse de Confucius et la portée actuelle du confucéen	《孔子的智慧，及儒家的影响》	Marcel Dubois（马赛尔·杜博依）	Limoge：Imprimerie E. Rivet et Cie.	1950
Confucius, sa vie, ses pensées, sa doctrine	《孔子：生平、思想、主义》	Marc Semenoff（马克·塞蒙诺夫）	Paris：Guy le Prat	1951
Confucius et son temps	《孔子和他的时代》	Jeanne Gripekoven（让娜·格利佩科文）	Bruxelles：Office de Publicité	1955

书名	中文译名	作者	出版社	出版时间
Confucius	《孔子》	René Etiemble（艾田蒲）	Paris：Club français du livre	1956；后分别于1966年、1995年在伽利玛出版社（Gallimard）再版
Confucius et l'humanisme chinois	《孔子和中国的人文主义》	Pierre Do-Dinh（杜廷石）	Paris：Éditions du Seui	1958
Confucius	《孔子》	Étienne Balazs（艾田纳·巴拉兹）	不详	1959
Confucius	《孔子》	Daniel Leslie（丹尼尔·雷里）	Paris：Éditions Seghers	1962
la philosophie de Confucius	《孔子的哲学》	Liu wu-chi	Paris：Petite Bibliothèque Payot	1963
Confucius，textes choisis et commentés	《孔子：文选及评论》	Alfred Doeblin（阿尔弗雷·杜博林）	Paris：Éditions d'aujourd'hui	1975
Les quatre piliers de la sagesse	《智慧的四大柱石》	Joseph Pardo（约瑟夫·巴尔多）	Nice：Éd. de prestige；	1988
Confucius：le message du Bienveillant	《孔子：宽厚善良之人的说道》	Tsai Chih Chung（蔡迟春）	Fillinges（Les Tattes，74250）：Carthame éd.	1993
Le Confucianisme：une conception morale de la vie	《儒家：一种生活道德观》	Bernard Baudouin（贝尔纳·博丹）	Paris：Éditions de Vecchi S. A.	1995
Confucius	《孔子》	Cyrille J. -D. Javary（夏汉生）	Genève Éditions la joie de lire	1997
le testament de Confucius：calligraphiesde Shibo	《孔子的嘱托：时波的书法》	Shi Bo（时波）	Paris：Éditions Alternatives	1999
Pensées morales de Confucius	《孔子的道德思想》	René Bremond（勒内·布雷蒙）	Paris：Éditions dhistoire et d'art	1953

　　从表中可以看出，20 世纪的孔子研究成果越来越丰富。这些出版物具有一些共同特征，形成了这一时期孔子研究的新图景。第一，对孔子的研究角度逐渐扩大和多样化。这一特点在20 世纪中叶体现得尤为明显。19 世纪末以后，越来越多的研究者开始渐渐走出之前仅关注孔子道德哲学的单一视角，开始研究孔子的生平经历、思想贡献、政治生涯、教育思想，并对孔子所

处的历史政治环境等进行研究。第二，孔子研究群体的世俗化与
多样化。20世纪以后，孔子及儒家思想的研究群体大幅增加，
受研究者自身身份、背景、兴趣、审美、目的等影响，这一时期
的研究成果越来越多样化，摆脱了早期的单一化特征。例如，从
上表中的著作书名可以看出，以《孔子》（*Confucius*）命名的作
品虽有不少，但是受研究者各自身份的影响，不同作品的内容与
针对的读者群体各有不同。例如著名汉学家艾田蒲（Étiemble）
的《孔子》，是颇具学术性的研究作品；然而有些作品对孔子的
研究则浮于表面，仅限于笼统地对孔子的基本信息如生平、主要
贡献等作大致介绍。这类泛泛而谈的作品对孔子在法语世界大众
层面的普及起到了积极推动作用。第三，孔子接受群体的大众化
趋势明显。这一点是上文第二项特征的必然结果，两者互相影
响。接受群体的扩大促使了越来越多的出版社开始关注儒家文化
相关作品，这样便促进了孔子在大众层面的传播。第四，随着儒
家文化被越来越多不同群体的法国人了解和熟悉，这些作品中的
孔子形象在忠实度和真实性上自然存在一些偏差与变形，这些变
形与前几个时期相比，有不同的体现。

二、介绍孔子的大众读物

这一时期关于孔子的出版物中有一类更偏向于大众读物，学
术性不强，严谨性欠缺。这类作品的受众更广，其内容大多是介
绍孔子的生平经历、孔子在中国历史上的主要贡献和孔子思想的
内容等，有些作品附带对孔子生活时代中国大致情况的介绍，并
配有插图，包括当时的地图、孔子的画像等。这一时期的孔子画
像大多是从中国的书籍中转印而来，因此更加真实。及对于当时
的出版商来说，由于来自中国书籍中的孔子画像令他们觉得新
奇，所以不少作品就以这些画像为著作封面。我们必须承认，从
某种意义上说，比起学术类作品，普及类作品对于孔子及儒家思

想在法语世界的传播起到了更大的作用。下面就以三个例子来说明这一时期普及类作品的大致情况。

（一）勒内·布雷蒙《孔子的道德思想》[①]

出版于 1953 年的《孔子的道德思想》为散文体，这是一部相对全面、严谨地介绍孔子思想的大众读物。说它严谨，是因为作者在书中大量引用翻译了"四书"中的原句尤其是《论语》中的篇章，以此客观展现孔子的形象和思想，并且作者在该书注释中标明了每条引用内容的出处，因此这部作品可以视为"四书"的节译本。

作者在介绍孔子时，选取了"四书"原文中的一些章句，将它们翻译为法语，并基于孔子思想内容而给以重新整理编排，将著作内容分为两个部分：第一部分为"孔子及其弟子笔下的孔子"（Confucius peint par ses disciples et par lui-même），全面概括介绍了孔子生平及主要思想，其中的主题包括孔子的形象、孔子的服饰、孔子的食物、孔子的行为礼仪、"天"与"精神"、教育和学习等。第二部分为"孔子的道德思想（Pensées morales）"，包括天、精神、道德法则、人、孝、智、仁、义务、礼、中庸等，是对孔子思想的诸多方面比较全面的介绍。

之所以将这部著作归于大众普及一类，是因为它只是对孔子及其思想进行客观展示和介绍，作者并未进一步从某个角度对孔子进行深挖分析，并未体现出较强的学术性。

（二）法国文化影响下的越南作家杜廷石的孔子研究

杜廷石（Pierre Do-Dinh）于 20 世纪初出生在越南河内附近一个知识分子家庭，父亲在政府担任相当于区长的官职。1929 年，中学毕业的杜廷石前往法国，后来在索邦大学获得文学学士

[①] BREMOND (René), *Pensées morales de Confucius*, Paris：Éditions d'histoire et d'art, 1953.

学位。在巴黎期间，他时常与多位著名法国作家往来，关系要好，包括后来担任法国文化部长的马尔罗（André Malraux）、诺贝尔文学奖得主马丁·杜·加尔（Roger Martin du Gard）、安德烈·纪德（André Gide）和舒兰博格（Jean Schlumberger），其后来所著的《孔子与中国的人文主义》[①] 的题献就是写给舒兰博格的。1934—1936 年，他短暂回到越南，但作为殖民地的祖国的文化氛围让他深感窒息。重返法国后，他在作家朋友圈中呼吁，号召大家一起为殖民地的文化及精神独立而努力。1960 年，他决定回到越南，在一所大学教授法国文学。1963 年他创办一份介绍英语文学的杂志《对话》。1970 年，杜廷石因病在西贡去世。截至目前，法国国家科研中心（CNRS）还有关于他生平和作品的研究。

　　杜廷石是一位深受法国文化教育和影响的越南人，用法语写作。他有关中国的作品并不多，根据现有资料推测，《孔子与中国的人文主义》应该是 20 世纪 50 年代他在中国有过一段旅居生活之后写成的，于 1958 年在著名的瑟伊出版社出版。书中既介绍了孔子的生平和主要思想，也评述了孔子儒家学派的创立发展过程和在中国文化中的地位。此外，书中还介绍了一些中国文化基本知识，如简单介绍了中国古代文化和作者生活时代的中国文化，以及除儒家思想以外的、在中国流行的宗教文化（道教、佛教等）。由于作者对中国文化并无深入的研究，因此书中内容的学术性较弱。法国刊物《宗教史研究》（*Revue de l'Histoire des Religions*）曾在 1958 年的新书书评中这样评价道："然而，此书也有一些缺憾。书中有一些偏题的内容，也有一些不确切和晦涩的理论（尤其是关于中国人的起源）。另外还有一些地方，为了

---

　　① Pierre Do-Dinh, *Confucius et l'humanisme chinois*, Paris：Éditions du Seuil, 1958.

突出体现异域文化，作者牵强地运用了一些不太恰当的比较术语。"① 该书评中举出的"不太恰当的"术语是 *la divination est « l'héritage sacerdotal-chamanistique-du roi-mage »*，意思是"'天命'是大法师的萨满教神职传统"——此处评断应该是认为该书作者草率地用西方宗教术语来解释中国儒家思想中的术语。可以看出，当时法国的学术群体已经对孔子及中国儒家思想有基本的了解，因此他们对这一类研究作品的接受与评价是比较挑剔的。因此杜廷石这部著作应该更适合对儒家思想知之甚少的普通法国读者，而书中对"人文主义"的特别探讨应该是源于作者自身的经历。由于亲历了祖国越南在法国殖民统治时期的各方面尤其是精神文化方面的不独立状况，杜廷石对人文主义一定有着切身的渴望，因此他便着重介绍了孔子思想中的这一个方面。

（三）《智慧的四大柱石》② 中的孔子和孔子思想

《智慧的四大柱石》出版于 1988 年，是一本介绍孔子及其思想的纪念版著作，由约瑟夫·巴尔多改编、让·格拉达斯作插图。从此书的大部头规模、精美制作可以看出，从作者到出版商都十分重视这部作品，其发行也应该有较大的影响力和受关注度。因此我们可以以此书为个案来管窥 20 世纪下半叶法语世界对孔子的介绍及接受状况。

在序言中，作者介绍了孔子思想的主要内容，以及孔子代表作的形成方式。他认为，孔子关注的主要问题包括：个人不断的自我完善、社会和谐的基础、人民的伦理观、统治的艺术。作者认为，虽然孔子"述而不作"，"现代人认为孔子的作品都不是他直接所作，但他们相信孔子的弟子们将他的大部分教导都很好

---

① 原文见 R. -A. Stein, *Compte rendu de* Confucius et l'humanisme chinois. Revue de l'histoire des religions, Année 1958/154 - 1/p. 117.

② *Les quatre piliers de la sagesse*, adaptation de Joseph Pardo; illustration de Jean Gradassi, Nice: Éditions de prestige, 1988.

地传承了下来。我们认为，最具代表性的作品是《论语》，这部作品用一些清晰的段落、明确的问答的方式，传授了达到'内心完善'的方法与艺术"①。"他的作品是对道德的探讨，是中国历史上的瑰宝，同时也因巨大而珍贵的文学和哲学价值，被当今世界上的伟人和智者们所欣赏。"②"通过他的作品，我们看到在如此远古的时代，除了以色列人的恢宏文化和希腊的伦理学家、哲学家们的杰作，还有一位中国夫子，一位思想家，拥有此种伦理高度。他的道理极富哲理又深入浅出，所以王公贵族向他问道之后，非常容易将他的建议付诸实施。正是得益于他的学说，中国历史上才出现了多位可称得上'明君'的帝王。"③

在介绍此书书名由来和主要内容时，作者介绍道："他（孔子）主要的教育思想体现在我们命名为《智慧的四大柱石》里，这些书本文献在古代的中国就已广为流传。有些人认为这四大柱石是关于诗的《诗经》、关于历史的《书经》、关于命运的《易

---

① 参见原文：Les modernes ne lui attribuent aucune œuvre écrite directe，mais ils savent que ses disciples ont transmis parfaitement une grande partie de son enseignement. À notre avis，les jugements et les remarques sur les textes et les personnages qui formèrent le «Louen Yu»，ouvrage disparu mais reconstitué par les Sages，plus de cinq cents ans après la mort du Maître，sont les plus caractéristiques de son œuvre. Ce sont pour la plupart des textes clairs，des réponses nettes，enseignant réellement l'art de parvenir à la perfection intérieure. 见：*Les quatre piliers de la sagesse*，adaptation de Joseph Pardo；illustration de Jean Gradassi，Nice：Éditions de prestige，1988. 补注：由于这是一本典藏纪念版的图书，书中并未标注页码。下同。

② 参见原文：*Son œuvre，appréciée des plus grands Sages du Monde contemporain，est demeurée l'expression morale，le véritable diamant de la Chine Éternelle，par sa richesse littéraire et philosophique très grande et très précieuse.* 见：*Les quatre piliers de la sagesse*，adaptation de Joseph Pardo；illustration de Jean Gradassi，Nice：Éditions de prestige，1988.

③ 参见原文：Dans son œuvre，on voit comment，à une époque aussi reculée，mis à part la grandiose culture du peuple d'Israël et les écrits antiques de la Grèce des moralistes et des philosophes，il y avait un maître，un penseur chinois，d'une haute élévation morale. Sa logique était si logique et si simplement enseignée，que les princes，les rois et les ministres qui le consultaient，mettaient souvent en partique ses conseils. C'est grâce à cette doctrine que la Chine a pu connaître des empereurs et des savants qui méritèrent le titre de Sage Parfait. 见：*Les quatre piliers de la sagesse*，adaptation de Joseph Pardo；illustration de Jean Gradassi，Nice：Éditions de prestige，1988.

经》、关于礼节的《仪礼》和《礼记》，因为《春秋》和《乐记》这两部作品遗失了。但这种归类是错误的。"①

　　随后，作者指出了他认为正确的四大柱石的包含范围。"此版中我们收录了三本核心的著作，按照中国的方式命名为《智慧的四大柱石》，它们分别是：源自《礼记》的《大学》《中庸》这两个最重要的基础篇目；还有'分上下两篇'的《上论语》和《下论语》，这些篇目都是在学校里的一些对话和讨论，我们将它们分别命名为《论教育》和《论教养》。孔子在其中向他的弟子、当世的君王们阐明了他的理念，答疑解惑。"②

　　尽管这部书的编者颇为用心，但究其内容，还是有一些谬误之处。首先，虽然标题中就标明了这部作品是"改编"而来的，但是作为介绍中国文化基础"柱石"的作品，在没有明确和准确地指出"四书"的具体所指的前提下，却使用了跟"四书"相同的概念"四"，这会对法语读者产生明显的误导，造成他们对"四书"所指的误解。其次，虽然作者在此书序言的稍后部分补充解释了未收录《孟子》的原因，但这个原因也并不完全成立。作者

---

① 参见原文：Mais l'essentiel de son enseignement est contenu dans ce que nous avons nommé «Les Quatre Piliers de la Sagesse», textes qui furent propagés dans tout l'Empire. On lui attribua à tort le Chi King, livre des versets ou des poèmes；le Cheu King, Livre d'Histoire；le Yi King, Livre de Divination et les textes des Rituels du Yi Li et le Li Ki. Seuls le Tchouen Ts'ieou, chroniques de Lou et un ouvrage sur la musique, disparu depuis, paraissent être de lui. 见：*Les quatre piliers de la sagesse*, adaptation de Joseph Pardo；illustration de Jean Gradassi, Nice：Éditions de prestige, 1988.

② 参见原文：Notre édition a retenu les trois livres fondamentaux que nous avons intitulés à la manière chinoise：«Les Quatre Piliers de la Sagesse» et qui sont：TA'HIO ou la Grand Étude, TCHOUNG YOUNG ou l'Invariable Milieu, ceux deux premier livres, les plus importants en textes de base, sont issus du Li Ki, livre des Rites. FEN TCHANG HIA LEANG P'IEN qui se présente toujours en deux livres, en raison de l'importance des textes：le Chang Liun Iou et le Hia Liun Iou. Ces textes sont des entretiens et des discussions d'école. Nous les avons intitulés：l'un le «Livre de l'Enseignement» et l'autre le «Livre de l'Éducation». Le Maître expose ses principes ou répond aux questions de ses disciples et à celles des princes et hauts magistrats de son époque. 见：*Les quatre piliers de la sagesse*, adaptation de Joseph Pardo；illustration de Jean Gradassi, Nice：Éditions de prestige, 1988.

给出的原因是："似乎孔子思想的代表作品中少了《孟子》就不完整了。尽管这是一本有价值的书，但我们的这本作品中没有收集它，是因为它成书更晚一些，而且它的有些章句和思想跟《论语》中的比较类似。"① 笔者认为，虽说《孟子》时间上是稍晚于《论语》等其他几部典籍，但认为其内容与《论语》类似，这显然是没能正确理解这几部典籍内容的误识。况且，因为同属儒家思想作品的缘故，《大学》《中庸》中同样有与《论语》所记载的相同或相近的思想，所以仅仅因为考虑到《孟子》与《论语》在思想内容上存在相似之处，便将它排除，这个理由是很牵强的。再次，此书所指的"四大柱石"中，有两部都是以"论语"命名，分别被称为"上论语""下论语"，合称为"分上下两篇"，其内容为作者按照自己归纳的"教育""教养"两个主题而改编整理的《论语》章句。暂且不讨论其中具体章句的改编或阐释效果，但单看这个原文中用韦氏拼音拼写的"分上下两篇"的标题，以及将《论语》整理成"上""下"两篇的分类方法，就可见出其不伦不类，将《论语》和"四书"弄得面目全非，不但法国读者会受到误导，懂法语的中国读者更是几乎不敢相认。

不过总的来说，尽管在细节内容上有一些瑕疵，这本精美的大部头对孔子儒家思想所给予的态度是十分尊敬和褒扬的。少数汉学家或精通儒家学说的人也许会发现书中的瑕疵，但对于绝大多数法语读者来说，这部作品展现的是一位留给后人丰厚思想的伟大圣人形象。

---

① 参见原文：l'œuvre du grand Maître ne semblerait pas complète sans le Meng Tseu, du nom d'un disciple très postérieur, Mong Tze ou encore Meng Tseu (latinisé en Monceu). Nous n'avons pas édité cet ouvrage car, bien qu'intéressant, c'est une œuvre plus tardive, assemblage de divers commentaires et pensées de maîtres et de disciples, dont nous avons le principal aperçu dans le Chang Liun Iou et le Hia Liun Iou, textes des «Entretiens» et des «Questions et Réponses». 见：*Les quatre piliers de la sagesse*, adaptation de Joseph Pardo; illustration de Jean Gradassi, Nice: Éditions de prestige, 1988.

第二节
《论语》 译介中的孔子书写

如同前文的探讨，学者们的孔子研究基本都以《论语》为基础，域外孔子研究与《论语》的译介相互交融，这一现象到了 20 世纪更加明显。这一个世纪，《论语》的法语全译本和节译本数量众多，这些作品的作者不仅是《论语》的译者，更是孔子及儒家思想的研究者。在节译作品中，除了部分翻译《论语》篇章，作者们还在书中用大量笔墨讲述了孔子生平、孔子的主要思想，以及"四书"中的其他著作。在全译作品中，作者们的孔子研究则主要体现在序言、后记以及注释等内容中。

一、包含《论语》节译的孔子研究作品

此处以苏里埃·德·莫兰（G. Soulié de Moran, 1878—1955）的《孔子的训导》（*Les préceptes de Confucius*）一书为例，来展示和介绍这一类研究作品。《孔子的训导》是一部以孔子研究为主的著作，书中包含《论语》部分篇章的翻译。作者莫兰是法国汉学家，曾于 1903—1909 年在中国有一段外交生涯。他出版过的有关中国研究的著作有二三十本，涵盖语言、音乐、民俗、文学、宗教等，例如《蒙古语语法》（*Éléments de grammaire mongole*）、《云南的"野蛮人"》（*Les Barbares soumis du Yunnan*）、《云南省》（*La province de Yun-nan*）、《在中国的外国人之协议权利》（*Les Droits Conventionnels des Étrangers en Chine*）、《中

国的音乐》(*La Musique en Chine*)、《中国文学论》(*Essai sur la littérature chinoise*)、《中国艺术史》(*Histoire de l'Art chinois*) 等。此外，他也有不少关于中国文学作品的译著，如《年轻的情人奥丽奥尔》(*l'amoureuse Oriole, jeune fille*)、《十七世纪的三个中国故事》(*Trois Contes chinois, du XIIe siècle*)、　《宋诗选集(960—1277)》[*Le Florilège des Poèmes Song* (960－1277)]。

　　在《孔子的训导》一书中，作者按孔子思想中探讨的关于"完善"(perfectionnement) 的主题，将"四书"章句整理为七章。七章中的四章是关于"人的完善"，即"修身"方面的内容，作者从义务与方法、理性与智力、性格、情感 (le devoir et le moyen, l'intellectualité et l'intelligence, le caractère, les sentiments) 这四个方面归纳整理了"四书"中的有关章句。此外的三章，作者从"社会关系的完善" (perfectionnement des rapports sociaux)、"统治阶级和被统治阶级之间关系的完善" (perfectionnement des rapports entre gouvernenants et gouvernés)、"与无形之物之间关系的完善" (perfectionnement des rapports avec l'invisible) (主要指命运、死亡等) 这三个方面，介绍了孔子关于社会关系、政治治理以及与超自然世界有关的完善之道。

　　在前言中作者表明，"被西方人称为'孔子学说'、中国人称为'儒者的教育'，即儒教的内容，蕴含在一系列重要的著作文献中"[①]。这句话中，作者提到"儒教"一词时是直接用拼音表示的，但在拼音之前作者专门对此词作的解释，却是指"儒者、知识分子的教育"，因此可以说，德·莫兰并不像有些汉学家或传教士一样将儒教视为一种宗教。随即他提出，尽管得益于

---

　　① 参见原文：Un ensemble important de textes contient ce que l'Occident désigne par le terme «Doctrine de Confucius» et qui est, pour les Chinois, «l'Enseignement du Lettré», Jou tsiao. 见：G. Soulié de Moran, *Les préceptes de Confucius*, Paris： "la sagesse antique", H. Piazza Éditeur, 1939. Avant propos, p. V.

前几个世纪传教士的贡献、礼仪之争时期的了解，还有 18 世纪伏尔泰的大力美化，但西方人并不真正理解"儒教"。

然后他总结了西方人在理解"儒教"方面所遭遇的三个障碍。第一个障碍是因为翻译存在问题。他认为由于大部分的儒家典籍还未被翻译到西方，因此研究者在理解汉语特别是古代汉语上，难度太大。这一点在德·莫兰生活的时代——20 世纪初，确是事实。第二个障碍是已有译著的质量问题。作者认为已有的译文有不少问题，包括一些逻辑矛盾的问题，以及原文真正的思想并未在译文中被展现出来等。第三个障碍来自儒家典籍本身，有些作品本来就不太成体系，显得零散。

从德·莫兰的总结可以看出，他认为对儒家思想的正确理解的基础，就是对儒家典籍原文的充分阅读和理解。由于跨语言、跨文化的关系，翻译自然成了其中最关键的因素。他在前言中提出的这个问题，可以称得上是法语世界儒家思想接受史上第一次对"翻译"问题的自觉思考。这应该与作者本身的人生经历与学术经历密切相关：首先，作为有过外交生涯的汉学家，他对跨文化交流中不同文化所起的作用肯定是十分敏感，并且一直保持着关注的；其次，由于作者本身的中文功底，加之深谙中国文学以及从事翻译工作的经历，他对典籍翻译的现状和难度也是十分敏感的。

二、《论语》全译本中的孔子研究

20 世纪是产生《论语》全译本较多的时期，一共有 6 部全译本产生，其中大多都是颇具学术价值的经典译本。

(一) 于贝尔·欧图的"四书"翻译

于贝尔·欧图（Hubert Otto）所译的"四书"[①] 现今能查找

---

① Hubert Otto, *Seu Chou ou les Quatre Livres traduits par un Missionnaire de la Congrégation du Sacré - Coeur de Marie du Nord de la Chine*, Hong Kong: Imprimerie de la Société des Missionnaire Étrangères.

到的信息非常有限。笔者仅查找到关于这部作品的书名和出版信息，截至目前并未找到原书或电子资源。但从出版地香港来看，作者可能是在中国进行的研究。

（二）丹尼尔·雷里的《孔子》

"《论语》是了解孔子最好的素材。"丹尼尔·雷里（Daniel Leslie）所著的《孔子》① 由巴黎赛格尔出版社（Éditions Seghers）出版，是"永世的哲学家"（Philosophe de tous les temps）系列丛书的一本，该丛书中还有《佛》《黑格尔》《克尔凯郭尔》《莱布尼兹》《尼采》等著作，旨在向读者展示对人类文明的发展和思想的进步产生了重大影响的哲学家的智慧。从封底的介绍中可知，这个系列丛书主要面向高等院校的学生、教师和有关学者，因此这个系列的著作是典型的学术性著作。而《孔子》的作者、同时也是书中所录《论语》法语全译译文的译者丹尼尔·雷里，本身也是学院派汉学家。他在剑桥大学获得硕士学位、巴黎大学获得博士学位，曾在耶路撒冷的希伯来大学任教，从事中国研究。他对中国哲学的研究成果集中体现在这部《孔子》和《论语》的法语翻译之中。

全书由两大部分组成：孔子评述和《论语》全书法语译文。其中，孔子评述部分又可分为两个部分："其人其作"（l'homme et son oeuvre）和"孔子的学说"（La doctrine de confucius）。第一部分首先介绍了孔子的生平、孔子的弟子们，并对儒家十三经中的每部作品进行了简要介绍。第二部分从哲学层面总结和分析了孔子思想中的"宗教"（la religion）、"传统"（la tradition）和"礼仪"（le rituel）方面的内容，并梳理介绍了墨家、道家、法家思想。细读评述部分，可以总结出如下特点。

首先，评述部分的内容虽涵盖对孔子其人、孔子弟子、儒家

---

① LESLIE（Daniel），*Confucius*，Paris：Seghers，1962.

作品和孔子思想的全面介绍，但细读之后可以发现作者在论述以上各个方面时，始终围绕并突出了与《论语》中的内容及思想相关的部分，着重从这些相关点加以深入探讨。他指出司马迁在写孔子传记时，竭尽所能地通过各个渠道搜集素材，完全不加控制和选择，例如司马迁将《论语》中"子在川上曰：'逝者如斯夫！不舍昼夜'"的场景作为他的史学素材。由此，丹尼尔·雷里认为，在书写历史时，司马迁"根据《论语》的内容创作了历史"，很显然，在雷里看来，正确的逻辑应该是相反的，即应根据历史事实创作《论语》。①

由此可见，作者在讲述孔子生平时充分结合了《论语》中的相关内容，这样的方式贯穿书中整个评述部分。因此我们甚至可以将书中收录的《论语》译文作为此书的主体，而前面的两个评述部分则是作者基于《论语》原文内容所作的介绍评论，以及对作为背景的孔子、孔子思想和儒家典籍作品的概述评论。

其次，在书中，作者大量的旁征博引和严谨审慎的注释体现出学院派严谨的治学风格。作者对儒家哲学的每一个概念，哪怕是关于孔子生平的历史细节，都无不做过海量的资料积累和考据，这些资料中包括司马迁的史学著作、林语堂关于儒家思想的作品等等。他在阅读之前汉学家和研究者，包括法国汉学家沙畹（Chavannes）、马伯乐（Maspero）、李嘉乐（Rygaloff），英国汉学家威利（Waley）、理雅各（Legge）等的著作成果的基础上，据理分类辨析，并合理取舍。

在分别介绍儒家十三经的章节中，雷里对《论语》二十章

---

① 参见原文：Malheureusement, Sseu-ma Ts'ien a puisé ses idées et ses faits chez tout le monde, sans contrôle：pour sa biographie du Maître tellement vénéré, il a voulu inclure toutes les choses connues sur lui sans exception. Il se peut même qu'il ait inventé des faits qui auraient servi de fond aux Entretiens. C'est-à-dire que le contexte historique a été crée en fonction des Entretiens et non pas le contraire. 见：*Confucius*, Daniel Leslie, Paris：Seghers, 1962, p. 20.

的主要内容进行了介绍和考证。其中，他参考了威利对《论语》二十章内容的辨伪，同时采用了文献学、历史学的一些观点，并结合参考了其他儒家典籍的内容。他认为，无论真伪如何，根据中国的学术传统，必须承认《论语》就是了解孔子言行的最好来源。虽然威利认为《论语》中记载的全都不是孔子的真实语言，但雷里认为，本来也从未有人认为孔子自己是真的说了《论语》里的那些话，因为孔子的思想言说是口头传授的，在传承并记录这种言说的过程中，根据行文的需要稍作改动也实属正常。针对《论语》章句的真伪问题，雷里还另外介绍了《孔子家语》一书，他指出在对孔子及其弟子言行的记载方面，中国人自己认为《论语》比《孔子家语》更有价值。

雷里介绍了威利针对《论语》的阐释与翻译的观点。威利指出对《论语》的阐释有两种方式，一种方式是以历代儒家学者的评论注释为准，另一种方式是以现代评论家对《论语》核心价值的挖掘为准。雷里认为，中国和日本的学者基本都是依从儒家解经传统。雷里也对已有的《论语》西语译本的翻译参照方式作了归纳总结。他认为，比较好的译本，如顾赛芬的法语译本和苏慧廉（Soothill）的英语译本，是建立在朱熹的正统解经的基础之上；理雅各的英语译本、卫礼贤的德语译本、卡斯泰拉尼（Castellani）的意大利语译本则是以两汉的解经为准，特别是以郑玄的注疏本为依据。雷里指出，威利认为正确把握《论语》内涵的方法，是要尽力将阐释的语境还原到孔子的时代，因为即便是在《论语》注疏最早产生的汉代，距孔子时代也有400 年之久了。雷里表示，他最为推崇的是威利的译本，因为威利的翻译是以清代解经者的观点为准，而清代解经者的阐释最符合《论语》的原意。在雷里看来，威利不仅其译文非常独特，将原文丰富的含义充分呈现了出来，同时也很好地介绍了《论语》。他认为，威利避免了僵硬的评论，他的译文是从传统的阐释中吸取了灵感，而不是机械地翻译了这些阐释；威利对《论语》的理解，主要参考了朱熹和汉代的注疏。

（三）程艾兰《论语》翻译中的孔子形象

程艾兰（Anne Cheng）是法籍华人，法国知名学者，主要研究领域为中国古代思想、儒学、当代哲学。她先后在法国国家研究中心（CNRS）和法国东方语言学院（INALCO）、法兰西公学院（Collège de France）从事中国思想史的教育与研究工作。其父是法国著名华裔学者、法兰西学院（Académie de France）首位亚裔院士程抱一（François CHENG）。受父亲影响，她致力于中国哲学研究。

程艾兰接受了完整的法国教育，1975 年毕业于巴黎高师，2008 年获得法兰西公学院的中国哲学文化课讲授教授教席。她深受欧洲古典人文思想影响，师从法国汉学家汪德迈先生，从巴黎高等师范学院毕业之后致力于中国研究，汉学成果丰硕，其中最具代表性的著作包括 1981 年用法文翻译的《论语》（*Entretiens de Confucius*）和 1997 年发表的《中国思想史》（*Histoire de la pensée chinoise*），这两部作品均得到全世界汉学界的高度评价，《论语》译本被多次再版。

程艾兰的《论语》译本对于法国的《论语》及儒学研究产生了重要价值。受她的华裔身份、家庭学术背景的影响，她的《论语》译本在对中文原文语言及文化的准确把握上呈现出很强的优势。加之不同于其他法国汉学家倾向对中国文化研究作广泛涉猎，程艾兰的汉学研究主要集中于儒学研究上，因此她的翻译在专业学术性方面也显示出很大的优势。

作者在导论中表示，《论语》是最真实的孔子形象的体现。她指出："写这篇导论，不是为了重述历史，也不是为孔子或儒家思想辩护，而是为了公正地看待《论语》。由于仓促和表层的理解，使得大家之前对这本书中的内容有一些误解。"① 因为她认为，由于《论语》是格言警句的形式，加上没有上下文，所以容易引起误解，更容易引起过度阐释。而且，关于《论语》成书背景及各章来源的问题，一直以来都最受海外研究者的诟病。程艾兰在导论的篇首清晰明了地指出了这一问题，她用一种客观的态度，加上深厚的儒学研究功底，坦然地陈述了这一问题。她认为，由于成书年代久远，而且"书中二十章并非来源于同一时期和同一编辑者，要非常确切地弄清成书的日期几乎是不可能的"。例如第十八章、第十四章和第十七章的一些章句，应该比书中其他部分更晚被编辑入书，甚至可以看出其中反映出的某些思想是与孔子思想相对立的。② 但这些都不影响《论语》的地位，因为它始终是我们能最直接地了解孔子其人其事其形象的原始文本。

　　在介绍孔子其人时，与其他许多译本的导论不同，程艾兰的这篇导论没有铺陈孔子生平，也没有像很多其他作品那样，在讲述孔子出生环境时，喜欢引述司马迁描述的颇具神话色彩的场景。这篇导论通篇围绕一个主题：孔子是人，而不是神。围绕这个主题，作者根据审慎的文献考据和国内的相关研究成果，一一梳理海外汉学界对《论语》的质疑点，并提出自己对《论语》及孔子的理解。程艾兰眼中的孔子，是一个失意人的形象：他心

---

① 参见原文：l'objet de cette introduction n'est de faire ni une histoire, ni une apologie de Confucius ou du confucianisme, mais de rendre justice à un texte dont on a trop souvent faussé l'esprit à coups de citations hâtives et mal comprises. 见：*Entretiens de Confucius*, traduction du chinois, introduction et notes par Anne CHENG, Paris：Éditions du Seuil, 1981, p. 11.

② 参见原文：Il semble d'autant plus impossible d'en établir la date de composition avec certitude que les vingt livres de la version actuelle sont d'époques et de sources extrêmement diverses. Nous n'en donnerons pour preuve que le livre XVIII, ainsi que certains passages des livres XIV et XVII, qui sont manifestement de composition tardive et même d'inspiration hostile à Confucius. 见：*Entretiens de Confucius*, traduction du chinois, introduction et notes par Anne CHENG, Paris：Éditions du Seuil, 1981, p. 12.

系天下百姓，满怀政治抱负，一生游走各国，可谓颠沛流离，最终还是没能真正实现他的政治理想。因此，她眼中的孔子，始终是一位不断努力，带着读书人的优越感，试图向统治者宣传其道德伦理思想的理论家和教育者。程艾兰认为，孔子一生坚持的目标，是"为乱世构建秩序"①。作者通过对"乱世"的解释，呈现了孔子所在年代的社会历史背景，讲述了孔子在那样的时代环境中的颠沛流离，却始终坚持宣讲自己的道德政治理论和理想。

作者指出，要理解《论语》和孔子，就必须将他的思想和抱负置于当时的那种政治动荡中去考察，这样才能理解他对"天命"（Mandat Céleste）、对"道"（Voie）的坚持。关于"道"，程艾兰认为西方读者最熟悉的是"道家"之道，但道家的"道"与儒家的"道"不一样，必须区分开来。道家的"道"非常抽象，是万物起源之初包含一切的一个大通体。儒家《论语》中的"道"则是特指古代贤君的"道"，即"文武之道"，也就是周文王、周武王之道。孔子自觉授命于上天，无所畏惧、将生死置之度外地推行"道"。程艾兰同时也明确指出，儒家所指的"上天"完全不同于西方的上帝或神，两者有本质区别。儒家的"上天"只是作为能很好地贯彻推行"道"的一种保障或者督促。

在导论最后，程艾兰引用了"吾道一以贯之"（《论语·里仁篇》）一句。她认为，孔子所指的这个要点，正是《论语》一书的最后几个字"知人也"（connaître les hommes）。因此，无论是研究《论语》还是评价孔子本人，程艾兰最终的关注点和落脚点都是在"人"这个概念上。正如她在导论篇首提出的关于孔子形象的"去神化"观点，她的《论语》翻译及研究都是从

① 参见原文：Il faut toutefois comprendre que ce qu'il tenait de faire était de poser quelques principes dans un monde en chaos. 见：*Entretiens de Confucius*，*traduction du chinois*，*introduction* et notes par Anne CHENG，Paris：Éditions du Seuil，1981，p. 12.

人本主义的角度出发的。

可以说，较之其他《论语》法语译本的导论，程艾兰的这篇导论对《论语》原文的定位和理解与中国国内学界的研究成果最为一致。如果说《论语》在法国译者的笔下产生了不同程度的变异，那么程艾兰笔下的变异是相对来说最小的，她的译文和导论基本呈现了一个"中国人眼中的孔子"。这自然在很大程度上归功于她的华裔身份。由于受到上文所指出的其出生、成长和教育背景的影响，程艾兰对儒家文化和《论语》的理解，自然与其他法国汉学家、译者、研究者不同，她在汉学领域受到的学术影响更多地来自中国。

（四）李克曼的《论语》翻译

李克曼（Pierre Ryckmans，笔名 Simon Leys）被认为是杰出的汉学家，因为他在汉学领域的博学与尖锐无可辩驳；同时，他也是史学家、文学批评家、翻译家、艺术史学家。他出生于比利时，曾在比利时鲁汶大学学习法律，之后在中国台湾学习语言、文学和艺术，担任过比利时驻华使馆文化参赞，还在中国香港从事过外交工作，1970 年定居澳洲。

李克曼深爱中国文化，特别推崇道家无为的生活态度，赞赏中国绘画中的留白。他曾经写道："在西方看来，中国代表着人类经验的另一极。其他几大文明或者已经消亡（古埃及文明、美索不达米亚文明以及被哥伦布发现之前的美洲文明），或者沉溺于在极端环境中求生存的问题而找不到出路（原始文化），又或者跟我们的文化太过接近（伊斯兰文化、印度文化）。只有中国与西方文化有根本的差异，截然相异，却又如此独特和灿烂。我们只有在思考中国时，才能更准确地进行自我身份定位，才能认识到我们自己的遗产在人类文明中的份额和地位，以及认清我们文化遗产中那些仅能代表印欧特质的部分。若没有与中国这个完全的'他者'相遇，西方就无法认识到自身文化的边界和局限。"①

　　李克曼的《论语》译本从 1987 年到 2016 年一共出版了五次，每次都是由赫赫有名的法国人文类权威出版社伽利玛出版社（Gallimard）出版。在导论中李克曼指出，《论语》作为打开中华文明宝库的钥匙，几百年来已经有了不少外语翻译译本，但是已有的译本基本是把《论语》当作一部知识型的作品，而很少在翻译中注意到原著的文学性。在提到《论语》的法语翻译时，李克曼认为，将这部作品从中文译为法文，难点在于法语语言的表述方面。他指出，对《论语》中文原文的理解不存在疑难点，是因为古往今来对《论语》的注疏、评述、研究已经产生了丰厚的成果，其中蕴含的思想已得到了充分的阐释和演绎；即便是存有疑虑的章句，研究者们也已经提供了所有可能的解释。尽管《论语》中尚存在极少数由于无法考证而遗留的未解决的问题，但这些问题估计是永远难以辨明的。既然大量前辈已经在这个领域进行了严谨深入的工作，成果丰厚，那么如果还企图对同样的内容有新颖独特的发现，可能就显得有些狂妄和幼稚了。因此，李克曼认为应着力寻求法语译文的文学性，即努力将中文原文的语言韵律、韵味、力量、极简风格甚至巧妙的文字表述等，都在译文中呈现出来。李克曼表示，虽然这个想法因为难度太大而显

① *l'Humeur*, *l'Honneur*, *l'Horreur. Essai sur la culture et la politique chinoise.* Paris：Robert Laffont，1991，p. 60 - 61.

得有一些狂妄，但他在翻译中还是做了大胆的尝试。①

李克曼认为，儒家思想和基督教思想一样，对人类文明影响巨大。它们都建立了一种权威，成为一种信仰、一种体制、一种学说、一套教理、一门学说、一本圣书，等等。虽然有人追捧有人反对，但毋庸置疑，儒家思想孕育了后世 2000 年的文明，教化、影响了无数人。后世追随者的研究工作为儒家学说的传承做出了不可或缺的贡献，但也可能使孔子夫子的原意"变形"。因此，李克曼认为，唯有通过读《论语》，我们才可能遇见真实鲜活的孔夫子。②

---

① 参见原文：Aujourd'hui, traduire les Entretiens du chinois en français ne pose pas plus vraiment de problèmes de chinois, mais seulement des problèmes de français. Depuis le temps que les meilleurs esprits ont scruté ce texte, son sens ne prête plus guère à la discussion. Pour les passages qui demeurent douteux, toutes les interprétations possibles semblent avoir été déjà explorées, soupesées et inventoriées. Quant aux passages obscurs (heureusement peu nombreux), ils resteront sans doute à jamais insolubles. Quoi qu'il en soit, tant d'illustres devanciers ont déjà labouré ce champ en tous sens, il serait naïf pour un dernier venu d'imaginer qu'il pourrait encore y faire des découvertes ou apporter des solutions originales. Une seule avenue restait donc encore à poursuivre—mais ce n'est pas la moindre : essayer de restituer en français les rythmes, la concision monumentale, la saveur, la force, l'économie rugueuse et roublarde de l'original. Ce programme était probablement irréalisable, et je crains que son seul énoncé n'assure ma condamnation. N'empêche, l'entreprise méritait d'être tentée. 见：*Les Entretiens*, Traduction du chinois, introduction et notes par Pierre Ryckmans, Paris：Gallimard, 1987, p. 6.

② 参见原文：Les autorités établies, les églises, les institutions, systèmes, académies, doctrines, monuments, catéchismes, pontifes, encycliques, théologiens, dogmes, livres sacrés, édits, sermons, etc. peuvent être respectables ou haïssable, admirables ou redoutables—en tout cas, quand ils ont durablement nourri une civilisation et éduqué des millions d'hommes pendant une vingtaine de siècles, ils ne sauraient être négligeables. C'est vrai du confucianisme comme du christianisme. Mais l'un et l'autre entretiennent aussi des relations complexes, parfois même incertaines, malaisée et contradictoires avec leurs fondateurs respectifs qui doivent être perpétuellement redécouverts et libérés des alluvions accumulées par les âges. Pour effectuer ce retour à la source, les Entretiens jouent un rôle semblable à celui de l'Évangile, dans ce sens que c'est finalement le seul endroit où l'on puisse encore et toujours rencontrer la personne vivante du Maître. 见：*Les Entretiens*, Traduction du chinois, introduction et notes par Pierre Ryckmans, Paris：Gallimard, 1987, pp. 6 - 7.

（五）雷威安的《论语》翻译

雷威安（André Lévy，1925—2017）被一位曾与他共事的法国编辑评价为："他的身体和灵魂里装着整个中国文明"，这位编辑叫雅克·科坦曾负责出版雷威安的译著《金瓶梅》。伽利玛出版社"中国蓝"书系主编、译者热纳维耶芙·安博－比歇更是毫不夸张地评价他道："中国是他的全部生命。"

雷威安是一位不折不扣的中国文学传播使者，他翻译、介绍、编译了大量中国古代文学作品。在儒家典籍方面，1994 年，雷威安重译了《论语》，后又于 2003 年推出由他重译的《孟子》。知道雷威安《论语》法译本的人并不多，甚至不少包括研究雷威安翻译的学者，常常都容易忽略他对这部可谓中国典籍之首的作品的翻译。说到自己对《论语》的翻译，雷威安自己表示："我是在一家出版社的再三要求下才翻译了孔子的《论语》的，在这之前，他们曾着手出版《孟子》的重译本，最终放弃了。这已经是这几年当中《论语》的第三个法译本了，我认为既无益处，也无必要。尽管如此，我仍然兴致勃勃地采用了一些新的译法，不知道是否恰当，并用中文撰写了一篇译后记。……孔子这个名字在法国家喻户晓，是输出中体面的陈列品；……"①

对于一部自己认为"既无益处，也无必要"的重译作品，雷威安"仍然兴致勃勃地采取了一些新的译法"，足见他对中国文化的深厚感情与执着追求。但遗憾的是，笔者未能找到上文中他提到的用中文撰写的译后记，因为它并未收录在 1994 年出版的译本中，此后也不见有出版。尽管如此，从 1994 年出版的译

---

① ［法］雷威安/钱林森（访谈人）：《〈中国古典文学在法国的接受〉——法国著名汉学家雷威安一席谈》，傅绍梅译，《中国文化研究》2001 年冬卷（总第 34 期），第 46 页.

本的导言（Introduction）中，我们至少能窥见，雷威安在谈到自己的译本时，是一种非常自谦的态度，但同时也反映出他对儒家文化的深刻理解。

出版于 1994 年的雷威安《论语》译本，由巴黎著名的学术出版机构弗拉马利翁（Flammarion）出版。书中包括导言（Introduction）、孔子生平表（Chronologie biographique de Confucius）、法语译文正文（Les Entretiens de Confucius et de ses disciples）、《论语》繁体中文原文（Texte chinois）、附录（Appendice）五个部分。其中附录的第一部分是雷威安翻译的《史记》中《孔子世家》的法语译文（Biographie de Confucius d'après Sima Qian, *Mémoires historiques*, chapitre 47, La maison héréditaire de Maître Kong），附录第二部分整理了孔子弟子们的姓、名、字、籍贯，以及每位弟子在《论语》中出现的次数。

对《孔子世家》的翻译是雷威安《论语》翻译的又一贡献。法国的汉学家在研究儒家思想时，司马迁的《孔子世家》是无法绕开的重要文献，在研究《论语》时更是如此。几乎所有的《论语》法译本都会在导言中提及司马迁《孔子世家》中的描述和记载，而雷威安则是唯一将这篇文章翻译成法语并将译文收录于《论语》译本的译者。

（六）尤拉丽·斯蒂恩的孔子研究

尤拉丽·斯蒂恩（Eulalie Steens）著有《孔子智慧之书》（*Le livre de la sagesse de Confucius*）。书中主要收录两个译本：第一个译本命名为《孔子传记》（*Biographie de Confucius*），这个译本翻译的文献是《史记·孔子世家》；第二个译本便是斯蒂恩翻译的《论语》全文（*Les Propos de Confucius*）。她翻译《论语》的缘由主要有二：其一，孔子作为古代圣贤，他的地位在中国历史上特别是近现代史上也几经颠簸，甚至被当代的年轻人认为是精神枷锁；其二，在西方的与东方完全不同的文化视角下，对孔子长期以来的解读是否会有扭曲呢？基于这两个因素，斯蒂恩意欲向西方读者还原呈现一个真实的孔子，而《论语》正是孔子本人及其思想最真实的体现①。

这部作品是斯蒂恩的中国研究系列著作之一，此外，她还著有《中国占星术》（*l'Astrologie chinoise*）、《古代中国》（*La Chine antique*）、《禅的智慧之书》（*Le Livre de la sagesse* zen）等。

《孔子智慧之书》除正文部分的两个译文，文前有斯蒂恩所写的《导言》和《告读者书》，文后有四个附录，分别为：孔子时代的中国地图、孔子思想关键词汇编、中国古代朝代表和参考书目。孔子思想关键词汇编（Répertoire des mots clefs de la pensée de Confucius）收录了"天"（CIEL）、"正"（CORRECTION）、"直"（DROITURE）、"学"（ÉTUDE）、"贤人"（HOMME ÉMINENT）、"士"（HOMME INSTRUIT）等十九个词，每个字以汉语拼音呈现，随后是法语译文，后跟随一段文字加以具体含义解释。

综合来看，斯蒂恩的这部作品比较完整地向法国读者介绍了孔子和《论语》。从研究的关注点和作品深度来说，可以看出该书的受众主要是普通大众，属于大众读物类而非学术研究性的作品。首先，从《孔子智慧之书》中的法文用词来看。例如，对"论语"这一书名的翻译，她并未像大多数译本选用 entretiens 一词（被汉学界奉为经典的法语译本全都选用这个词），而是用了

---

① 参见原文：Les Occidentaux voient dans le Maître un philosophe, parangon du mystérieux sage oriental. Les Chinois entretiennent avec lui une relation plus ambiguë. Ils vénèrent sa mémoire pour son honnêteté, sa droiture, son goût de l'étude. Ils savent aussi que cet ensemble rime avec tradition, respect de la hiérarchie sociale, obéissance. Beaucoup, les jeunes en particulier, ressentent ceci comme une cangue de prisonnier. Comme expliquer autrement que le slogan Pi Lin! Pi Kong（«Critiquons Lin Biao! Critiquons Confucius! »）ait obtenu antant de succès durant la Révolution Culturelle? Et si du côté des deux Extrêmes, Orient/Occident, le regard était faussé? Ne serait-il pas temps de revenir à un véritable Confucius, tel qu'en lui-même? 见：*Le Livre de la sagesse de Confucius*, traduit et présenté par EULALIE STEENS, Monaco：Éditions du Rocher, 1996, p. 11.

propos 一词。虽然这两个法文词都有"话，谈话"的意思，但 propos 一词更为通俗。其次，从《孔子智慧之书》涉及内容的深度来看。全书除了两个译文，作者仅在导言中对孔子及孔子思想做了非常简要的介绍。在谈及孔子思想时，斯蒂恩主要还是站在 20 世纪之前的传统汉学视角上，将关注点投向孔子思想的道德性上，但并未对其进行深入探讨，而只是对"仁""君子"这两个关键词的含义做了一些解释。

第三节
个案研究： 艾田蒲笔下的孔子形象

"艾田蒲"是 René Étiemble 为自己取的中文名字，在中国，尤其是在比较文学学界，他的法语名字也经常被译为"艾金伯勒""艾田伯"等。他是当代西方杰出的比较文学、比较文化学者，也是著名的汉学家、作家。《孔子》（*Confucius*）是他最著名的代表作之一，著名的伽利玛出版社在出版他的《孔子》一书时这样介绍作者："艾田蒲，1909 年 1 月 26 日出生于法国马耶纳，毕业于巴黎高等师范学院法学系。他学习汉语七年（1929—1936）。他曾在多国任教，其中主要的阶段是 1937 年至 1943 年任教于美国、1944 年至 1948 年任教于埃及。1957 年，因'百花齐放'运动被中国学者熟知，之后因为在'法国文化'栏目的工作，两次旅居日本，一次旅居印度。他对世界文学研究有深厚的学术兴趣，与联合国教科文组织一起创办了'东方知识'丛书，并力推在'七星文库'出版了中国三大古典小说和道家典籍。同时，艾田蒲也是一位作家，他创作戏剧、小说、散文和诗歌，并多次获得法国颇有分量的文学奖项。他也从事文学翻译工作，主要翻译了 T. E. 劳伦斯的多部作品和 G. A. 贝佳斯的《法西斯的步伐》。"①

可见，在法国学界的评价中，他首先是一位杰出的汉学家、比较文学学者，同时也是著名的作家和翻译家。艾田蒲的一生和他的学术生涯一样，被深深地打上了中国的烙印。

一、艾田蒲的中国情

艾田蒲对中国文化充满热情，对中国也有着深厚的情谊。1934 年的他作为一名年轻的共产主义者，与后来曾任法国文化部长的安德烈·马尔罗（André Malraux）、维扬·古图里艾（Paul Vaillant-Couturier）成立了"中国之友协会"，编辑出版了《巴黎—北京》和《中国》等著作。与此同时，他发表了《中华苏维埃共和国文化生活》一文，盛赞当时革命中的红军。1957 年，他率领"中国之友协会"代表团访华，首次踏上中国本土，和

---

① 这是印于图书封面上的一段人物评论，图书信息为：*Confucius*，Étiemble，Paris：Éditions Gallimard，1986. 原文为：Étiemble, né à Mayenne le 26 janvier 1909. Normale supérieure, faculté de droit. Sept ans de chinois (1929 – 1936). Enseigne dans mainte pays étranger (Etats-Unis, 37 – 43, Égypte, 44 – 48, notamment). Connaît en 1957 la Chine des «Cent Fleurs»; puis deux voyages au Japon, un autre en Inde, pour France Culture. Son goût des lettres «universelles» (il écrivit sur le théâtre pharaonique mais aussi sur les contes oraux des aborigènes australiens, les Pintupis, les lettres arabes et philippines) le conduisit à créer, avec l'aide de l'Unesco, «Connaissance de l'Orient» et à introduire dans la Pléiade trois des plus grands romans chinois ainsi que les philosophes taoïstes. Écrivain lui-même (théâtre, roman, essai, poésie) il obtint le Prix de la Première Pièce, le Prix Sainte-Beuve de l'Essai pour ses travaux sur Rimbaud, le Prix de l'Essai de l'Académie française, le Prix Internationale du Livre, le Prix de l'Union rationaliste pour l'ensemble de son œuvre et le Grand Prix de la critique littéraire en 1982 pour *Quelques essais de littérature universelle*. Traducteur, on lui doit, notamment, plusieurs des œuvres de T. E. Lawrence et *La Marche du fascisme* de G. A. Borgese (publié voilà 40 ans au Canada et qui va reparaître avec une postface de Leonardo Sciascia).

中国文化界人士进行了广泛的接触。1958 年，艾田蒲在接受一位法国记者杜马耶（Pierre Dumayet）的采访时谈起新中国，他非常激动，提到了自己在一年前对中国进行了 7 个星期的访问。他曾因自己的亲华立场，在 1958 年前往美国参加学术会议时被拒绝入境，但这丝毫未影响他对中国的热爱和支持。之后他仍然多次访问中国，欣然参与中国学术团体的活动，并受邀担任名誉职务。1990 年 3 月，艾田蒲接受中国比较文化研究会的聘请，担任该组织的名誉会长。

1964 年，艾田蒲出版了《我们知道中国吗?》。在书中，他表达了对毛泽东的崇敬之情，对毛泽东思想大加赞赏。十年后，"毛主义"（Maoïsme）的流行在法国达到了顶峰。1974 年，法国左派杂志《如是》的三位合作者访问中国。在这一年，艾田蒲发表了《我的毛泽东思想四十年（1934—1974）》一书，书中回顾记录了毛泽东时代中国文化高潮衰落的坎坷起伏之路，阐述了作者对中国文化的痴迷、热爱与激情。他的中国研究思想中理性与激情并存，因此他也为法国乃至西方社会认识和了解真正的中国做出了不可磨灭的历史贡献。

艾田蒲是一位名副其实的"中国通"，尽管他了解中国的主要来源只是书本，但他熟读中国历史、文学、哲学典籍，也对他所生活的时代的中国文化亦步亦趋。

艾田蒲对中国的推崇主要是源于他学生时代起对中国传统文化的热爱。艾田蒲年轻求学时就读于世界闻名的巴黎高等师范学院，攻读哲学专业。那时他就迷恋上中国古代哲学，热爱阅读孔子、庄子、老子、荀子的相关典籍、著作，从此便开始学习中文。他后来回忆说："使我受益的中国哲学家如孔子、庄子，绝不在蒙田之下。荀子可以与奥古斯丁、孔德媲美，王充胜过黑格尔。"

20 世纪 30 年代，艾田蒲和戴望舒交往，向法国人翻译介绍了茅盾、丁玲、张天翼等人的小说。他比较过伏尔泰的《中国孤儿》与中国的《赵氏孤儿》，还比较过苏格拉底与孔子。他赞赏鲁迅，并引为同道。

1956 年艾田蒲出任巴黎索邦大学比较文学研究院院长，组织了亚非欧研究中心，介绍中国等东方国家的文学，推动法国中学设立汉语课，促使中国文学的法语译本、研究书籍的出版。

20 世纪 70 年代，他主持编译了"东方知识丛书"。这套丛书汇集了中国、日本、越南、菲律宾、孟加拉国等亚洲国家的文学作品，以及古代阿拉伯、古埃及等文明圈中的文学作品。艾田蒲的这项工作为中国文学在法国的传播做出了重大贡献：包括《红楼梦》《水浒传》《金瓶梅》在内的十七部中国文学作品，就是通过这套丛书进入西方文学殿堂的。艾田蒲还为《水浒传》法译本作序，向法国读者隆重推荐。

1985 年，在巴黎召开的第 11 届国际比较文学年会上，艾田蒲发表了题为《中国比较文学的复兴》的学术演讲，同时也作为大会的总结发言。演讲中，他总体评价了当时的中国比较文学发展态势，并盛赞中国比较文学的复兴，指出全世界的比较文学学者都应掌握中文，将中文纳为工作语言。他介绍了中国比较文学研究成果，还提到了《中国比较文学》《国外文学》等中国学界的高水平刊物。在会上，他还提及了多位中国文学大家，如钱锺书、季羡林、王国维、鲁迅、茅盾等，并对他们的著作进行了简要评论。特别是他总结了 20 世纪 50—80 年代儒家学说在经历了坎坷命运后的复兴，并出于对中国文化的深切热爱，将自己的激动心情记载在他的专著《孔子》之中①。

———————————

① 参见原文：... *Moi qui vient de faire, en août* 1985, *au onzième Congrès international de littérature comparée, une communication sur «le renouveau du comparatisme en Chine de* 1980 *à* 1985 » *et qui vais ajouter à ce volume, écrit voilà trente ans, un long chapitre sur les heureux changements survenus en Chine au sujet du confucianisme.* 见：Étiemble, *Confucius*, Paris：Éditions Gallimard, 1986, p. 19.

艾田蒲的学术研究成果丰厚，除了法国文学、比较文学方面的论著，他还写了更多的汉学研究作品，包括儒家、道家研究以及早期在华耶稣会传教士历史研究。

二、 艾田蒲笔下的 "中国形象"

中国学界提及艾田蒲时最表赞誉甚至感激之情的便是他正义凛然地抨击"欧洲中心主义"，其中首要事件便是他为"印刷术发明者"正名一事。他在前人研究的基础上，经过进一步的仔细考证和分析，严正指出印刷术源自中国。在《中国之欧洲》（*l'Europe chinoise*）一书的前言中，艾田蒲首先用了近十页的篇幅对印刷术的起源进行了西文文献考证，在此基础上他才写道："别提我们西方人的自尊心了！我们给予世界的已经够多了，完全可以高兴而感激地接受这一点：是中国人和高丽人通过蒙古人和土耳其人把印刷术送到了我们的家园。"[①]

这部《中国之欧洲》，便是艾田蒲的著作中最引世人瞩目，也给他带来巨大声誉的巨著，于 1988—1989 年由法国伽利玛出版社隆重推出。他的这部两卷集巨著主要研究中西文化，赞颂了中华文化对欧洲的贡献。在这部 800 余页的著作中，艾田蒲以他特有的深厚学养、宏阔的文化视野，精辟地论证了中国文化对自罗马帝国至法国大革命时期的欧洲的影响，为西方人重塑了中国形象。其构架之庞大、史料之丰富、论析之精当，真不愧为中西比较文化著作中一部佳作。无怪乎它一问世，就轰动了西方，得到西方学术界高度的评价，荣膺巴尔桑比较文学基金奖，成为第一部获此殊荣的比较文化著作。该书最早经中国学者、法国文化

---

① 参见原文：Tant pis pour nos amours-propres d'Occidentaux！Nous avons donné au monde bien assez pour accepter，d'un cœur joyeux et d'un esprit reconnaissant，que les Chinois et les Coréens，relayés par les Mongols et les Turcs，nous aient livré l'imprimerie à domicile. 见：Étiemble，*l'Europe chinoise*，Tome I，De l'Empire romain à Leibniz，Paris：Éditions Gallimard，1988，*Avant propos*，p. 36.

艺术勋章获得者耿升译介到中国，译名为《中国文化西传欧洲史》，由商务印书馆于 2000 年出版。后来又经中国著名文学翻译家许钧教授和著名比较文学学者钱林森教授整理翻译，于 2008 年在广西师范大学出版社出版，译名为《中国之欧洲》。

艾田蒲先生在《中国之欧洲》的"中文版序"中更是开篇便直接提道："许多年前，当我在美因茨参观古登堡博物馆时获知，古登堡是所谓的印刷术的发明者，不禁为之感到震惊。说实在的，这种说法真是冒天下之大不韪，除非是不学无术者，谁不知是中国人发明了各种形式的印刷术：从雕版到根据文稿需要精心制作的可灵活使用的彼此独立的活字？"① 在序言结尾，他总结并斩钉截铁地说："无论怎样，这一点是无可争辩的：印刷术是在中国和朝鲜发明的，其传播渐渐地改变了所有屈尊接近这一技术的文化的发展趋向；丝绸之路也渐渐成了活字和整个印刷术的道路。我之所以花费了多少年的心血，试图描述——噢，极为肤浅——中国之欧洲的面貌，那是因为我们这些往往过分自得的欧洲人，有负于中国，我希望以此来答谢中国，尽管这极其微不足道。"②

"中国之欧洲"这个似乎有点拗口和难以理解的著作标题，在上述序言的结尾中被再次提到。著作原法文标题是 *l'Europe chinoise*，其中"l'Europe"是名词，意思是"欧洲"；"chinoise"是形容词，用来修饰限定前面的名词，意思是"中国的"，合起来整个短语的字面意思可译为"中国的欧洲"或"中国式的欧洲"等。笔者认为，艾田蒲以这种看似夸张的表达，传递出他毕生不屈地与欧洲中心主义斗争的决心和勇气。艾田蒲在此著作法文版序的结语中评论自己的作品时说："30 年前制作的初坯，

---

① ［法］艾田蒲：《中国之欧洲》（上、下），许钧、钱林森译，桂林：广西师范大学出版社，2008 年，中文版序第 1 页。

② 同上。

如今经过了一番艰巨的加工，以与新题目吻合（不再是巴黎索邦大学强加给的可笑的题目《哲学之东方》，而是《中国之欧洲》），我这样做，无非是想给陷入高卢中心论，或说得好听一点，陷入欧洲中心论而难以自拔的法国比较学科注入一点活力，指明一个新的方向。"①

由于受到"东方主义"和旧的欧洲中心主义的文化相对主义等先入为主的理念的制约，西方人对中国和中国人一直有着某种先入为主的概念或印象，这些概念或印象在不同的时期和不同的描述者那里呈现出不同的形态。因此，欧洲长期以来有一种观点，认为中国是一个在各方面都不如西方的国家，虽然它有着古老的文明，但这种文明早就衰落了，近代中国先进的东西几乎都是从欧洲引进的。持这种观点的西方人不顾历史事实，造成了把明明属于中国人的发明或发现据为己有的现象。艾田蒲揭露的就是这种不公正的观点。当然，艾田蒲也并不否认欧洲的先进思想和科学技术对中国现代文明和科学现代化进程的巨大影响，因此他才会在前文引述的段落中说："我们给予世界的已经够多了，完全可以高兴而感激地接受这一点。"

而摒弃了"欧洲中心论"、能够正面看待中国的那部分西方人大都认为，中国是一个古老的文明国家，它曾在历史上有过自己的鼎盛时期，它的存在于古代世界是任何其他国家所无法企及的。持这种观点的人大致可分为两类：一类是对中国并不了解，但却出于艺术家的想象，对中国进行了种种美好的甚至理想化的构想，结果是他们心目中的中国往往要胜于现实中的中国；另一类则是在了解中国之后对中国做出相对客观真实的描述，这一类人中汉学家居多，他们为西方读者了解真正的中国之形象做出了

---

① ［法］艾田蒲：《中国之欧洲》（上、下），许钧、钱林森译，桂林：广西师范大学出版社，2008年，法文版序第16页。

很大贡献。

但是，近代以来的中国在西方人眼中的形象则远不如古代，这主要是因为近代中国封建王朝无可挽回的衰落趋势以及西方资本主义的崛起在某种程度上超过了中国，这也在一些西方人的想象性或学术著述中有所表现。不管他们的构想有多大的虚构性或多么远离真实，但可以肯定的是，他们对中国的这种构想大都是出于善意的和客观的。

艾田蒲不像以往某些崇尚中国的西方人对中国文化雾里看花，盲目崇拜，而是可以寻求真切的了解；也不像当代一些平庸的文化史家，只满足于对既成的文化事实作一般性的考察和描述，而是力图对所描绘的事实作应有的思考和评价。他高于前人和同辈的地方，似乎正在于他对自己的研究对象，既充满一种激情、一种真情实感，又具有深刻的理性认识。他的文化背景和理论视角既不是单一的中国，也不是纯粹的西方，而是这两者的融合，因而他是从一个第三方的角度出发来强调中国传统文化和哲学思想的博大精深，这在很大程度上要比法国国内其他一些学者的观点更持中和，更为合乎实际。

许钧和钱林森合译的这本《中国之欧洲》，重大的贡献之一在于整理翻译了艾田蒲的中文、法文两版序言。如果说著作正文全面地反映了艾田蒲博大精深的汉学成就，那这两版序言则字字可见他对中国文化深切热爱的拳拳之心，他排除了学术困难，背负着被欧洲同胞诋毁的屈辱，始终严谨地坚持为真理而治学，几十年来初心不改。

中文版序言主要是围绕"古登堡发明印刷术"的谎言进行了考证和驳斥。法文版序言则用十几页文字洋洋洒洒地追忆了自己的学术之路——主要是对中国与欧洲之间文学文化影响关系的研究之路，针对这种横跨几百年的影响关系，引用了大量的历史事实、学术著作进行严格考证。最后作者重新落脚主旨："我只是想说明一点，倘若谁要断言事情已经道完，那么，我认为，事情是永远说不尽的，以前说过的东西、已有定论的东西，往往会有可能被翻出来重加议论。"① 两篇序言足以展现艾田蒲实为一位坚强、坚决的捍卫真理的斗士。

三、艾田蒲的《孔子》：集法国汉学研究之大成者

艾田蒲对孔子和儒家思想的观照视角是法国汉学的传统视角。在《中国之欧洲》的法文版序言中，艾田蒲这样看待儒家哲学对中国社会的影响："中国人在自己的国度里，一直把儒道当作精神生活和政治道德的准则。"② 除了写成专著《孔子》，艾田蒲对孔子思想的研究成果还集中体现在他为其他学者的儒家典籍翻译、研究作品所作的序言，例如他曾为李克曼的《论语》法语译本作序。

艾田蒲的这部孔子研究成果最早以《孔夫子，从其诞生之日起至现时代的全球命运》为书名，于 1955 年出版。1956 年以《孔子》为书名，在法国书籍俱乐部出版社（Club du livre）出版，此后分别于 1958 年、1962 年、1968 年多次再版。1966 年，著名的伽利玛出版社将此书列入"思想文库"丛书出版。1986年，伽利玛出版社又将此书列入"弗里奥"（Folio）丛书再版。

初次问世后的三十年，艾田蒲的《孔子》一书正文内容几乎没有什么改动，但是作者与时俱进地对每一版的序言、附录或封底文字均有所增加或修改。在 1986 年伽利玛出版社出版的版本封底上，艾田蒲自己介绍说："这次出版的《孔子》比之前的版本多了一章，增加介绍了 1980 年至 1985 年间孔老夫子在中国

---

① ［法］艾田蒲：《中国之欧洲》（上、下），许钧、钱林森译，桂林：广西师范大学出版社，2008 年法文版序第 15 页。

② 同上，2008 年法文版序第 5 页。

的地位重新得到恢复的状况，包括孔庙得以重建、中国共产党正式认可了孔氏后裔的地位等。此外，这本书还更新了参考书目。如果不是我的中国、法国朋友们给我提供了大量重要的中文、英文、法文的文献资料，我将很难写成这个版本。"①

艾田蒲是一位会讲故事、善于旁征博引的作者，在序言第一部分中，他这样展现了西方人眼中的孔子与孔子学说："但是，我们能真正赞同他（孔子）吗？拉摩特·勒瓦耶和钱德明是何等幸运啊，他们领会到了孔子的智慧！而我们其他人抱着怀疑一切的观念，仍在质疑。围绕孔子展开论述的书籍文献中，有的讲述了这位哲学家的人生；有的为我们传递他的教育理念；更有不计其数的，或者评述他的直接观点，或者对他每句话，无论最普通的还是意义最直观的，都进行阐释与演绎，从而解读出十来种甚至互不相干的涵义。从中我总结出，无论被解读得怪诞不经或有理有据，"四书"中的主题长久以来都主宰着人，以及其他多个方面。"② 西方人眼中的孔子如同神一般充满智慧，孔子到底是人是神？因此艾田蒲才提出应该"试着将孔子还原于古代中国历史之中，还原到中国思想的起源之中"，然后，才可能准确把握他

① 参见原文：Ce Confucius,…, reparaît cette fois enrichi d'un long chapitre sur les vicissitudes du vieux Maître entre 1980 précisément et 1985, où l'on assiste à sa réhabilitation complète en Chine populaire：temple reconstruit, descendants en ligne directe honorés officiellement par le Parti communiste chinois. Bibliographie mise à jour. Sans le secours d'amis chinois et français qui m'ont procuré les documents indispensables parus là - bas en chinois, anglais, français, je n'aurais pas pu produire ce volume. 见：Étiemble, *Confucius*, Paris：Éditions Gallimard, 1986.

② 原文：Mais pouvons-nous vraiment l'apprécier? Heureux la Mothe le Vayer, heureux Père Amiot, qui pensaient savoir quelques chose sur Maître K'ong, notre Confucius! Nous soupçonnons plutôt, nous autres, que tout ce que nous dirons est contestable ou contesté. Mais quoi, des livres existent, qui nous content la vie du philosophe; d'autres, qui prétendent nous livrer son enseignement; d'autres, innombrables, qui commentent ses leçons, commentent les commentaires, donnant à chaque propos, et le plus anodin, et le plus clair apparemment, une bonne douzaine de sens à peu près incompatibles. d'où je conclu que, fabuleux ou avérés, les thèmes des Sseu Chou, des Quatre Livres, ont gouverné les hommes, en gouvernent encore plusieurs. 见：Étiemble, *Confucius*, Paris：Éditions Gallimard, 1986, p. 14.

的主要思想。并且他还补充说,孔子的弟子,他的敌人,他的追随者,都对他原本的思想进行了一些"乔装打扮";在历史长河中,他的思想游历世界各国,被广泛传播利用,甚至滥用。①

当他追述孔子在中国历史上之命运坎坷时,他有诸多的惋惜,他表达道,"我只知道我有理由赞同伏尔泰(对孔子的尊崇)",并引述伏尔泰赞美孔子的四行诗:"只需一个理由,/他虽未照亮世界但点燃了人类的精神,/他不是预言家,/但他的国度尊他为智者。"在伏尔泰的诗句之后,艾田蒲自己补充道:"他如同智者一般在言说,这正是我爱戴他的理由。"②

《孔子》一书正文包括三个部分(parties),每个部分下面包含若干章节。第一部分题为 l'héritage(古老的馈赠),这个法语词的原意是"遗产",因为这一部分主要介绍了产生于孔子时代之前的、被后人整理归纳为儒家学说的一些古老智慧,比如《周易》,同时这一部分也展示了孔子生活的时代背景。

第二部分题为 La gestion(孔子的学说),标题之下引用了《论语》中记载的孔子对自己学说的总结——"述而不作"(Je transmets, je n'invente pas)。这一部分对孔子进行了全面概括与总结,包括孔子生平、孔子主要作品、孔子的主要思想。这一部

① 参见原文: J'essaierai donc de situer Confucius dans l'histoire de la Chine ancienne, et aux origines de la pensée chinoise. Après quoi, je m'efforcerai de préciser la doctrine, ou les idées principales de Maître k'ong. Je dirai enfin de quels déguisements l'ont affublé ses disciples, ses ennemis ou ses dévots, bref: l'usage et l'abus qu'on en fit, de siècle en siècle, de pays en pays. 见: Étiemble, *Confucius*, Paris: Éditions Gallimard, 1986, p. 14

② 参见原文: J'ignore si Confucius fut droitier, centriste ou gauchisant. Je sais seulement que j'ai quelques raisons d'admirer une grande part de Voltaire et que celui-ci n'avait pas si grand tort d'admirer Confucius. Dans son oratoire il se recueillait volontiers devant un portrait de Maître K'ong, sous lequel on lisait ce quatrain irrévérencieux, ou, qui sait? révérencieux: De la seule Raison salutaire interprète, /Sans éblouir le monde éclairant les esprits, /Il ne parla qu'en sage et jamais en Prophète: /Cependant on le crut, et même en son pays. /Il ne parla qu'en sage ... raison pour moi de l'aimer, sans r majuscule à raison; et pour vous aussi, je le souhaite. 见: Étiemble, *Confucius*, Paris: Éditions Gallimard, 1986, p. 17.

分是作者集中解读孔子、再现孔子形象的重要内容。

法国汉学家们对孔子的研究离不开《论语》，因为《论语》是公认的研究孔子思想的主要史料，艾田蒲这部著作的第二部分就是围绕《论语》来展开的。第一章至第三章紧扣序言中总结的西方社会中孔子究竟"是神还是人"的神秘形象，逐层揭秘：第一章介绍了孔子生平，第二章介绍了孔夫子的典籍，第三章从作者了解研究孔子的个人经历出发，揭开了他眼中的孔子从传说到真人的过程。这三章中作者旁征博引，介绍了中法学界对孔子形象的刻画，有司马迁《史记》，也有历代汉学家如莫兰（Georges Soulié de Morant）和葛兰言（Marcel Granet）甚至早期利玛窦的有关记载。

第四章至第八章作者引用《论语》中相关主题的篇章，来展现、刻画孔子其人。这几章都有一个共同的标题："《论语》中的孔子"（le Confucius des Entretiens familiers），每章在这个标题后分别加上副标题。这几个副标题分别是"人"（l'homme）、"政治家"（le politique）、"道德家"（le moraliste）、"哲学家"（le philosophe）和"教育家"（maître et disciple）。通过这几章内容，作者还原给西方读者一个真实的、世俗的而非神化的孔子，从而回应了他在自己的这部《孔子》序言中所描述的孔子形象。这个部分中，作者选择引用了《论语》中多个篇章来刻画孔子作为一个世俗凡人的真实可爱的一面。例如《雍也》中有一篇："子见南子，子路不说。夫子矢之曰：'予所否者，天厌之！天厌之！'"生动地刻画了孔子在遭遇了学生的误会之后赌咒发誓的样子，尤其是两句重复的"天厌之"，传神地展现了孔子着急的样子。整部著作中类似的引用还有很多。

值得注意的是，不同于其他任何法语译本，艾田蒲将《论语》这一书名翻译为"les Entretiens familiers"。familier 词意包括"亲密的""熟悉的""平易近人的"和"通俗的"等 4 个主要义项。这个形容词的使用，足以见得艾田蒲对《论语》内容的理解。在他眼中，《论语》是孔子与弟子间无话不谈的亲密关系的体现，同时，其中的语言是通俗易懂而非晦涩的。

因此，《孔子》一书的第二部分可以说是艾田蒲《论语》研究的集中体现。作者首先用"两个'神话'（mythe）"这一表述来总结孔子的生活和孔子的"典籍"，再现了孔子及其思想在法语世界中的形象。艾田蒲认为，之所以西方人认为孔子是"神话"、充满了神秘色彩，很大原因来自他们接触孔子时的代表读物《论语》。而艾氏眼中孔子的神秘之处显然与文中语言无关，而是在于《论语》的结构。他甚至引用了林语堂的一段论述作为论据①，指

①　艾田蒲所引用的林语堂观点如下：«La plus grande difficulté éprouvée par un lecteur occidental，ajoute Lin Yu-tang，s'il débute par *les Entretiens familiers*，elle résulte de ses habitudes de lecture. Il lui faut un discours suivi；en lisant il demeure passif，et laisse à l'auteur le soin de développer toute sa pensée. Pas question pour lui de lire une maxime，d'y penser un jour ou deux，de la remâcher，de se l'assimiler，après l'avoir passée au crible de ses propres réflexions et de son expérience. Or les Entretiens familiers doivent se lire comme les aphorismes qu'on imprime sur les feuilles d'un calendrier：chaque jour，le lecteur en méditera un；pas un de plus. Cette méthode，seule orthodoxe，permet de bien pénétrer chacune des pensées，et d'en tirer les conséquences. Un lecteur d'aujourd'hui ne saurait évidemment procéder de la sorte. En outre，qui commence par les Entretiens familiers ne peut ni se former une vue générale de la pensée confucéenne ni en saisir la liaison logique. »见：Étiemble，*Confucius*，Paris：Éditions Gallimard，1986，p. 71. 据笔者查阅考证，艾氏的这段法文表述应该是基于林语堂在《孔子的智慧》一书的序言中的观点。《孔子的智慧》是林语堂的文集，共有11章，其中的《孔子传》依据史学家司马迁的《史记·孔子世家》，林语堂将孔子的传记翻译成英文，这是首个孔子传记的英文版本。书中经过重新排列并重新选编的《论语》文本，被认为是《孔子的智慧》中最为隽永有味的一章。艾氏以上法文表述的主要来源，应该是此书序言中的这段话："在西方读者看来，孔子只是一位智者，开口不是格言，便是警语，这种看法，自然不足以阐释孔子思想其影响之深而且大。若缺乏思想上更为深奥的统一的信念或系统，纯靠一套格言警语而支配一个国家，像孔子思想之支配中国一样，是办不到的。孔夫子的威望与影响如此之大，对此一疑难问题之解答，必须另自他处寻求才是。若没有一套使人信而不疑的大道理，纵有格言警语，也会久而陈腐令人生厌的。《论语》这部书是孔学上的圣经，是一套道德的教训，使西方人对孔子之有所知，主要就是靠这部书。但是《论语》毕竟只是夫子自道的一套精粹语录，而且文句零散，多失其位次，因此若想获得更为充分之阐释，反需要依赖《孟子》《礼记》等书。孔子总不会天天只说些零星断片的话吧。所以，对孔子的思想之整体系统若没有全盘的了解，欲求充分了解何以孔子有如此的威望及影响，那真是缘木求鱼了。"见林语堂：《孔子的智慧》，长沙：湖南文艺出版社，2011年，序言。

出《论语》的编撰方式与西方人的阅读习惯很不相符。

第三部分题为 Le legs（孔子给后世的遗产），这一部分篇幅较长，包括十三章内容。继第二部分对孔子其人其作"揭秘"之后，这一部分首先总结介绍了其他几部儒家重要典籍如《大学》《中庸》，其他儒家代表人物如孟子、荀子的思想，以及《周易》、新儒家思想。此外，第三部分还包括了三个重要的内容：第一，西方对孔子的接受和研究，以及孔子对当代西方的影响；第二，日本和韩国的儒家思想；第三，1850—1957 年间中国国内对孔子思想的传承与研究，以及 1957—1985 年孔子在中国的境遇。

整部著作中艾田蒲引经据典，引用了大量从古至今中法两国著名学者的著作、观点，并对它们进行评述，如中国的司马迁、冯友兰，法国的葛兰言等。艾田蒲编入了中国著名学者俞荣根于 1985 年撰写的一篇文章作为后记，该文题为《我国近年来的孔子研究》（ "Les études sur Confucius dans notre pays au cours des dernières années"），由中国学者 Tchang Fou-jouei 和艾田蒲共同翻译为法文。

总结来看，艾田蒲的专著《孔子》对孔子形象在法国的建构和儒家思想在法国的传播有着不可小觑的积极作用，其研究特点和具体贡献可以归纳为以下几点。首先，艾田蒲的孔子研究对法国乃至欧洲的孔子研究视角和方法有着承上启下的意义。20 世纪以前，法国的孔子研究经历了传教士阶段、启蒙思想家阶段和 19 世纪的接受视角变化阶段。艾田蒲的孔子研究立场相对客观，全面考察了中国和法国的史料，并强调还原历史语境去阅读《论语》等典籍。因此，艾田蒲的研究是相对全面的、客观的、科学的，他为法语世界的孔子研究拉开了新的序幕。其次，如同艾田蒲在《孔子》一书中的表述，他的研究让孔子形象得到了世俗化的转变，即由"传奇"到"凡人"的转变。根据之前法国历代研究者对孔子的描述，从早期传教士将他视为"儒教"领袖，到启蒙时期伏尔泰等人眼中的"圣人"，再到19世纪诸多研究者笔下的"智者"，孔子的形象都或多或少地蒙上了神性的光辉和神秘色彩。通过广博的资料考证，艾田蒲呈现了一个真实的、鲜活的孔子，虽然孔子是"政治家""道德家""教育家"，但他首先是"人"。这部著作从20世纪50年代到80年代多次再版，它的通行和流传对孔子和儒家思想在法语世界的大众化传播功不可没。

　　如果说20世纪法语世界的孔子形象的呈现过程是一幅长长的画卷，那么随着画卷的展开，孔子的形象越来越真实清晰，也逐渐接近中国本土的孔子形象。作为中国的文化符号，这一时期孔子在法语世界的身份是多重的、立体的。20世纪早期，在沿袭了之前传统视角的接受者眼中，孔子是一位拥有高尚道德的哲学家、思想家和教育家，他形象光辉，甚至带有神性的光环，例如他的降生就不同寻常；最重要的是，接受者的目光似乎无法直接触碰到他，孔子高高在上，矗立在云端。随着中法交流的日益频繁，法语世界能够越来越密切和直接地了解中国文化，此时的孔子离关注者越来越近，关注者可以渐渐走近他，清楚地看见他。于是，孔子的神性光环慢慢消失，人们发现他是一个鲜活的人：尽管他依旧道德高尚、学富五车、思想深邃、桃李满天下，但他也会开玩笑，被误解后也会赌咒发誓，大呼"天厌之"。因此，这一时期人们谈到孔子时更多地出现了"人"和"人文主义"的字眼。同时我们也可以看出，法语世界对孔子的了解逐渐真实客观，最主要的原因是法国汉学的发展。20世纪的法国是当之无愧的世界汉学中心，这一坚实的基础也最终促成了孔子形象的大众化和世俗化。

第六章

新时期多样化的
孔子形象传播

进入 21 世纪，由于科学技术的持续进步和不断迭代，大众传媒获得了飞速发展，这一背景很大程度上助推了孔子形象在异域的传播。与之前相比，这二十年来最显著的发展是孔子真正成为一种文化符号，以各种形式出现在法语接受者的视野中，不再仅限于书本中。同时，传统的孔子研究也明显更加开放，这一开放体现在研究视角、研究方法、成果形式等方面。因此，这一时期的孔子形象更加丰富多元。

第一节
二十年来的孔子研究成果

虽然仅二十来年，但法语世界在步入 21 世纪以来的孔子研究成果可谓百花齐放。

一、孔子研究类学术成果

这一类出版物的作者既有从事专业研究的汉学家，也有对中国文化感兴趣的普通作家。这些书籍的内容，或者是概括介绍孔子，将孔子思想当作一种来自古老东方的智慧哲学，介绍给热爱哲学的法国读者；或者摘选已有的儒家代表作品法语译本里的章句，重新整理组合编辑，再加上作者的评论。这类出版物的共同特点表现为不追求太深的哲学深度和思想性，而将侧重点放在向法国读者进行普及性的介绍。这类书籍的出版流通呈现欣欣向荣的状况，标志着孔子在法国大众眼中已由一个名字和抽象的文化符号，转变成了法国民众有所了解的中国传统文化组成部分。

汉学家如让·乐唯（Jean Levi）、亚力克斯·拉维斯（Alexis Lavis）、雷米·马蒂厄（Rémi Mathieu）、白光华（Charles Le Blanc）、夏汉生（Cyrille J. - D. Javary）等，对中国思想、儒家典籍都有非常深入的研究，撰写了多部介绍、研究孔子思想的学术性专著。让·乐唯的专著《孔子》2002 年首次出版后，几年间被几个权威出版社竞相再版。此外，他还将《论语》译为法语，其译本是《论语》最新和最具影响力的一个译本。雷米·马蒂厄和加拿大学者白光华合作翻译了"四书"和《荀子》五部儒家典籍，同时也将他们的研究心得另成专著，其中雷米·马蒂厄著有《孔子》，而白光华则将美国汉学家赫伯特·芬格莱特（Herbert Fingarette）的英文研究专著《孔子：即凡而圣》翻译成法语，在该译著中发表了自己的翻译研究心得和评论。夏汉生翻译过数本与中国古代思想相关的书籍，最著名的译著属《易经》，他于 1985 年在法国创立了《易经》研究会，现任法国巴黎周易中心主任。他撰写的《孔子的智慧》一书由法国著名的埃罗勒出版社（Eyrolles）出版，颇具研究深度。亚力克斯·拉维斯是出生于 1979 年的法国青年汉学家，他对中国儒、释、道文化都有涉猎，研究成果较多。

以上几位研究者的汉学研究成果丰厚，后文将专门论述。这一时期主要的出版物还包括下表中列举的内容，根据书名可以看出其中关于孔子的研究与 20 世纪的同类书籍相比，主题上更加全面，更适合普通大众。

表三

书名	中文译名	作者	出版社	出版时间
Confucius et confucianisme pour tous	《给所有人的孔子和儒家思想》	Wang Chen	Le Village：Éditions le Pleindes sens	2004
Confucius	《孔子》	Karl Jaspers, traduit de l'allemand par Anne-Sophie Reineke	Ermenonville：Éditions Noé	2006
La Chine et le confucianisme aujourd'hui	《当今中国与儒家思想》	Régine Pietra,	Paris：Le Félin Poche	2008
Apprendre à philosopher avec Confucius	《跟孔子学哲学》	Michèle Moioli	Paris：Ellipses	2011
Brèves de Confucius	《孔子简述》	adaptées par Vincent Haudiquet	Paris：Chiflet & Cie	2011
Confucius：18 leçons pour réconcilier éthique et performance	《孔子：伦理与成就18课》	G. Lelarge	Paris：Maxima-L. Du Mesnil	2011
La philosophie de Confucius	《孔子的哲学》	Nicolas Treiber	Paris：Éd. ESI	2012
Petit recueil de pensées Confucius	《孔子思想简集》	réunies par Nicole Masson et Yann Caudal	Paris：Chêne	2015

二、基于儒家典籍翻译的孔子研究

新的儒家经典法号全译本不断产生，二十来年间一共出现了4个新的译本。其中，白光华的《论语》翻译成果并未单独出版，而是于2009年出版在他和雷米·马蒂厄的共同译著合集《儒家哲学》一书中，该书包含《论语》《孟子》《大学》《中庸》《孝经》《荀子》六部儒家典籍。查理·德罗耐（Charles Delaunay）、让·乐唯、弗朗索瓦丝·弗尔杜勒（Françoise Fortoul）各自的译本均为《论语》单行本，其中弗朗索瓦丝·弗尔杜勒的译本是由理雅各的英译《论语》转译为法语的。

查理·德罗耐的译本出版于巴黎友丰出版社（Éditions You Feng），法籍华人潘立辉曾对笔者介绍说，友丰出版社签约的每一位译者，无论是小说还是论著，都是经过出版社精心挑选的，尤其是在翻译《论语》这一类中国经典文化作品时，选择尤其谨慎。通过查理·德罗耐翻译的这部《论语》，也可照见潘立辉所言的这种选择的用心之处。该译者看待《论语》的态度是与时俱进，具有时代意义的。在译文前的导论中，他用非常优美、极具文学性的语言表达了他对《论语》的看法。他认为，孔子"住在极其简陋的茅屋之中"，"走乡串市"，"拜访达官贵人"，用温和的话语，传播着他的思想。而在如今的时代，古代社会已经不复存在了，但孔子的话语"并不是凝固在冰块中的水珠"，因为"孔子的思想之火一直给它们供暖保温"，而"这团火给大家在迷茫和未知中指明道路"，这条路就是《论语》，只字片语也足以造就一颗人性的灵魂。在德罗耐看来，《论语》记录了孔子这位跟苏格拉底一样"述而不作"的大师的话语。通过这些"指示性"的言语，孔子向弟子们传授了"当时的"智慧。他认为，孔子的话语鲜活、生动、明智，完全不是空洞的夸夸其谈，能够引导人们自我反思、追求真理。在翻译策略上，该译者坚持保持原文本来的样子，"不加入任何东西"（文字上的和文学性方面的）。他希望将《论语》原封不动地呈现，如同将古代帝王们的旨意刻在石碑上一般。而将它译成法语的意图在于，让这部伟大的典籍"在法语语言的山脊上闪闪发光"，"文字本身已尽，但会突然借助浑厚有力的翅膀复活"。

弗朗索瓦丝·弗尔杜勒的《论语》译本是由英语译本转译而来。弗尔杜勒是一位职业译者，主要从事英译法的口译、笔译工作。她的翻译工作专注的并非学术领域。其于2016年出版的《论语》译著足以证明两点：首先，《论语》已经完全走下圣坛，走进法国大众的普通生活；其次，在法国读者心中，《论语》不仅是一部深奥的哲学思想著作，他们还将它视为一部讲述人生哲学的箴言集或者智者语录类的作品。

　　除了新的全译本出版，这个时期也出现了多个之前《论语》全译本的重印和再版，主要包括 19 世纪顾赛芬的译本、20 世纪程艾兰的译本和李克曼的译本。其中，再版次数最多的依然是顾赛芬的经典译本，这个译本也被不同的汉学研究者作序或评论。

第二节
近二十年来孔子形象传播的新趋势

　　20 世纪孔子形象在法语世界的大众化传播为此后的传播奠定了很好的基础。在大众层面，人们都已经熟知孔子的名字，知道他是中国古代的一位思想家。随着 21 世纪初各国孔子学院的开办，孔子形象跟汉语和中国文化一起，越来越深入法语世界。

一、以孔子为人物的作品创作或改编

（一）直接呈现《论语》内容的漫画

　　这一时期有多部介绍孔子的漫画在法国出版，这是新时期符合新的社会群体阅读和审美需求的一种传播方式，文字浅显，趣味性强，传播更快，影响更大。重印、再版次数比较多的是中国台湾漫画家蔡志忠的《孔子说》，这本漫画主要选取了《论语》中的内容，将孔子与其弟子的对话场景用漫画表达出来，书中所配文字为《论语》原句。蔡志忠的漫画在国内也享有很高的知名度，他的漫画在国际国内的成功，都缘于他以漫画的形式对中国传统文化的传承起了重要作用。新时期，面向全世界爱好动漫的年轻新群体，漫画无疑是古代文化"新传"最为有效的方式之一。《孔子说》在法国出版的版本保留了图画，文字被翻译成法语（书中未标明译者信息），2000 年和 2006 年分别由法国漫画阅读出版社（BDLire）和茹旺斯出版社（Juvence）分别出版。后来，巴黎友丰出版社重新组织翻译了漫画的文字部分，更新了一些细节，于 2008 年重新出版。

友丰出版社的版本与之前两个出版社的版本相比，在细节上有很多的改进。这个版本不仅标明了译者信息，并且在每页页边补充了对应的汉字原文内容，即《论语》汉语原文，还补充了书中涉及的中国文化知识点，例如介绍了《史记》，并对《论语》中的人物进行了简介。这些细节上的进步带来的直接结果便是法国读者对中国文化了解更多、更准确。例如这个版本补充了《史记》的信息，使法国读者可以了解到这部中国古代历史典籍的大概内容；用表格的形式列出姓、名和字，使法国读者可以清晰地了解并区分中国古代人物的称谓。尽管文字并非漫画作品最主要的内容，但是这一部蕴含着中国传统文化精髓的作品要传播到遥远的欧洲国度，更好地发挥文化传播载体的作用，文字部分的作用异常重要。

（二）根据《论语》改编的漫画故事

这部漫画原本是日语版，首先在日本发行。2012 年由马列威（Anne Mallevay）将文字翻译成法语，在巴黎由法国出版社出版。与蔡志忠的漫画不同的是，这部漫画将《论语》改编成了一个完整的故事。故事发生在日本一所初中的老师、学生和家长之间。新来的国文课代班老师 Ushiko Ushiyama 是孔子的崇拜者，儒家精神的传授者和践行者，她在课上讲授《论语》。为了增强趣味性，作者将这位老师的头像设计成一头母牛的头，这也是故事里学生一直好奇和费解的问题。故事讲述的是课堂上老师和学生之间、课后老师家访时与家长之间发生的普通的故事，情节虽平淡却温馨感人，歌颂和宣扬诚、敬、礼、忠、孝等儒家道德准则。

在正式开始讲述故事前，该书就提出了一个问题："21 世纪……假如《论语》成为人类的'圣经'呢？"句中省略号的内容通过接下来的几页漫画表达出来：美国双子塔被撞毁，战争中民不聊生、社会动荡、犯罪率攀升等，最后一幅画尤其沉重——漆黑的底色上印了一行字"没有未来"。再翻一页，主人公出场，故事才拉开序幕。

这部漫画的开头设计直击人心，用一种最应西方社会现实之景的方式，完美地凸显了《论语》的现实意义。西方与东方文化本源不同，两种社会无论在显性或是隐性因素上的体现存在巨大的差异：生活方式、意识形态、思维习惯、精神信仰……东方的古老智慧能否解决西方社会乃至国际社会现今的困境呢？作者通过漫画作品，给出的答案是肯定的。

在漫画末尾，编者写道："这部漫画由《论语》改编而来。《论语》原文共有 20 篇，512 句对话。孔子是一位对后世影响深远的哲学家，我们真诚地希望这本漫画能成为一座桥梁，引领读者去阅读《论语》原文。"

（三）《孔子：一位中国智者传奇的一生》（*Confucius: la vie bien étrange d'un grand sage chinois*）

这部作品是从一部中国的画册翻译而来，于 2002 年法中文化年之时由巴黎华人出版社友丰出版社和法国吉麦亚洲艺术国家博物馆共同出版。这本画册仅数十页，每幅插图和每段文字都各占一页，内容简单，对孔子生平进行了概述和简介，画册中的文字由帕斯卡尔·刘（Pascale Vacher-Liu）翻译为法文。

（四）　《无冕之王孔子的智慧轶事》（*Sagesses et malices de Confucius，le roi sans royaume*）

这本书主要根据《论语》里的内容改编而成，通过讲故事的方式讲述了孔子的生平。作者在导论里标明，这本书里讲述的伦理故事是从古时候孔子留下的《论语》中获得的灵感。为了让大众都能读懂，作者引用了《论语》中记载的孔子在许多真实场景中的语言，并且虚构出了七位孔子的弟子。总的来说，此书的内容比较浅显，适合普通大众阅读，但它的出版社是以出版高质量学术型著作闻名的阿尔班·米歇尔出版社（Albin Michel），在随后的 2002 年，此书被法国另一个著名出版社月度好书（le Grand livre du mois）再版。

（五）　《孔子 1：凤凰起飞》（*Confucius I: l'envol du phénix*）、《孔子 2：启蒙大师》（*Confucius II: Le maître de lumière*）

这两本书是分上下两部的小说，小说以孔子命名，上部是"凤凰起飞"，下部是"启蒙大师"。这部小说以孔子为人物原型，以孔子生平为主要线索，但主要人物和故事情节有很大的改编。

二、孔子箴言有声读物

这一时期法国出版发行了一些从孔子思想代表作品中选取出的人生格言有声读物。例如，2005 年、2009 年、2011 年分别出版了《论语》朗读版的音像资料，其内容为一张法语朗读《论语》全文的 CD 光盘。三个朗读版的文字底本均选用顾赛芬的经典译本。这一类有声读物的发行，表明了这部曾经被传教士从遥远东方带回的东方经典，经过四个多世纪的接受之后已经进入法国普通民众的生活之中。他们已经不再将《论语》视为遥远的、深奥的、学术神坛之上的教条,而是将它看作一种有着现实意义的人生哲学、处事方式、智者箴言。热爱思考、注重心灵、看重本真的法国人用它来解惑,也用它来涤荡心灵,帮助自己读懂人生智慧。由此证明,孔子这一心灵导师的形象已由书阁之上逐渐转入了人们的内心。

三、纪录片《孔子》法语版

纪录片《孔子》法语版于 2016 年在法国播出,引起法国各界关注和观众好评。纪录片《孔子》由中国中央电视台、英国雄狮公司、中国国际电视总公司和中国山东大众报业集团联合摄制,耗时两年半时间筹备、拍摄和制作完成,是首部以孔子为题材的中外合拍的纪录片。该片客观地呈现了中国文化的灵魂人物孔子的生平经历、思想,以及他对中国文化、中国社会的贡献和影响。该片于 2016 年 9 月 17 日在法国文化电视频道 ARTE 首播,并于 9 月 25 日、9 月 28 日两次重播。

法国多位名人对这部纪录片给予了高度评价。文艺评论家艾莲娜·罗谢特在杂志上撰写评论文章介绍了这部片子。她说,这部纪录片从中国典籍《论语》和司马迁《史记》中的孔子传记出发,不仅为观众呈现了儒家思想的内容和发展脉络,更向大家介绍了这位中国的先师圣人坎坷的人生。她突出介绍了孔子"以德治国"的思想体系,认为孔子是一位崇古、守德的文化传承人。

另一位电影业内人士龙爱乐认为,《孔子》的制作非常好,也十分贴近时代。龙爱乐经常担任法国电影节中国电影的选片顾问,他从专业的角度对这部纪录片给予了高度评价,认为片中讲述了中国的历史和文化,同时又反映了当代中国的面貌,呈现了当代中国人生活中的诸多场景,例如春节乘车返乡、合家团聚之类的画面,折射出了儒家思想对中国文化的深远影响,而这些画面在其他介绍中国传统文化的片子中很少出现。他在接受记者采访时表示,该片内容生动有趣，即使对中国不甚了解的观众也会饶有兴味地观赏。他认为，对于平时不太会去专门阅读儒家思想专著的法国人，这部片子是特别好的了解孔子和儒家思想的渠道。ARTE 是一家专门播出文化类影视作品的电视台。与其他媒介相比，电视节目的受众相对更广泛。通过纪录片来介绍孔子可以跨越专家研究领域的门槛，是一种向法国公众介绍中国文化的有效手段。

法国巴黎周易中心主任、汉学家夏汉生也认为这是一部好的纪录片，在法国播出时选择的 ARTE 电视台也是一个非常注重知识性的电视传播平台。他同样认为，这部纪录片是法国普通大众了解孔子和儒家思想的一个不错的入门选择。作为汉学家的夏汉生表示，儒家思想不仅在当代中国仍具有生命力，在当代法国乃至全世界也同样如此，因为孔子思想代表了东方古代的智慧，有些思想还与西方文明有共通之处，并且很多观点尤其是道德哲学方面的主张都为世界文明做出了贡献。例如孔子重视学习，主张通过学习不断提升自己；孔子还强调教化，他本人不仅是中国人的万世师表，也堪称全人类的老师。此外，片中反映出的孔子治国理念、财富观念等也令人印象深刻，对西方社会同样具有借鉴意义。①

一位法国网友在播出该片的电视台网站上留言说，孔子是一位地位殊胜的智者，是一名洞察人性的伟人。中国人富有智慧地树立了一套道德规范。至今令人惊叹的是，数千年文明，庞大的人口，都受教于孔子的训诫，形成明确的思想体系，而且难以逾越。

四、海量传播背景下的孔子形象的误传现象

近二三十年，随着孔子在法语世界的广泛传播，大量介绍孔

---

① 《纪录片〈孔子〉国际版在法国播出引发关注和热议》，中国新闻网，2016年10月1日。

子的出版物问世。尽管与几百年前的 16、17 世纪相比，法语世界的受众对孔子的了解已普遍有了巨大的进步，然而孔子文化对他们来说终究还是异域的产物，海量的出版物中难免会有一些曲解谬误之处。

例如，前文提及过弗朗索瓦丝·弗尔杜勒出版于 2016 年的《论语》译本，这本著作光是精美的装帧就十分吸引读者的眼球：蓝色硬质书皮里面是用结实的红色丝线装订的精装书，深蓝色封面上方印着一行烫金的 "Confucius"（孔子），下方印着 "Les Analectes"（《论语》），两行字的中间，是一个红底的阴阳太极图案。笔者在法国国家图书馆（BNF）借阅这本书时，管理员对这本书的评价是"无比精美"，随后，笔者给管理员解释说："封面设计是很精美，可是对于我们中国人来说第一感觉是奇怪，因为这个图案代表的不是孔子的学说，而是道家学说。"管理员惊讶地回答："噢，是吗？可是对于我们不了解（中国文化）的人来说，还真是会理解成这个图案就是孔子思想的代表呢！我们仅仅知道孔子这个名字而已。"除封面之外，书中每一篇开头处都印有阴阳太极图案，出版者也许是为了版面美观，结果却传达了错误的信息，为《论语》打上了道家的烙印，让人哭笑不得。

根据笔者对法国大众的了解，这位图书管理员的回答基本可以代表跟她一样"不了解（中国文化）"的法国读者的观点。笔者在群览法国出版物时也发现，类似的道家甚至佛教的代表性图像出现在儒家思想相关著作之上的情况屡屡出现，并非少数。本该是专业人士的作者和出版商都不能清楚辨别，普通读者分不清甚至错误地理解儒、道甚至释家思想，也就不足为怪。

第三节
雷米·马蒂厄的孔子研究

雷米·马蒂厄是法国国家科研中心的研究员，20 世纪 70 年代至今，他撰写了关于中国古代思想、神话和文学的近二十部专著，比如在法国权威学术类出版社伽利玛出版社出版的两个著名系列：东方知识（Connaissance de l'Orient）和七星丛书（Bibliothèque de la Pléiade）。他的主要著作有《中国古代神话故事选集》（*Anthologie des mythes et légendes de la Chine ancienne*）、《孔子》（*Confucius*）、《中国初期的神话与哲学：〈淮南子〉研究》（*Mythe et Philosophie à l'aube de la Chine impériale：l'Etude sur Huainanzi*）等。此外，他也是一位成果颇丰的翻译家，全文翻译了儒家经典《大学》《中庸》，节译了《论语》，全文翻译了道家经典《道德经》《淮南子》《列子》，以及《穆天子传》《搜神记》等中国古代神话或传说。雷米·马蒂厄不断更新自己的研究，近几年致力于整理翻译郭店出土竹简中的儒家、道家著作，其专著《郭店竹简中的儒家著作》（*les Manuscrits confucianistes de Guodian*）于 2017 年出版。马蒂厄先生曾在里昂高等师范学院和巴黎第七大学教授中国古代哲学、古汉语和中国古代历史。他一直致力于向法国大众传播中国先秦时期的思想，多次受邀在电视台、电台访谈节目中介绍中国文化，也面向法国公众举行了多场中国文化讲座。

《孔子》是集中反映雷米·马蒂厄儒家思想研究的一部著作。全书分两部分，第一部分分四章全面介绍了孔子及其思想。第一章主要介绍孔子的生平、孔子弟子、孔子生活的时代。在第一部分中，作者为《论语》专设一节，即第二章第二节。第二章的标题为"Le maître Sans Œuvre, Des Œuvres Sans Maître"，这是一个很考究的标题，一语双关，既概括了《论语》的客观状况，又总结了作者对《论语》的独特认识。前半句 Le Maître Sans Œuvre 可以翻译为"述而不作的夫子"，这是孔子对自己的评价，出自《论语·述而》篇："述而不作，信而好古，窃比于我老彭。"作者选取这句原文来概括孔子，是为了跟后一句形成对照，后一句从字面可译为"没有主人的作品""没有统领的作品"。后句结构与前句相同，而名词及其修饰词与前句互换，不仅在修辞上形成了巧妙的效果，更关键的是其完美地概括了雷米·马蒂厄对《论语》的认识。该章主要介绍了儒家思想，包括孔子之前的中国古代思想、《论语》简介和评论、其他儒家思想等。第三章主要介绍了孔子思想中的重要概念，包括"仁""忠""信""孝""礼""修身""学"等，全面阐述了作者对孔子思想的理解。第四章主要介绍了孔子思想的继承者孟子和荀子的思想。

第二部分是选集。在第一部分介绍了孔子主要思想之后，雷米·马蒂厄按主题关键词分类选编了儒家经典作品中的相关章句，将它们译成法文。他总共选取了二十个儒家思想关键词和主题："学"（l'étude）、"修身"（le perfectionnement de soi）、"孝"（la piété familiale）、"德"（la vertu）、音乐（la musique）、"古"（l'antiquité）、"天性"（la nature humaine）、"天"（le ciel）、"文"（la culure）、"欲"（le désir）、"教育"（l'enseignement）、"义"（l'équité）、"名（望）"（le renom）、"礼"（le rite）、"知"（le savoir）、"言"（la parole）、"幽默"（l'humour）、"友谊"（l'amitié）、"君子"（l'homme de bien）、"仁"（l'humanité）。选编的儒家经典包括《论语》《大学》《中庸》《孟子》《荀子》《孝经》。此外，著作最后附录了"编年表"和"注解"。"编年

表"包括两部分：孔子生平年代表和中国朝代表。"注解"部分是一个儒家思想关键词翻译表，里面收录了近六十个词语，基本涵盖了著作正文部分出现的所有关键词，其中汉语是用拼音表现，并无汉字。作者认为这些词对理解儒家文化有着关键的意义。作者指出，这些词的译文在不同的时代、不同语境、不同作者笔下会有不同的含义，要正确地理解它们，还要正确地结合上下文内容。

著作第一部分的介绍和论述以《论语》为主。尽管真正以"论语"命名的章节标题只有一个，但作者将介绍与论述相结合，以夹叙夹议的方式，在介绍孔子思想的过程中，大量引用《论语》中的章句作补充解释。他评述孔子思想的主要观点有以下几点。

第一，实践性。作者认为孔子是一个看重实践的哲学家。他将孔子与老子的"无为"对比，认为孔子及他之后的中国主流的思想家都十分注重实践。这些思想家并不是形而上的冥想者，而是付诸行动的实践者，他们关注的是实践与效果。第二，无系统性。以实践为基础，他认为孔子思想的主要内容是建立在他自身经验、自己对世界以及对他人的认识基础之上的，但这种思想并无系统性，没有形成有机的体系。作者在前一部分单独介绍和分析《论语》时也表达了与此相同的观点。第三，哲学性。他认为孔子是一位真正热爱智慧的人，他的思想虽然缺乏系统性和综合性，但总的来说，因为并非教条化，所以孔子的身份是一位出色的哲学家。第四，沿袭而非创新性。他认为孔子并没有创造新的哲学和思想概念，只是将已有的思想赋予了新的含义。进而他也总结说，整个中国思想史都是在沿袭传统思想的基础上力图锻造新的概念，因此当代的很多哲学词汇和思想概念都是古代就已经存在的，只是被赋予了新的内涵。第五，启发性。他认为孔子的语言看似平凡，但意义难以捉摸：看上去意思空洞，实则是为了激发他的弟子们去填充内容。作者认为，从《论语》的对话可以看出，孔子往往是以一种非常简单的、意思并不明确的语言来回答弟子的问题，而他的目的非常明显地表现为希望学生通过他的启发来完善问题的答案。这种高深莫测的方式引导学生透过表面看问题，并为学生开启一个思考本质的世界。第六，与西方哲学的区别。他认为孔子在倡导他的思想时，并未清楚地区分政治层面和社会层面。他提出复"礼"、践"仁"、尊"忠"、"信"、"修身"等理想时，并非像西方哲学一样对这些内容分类界定。比如西方哲学中会明确区分个人与社会、动机的道德性与行为的伦理性等。而孔子的思想只是认为，对别人提出的要求，自己要首先做到，问题和解决方案都在自己身上；中国哲学的关注点始终在原因和动机上，而孔子对此的态度都显示出一种利他性，即从对自身要求做起，目的是造福他人。所有对自身的道德要求，首要目的是有利于他人，然后是正面影响他人，最后达到全社会"和"的境界。

第四节
白光华的孔子研究

　　白光华被誉为"加拿大汉学之父"，他于 1935 年出生在加拿大新布伦瑞克省。新布伦瑞克省是英、法双语区，这为白光华日后的双语研究奠定了语言基础。他的汉学研究职业生涯开始于美国宾夕法尼亚州立大学的东方研究系，之后在加拿大蒙克顿大学短暂工作。1976 年，他在加拿大蒙特利尔大学创立了亚洲研究中心（Centre d'études asiatiques），并一直担任中心主任至1997 年。白光华曾在加拿大驻中国大使馆文化教育科技处任一等秘书。

白光华与中国的缘分产生于法国著名作家马尔罗的一部小说，小说中描述了 1928 年前后发生在上海的很多事情。作为文学家的马尔罗也是一名外交官，他曾作为法国驻中国大使馆的文化官员，在中国长期居住，所以中国和中国元素频繁出现在他的作品中，有的作品中还以此为主题。后来白光华又读了另一位法国文学家保罗·克洛岱尔（Paul Claudel）的作品，此人曾在中国居住多年，与马尔罗相似，也曾在福建厦门的法国驻中国领事馆工作，因此他的作品也有不少中国文化的影子，尤其是诗歌创作深受中国唐诗的影响。白光华几乎读遍了克洛岱尔全部的文学作品，并由此对中国文化产生了十分美好的憧憬和向往。

除了文学作品，白光华还曾读过第波尔·曼迪（Tibor Mende）的历史学著作《未来的历史》。这本书说道：现在已到20 世纪之半，在 20 世纪的最后部分，在世界历史中，中国要占第一个地位。作者第波尔·曼迪展示了大量的数据和材料，对中国进行广泛且深入的研究，这对白光华产生了极大的震撼，使他在对中国文化向往之余，对中国这个古老又极具发展生命力的国度更加感兴趣。

1956 年在蒙克顿大学获得文学学士学位后，白光华来到魁北克大学和蒙特利尔大学学习神学与哲学。在那里，白光华第一次读到了中国古代文化经典——《论语》和《老子》的法语译本，虽然彼时他还尚未对中国哲学有很深的研究，但读过之后便十分喜欢，尤其是《老子》，其独特的思想和独特的表达方式，给他留下了极为深刻的印象。他那时的学术研究工作还主要集中在西方哲学上，尤其是对柏拉图情有独钟，他也曾研究过康德等西方近现代哲学家。后来，随着研究工作的不断深入，白光华越来越觉得西方哲学虽然自成系统并有着很高的理论水平，但并不完整。他认为，西方哲学只是代表了世界上一些国家，主要是欧洲国家如希腊、德国、法国等的思想传统，并不具有完全、普遍的世界意义。因此，要了解与掌握完整的世界哲学的体系，只研究西方哲学是远远不够的，还必须研究一下西方之外的一些哲学传统，特别是与西方哲学有差异的哲学。

与中国同在东方的印度，也是一个有着丰富哲学思想的古老国度，但白光华认为，印度哲学与希腊哲学、西洋哲学的关系是非常密切的，因为印度与欧洲同属于印欧文化系统。在这个庞大的文化系统中，语言、神话、哲学甚至思维方法都是息息相通的。因此，印度哲学并不是与西方哲学差异最大的哲学系统。

基于这些思考，以及自身多年的学术视野和积累，白光华开始把研究的目光投向有着灿烂古老文明的中国。中国文化传统数千年来绵延不断，始终保持了自己独特的文化风貌，这不能不说是一个奇迹。因此，世界上也许只有中国才是具有最不同于西方文化传统的国度，这个有着丰沃哲学土壤的文明古国从此成为白光华学术探索的领域。

后来，白光华来到中国台湾，一边学习汉语，一边开始系统地阅读中国古代哲学典籍——《论语》《孟子》《荀子》等先秦儒家的作品。白光华认为这些作品虽然也有不少形而上的哲学思维，但它们过多地关注了形而下的社会、伦理、教育等具体问题，哲学抽象的程度不强。后来他又读了《老子》《庄子》《淮南子》《列子》等道家的作品，在他看来，在中国的诸子百家中，道家是最富有哲学意味的一家，因为它不像儒家、墨家、法家那样侧重于对形而下的政治、社会、军事、法制等具体问题的研究，而是强调超越具体的经验去探求整个宇宙的普遍规律，强调对天地、宇宙、万物、人生进行形而上的总体把握。

一、白光华《论语》翻译中的孔子研究

白光华的汉学研究成果集中体现在他的译著中。他与马蒂厄合作，对中国儒家典籍进行翻译的成果合集《儒家哲学》（*Philosophes confucianistes*）中，收集了白光华翻译的《论语》《孟子》《孝经》和马蒂厄翻译的《大学》和《中庸》。这部儒家典籍合集的译著由伽利玛出版社的"七星文库"出版，这个文库以出版全世界最经典的文学及文化作品而闻名。此外，白光华还将美国学者赫伯特·芬格莱特的儒学研究英文著作《孔子：即凡而圣》（*Confucius: The Secular as Sacred*）翻译为法文（*Confucius: du profane au sacré*），由加拿大蒙特利尔大学出版社出版。

白光华和马蒂厄合译的这部《儒家哲学》体现了北美汉学和法国汉学的完美结合。法国是传统汉学中心，由于具有丰富深厚的研究积淀，在研究方法上展现出文献研究、释经传统等方面的优势，因此在翻译和研究中国古代典籍时，体现出对原著语言含义扎实的考据、目的语选择上精细的考究这一最大特点。美国是现代汉学中心，加拿大文化深受美国影响，在汉学研究上则体现出更注重原著哲学性和思想性的特点，在翻译中也更看重原著哲学思想的再现。

这部译著在译文正文之前，有两位译者合写的长达近百页的包括序言（Préface）、年表（Chronologie）、导言（Introduction）、参考书目（bibliographie）的附加说明，这些说明部分是译者精细、全面、深厚的研究成果的体现。序言中专列一节文字，对这部译著的翻译原则、策略等作了细致的解释说明。

儒家典籍作为哲学性的作品，包含大量中国古代儒家哲学术语。由于这部译著包含五部儒家典籍，又是由两位译者分别负责其中的一部分翻译工作，因此，在有些术语的翻译上存在统一性

的问题。序言在讨论翻译问题时，也指出了这一难点，并提出了解决方案。译者专门列了一份儒家术语清单，并指出这个清单也展示了这些术语概念的沿革，同时，参考这份清单，也能保证译文的相对一致。① 译者认为，在翻译中遇到了中文和法文两种语言的巨大差异。首先，中国古文的特点体现在一字多义上，在他们的翻译工作中就要面对并处理这一特点。因此，在不同的语义场中，术语翻译的统一性只能是相对的，何况有时出于文本风格的需要，即使在同一语义场下，同一术语的翻译也不能绝对统一。② 其次，中文和法语语言风格不同。中文喜欢用重复的表达来起到强化的作用，但法语会尽量避免重复用词。

基于以上所述两种语言的差异，译者总结在翻译儒家典籍时遇到的最大的难点在于如何选择中文原文的词义，特别是其中反复出现的哲学术语。古代汉语中没有对这些词下定义，所幸还有很多的注疏，虽说也是言简意赅，且是后代作品，但也还是提供了一些解释。这些哲学概念在不同的场合、不同的语境、不同的主导思想中，根据不同的作者（即便是同一学派的）和不同的时代而各有不同。同时，译者特别指出值得关注的一点，那就是关于原文中有些字词的语义，译者们和注疏者们的理解都未达成过一致。白光华和马蒂厄认为，这一点对西方汉学（主要是英

---

① 参见原文：Un relevé systématique des expressions comprises dans ces textes du premier corpus confucianiste a permis de noter leurs emplois communs et parfois parallèles chez ces différents auteurs. Cela autorise le renvoi de l'un à l'autre afin d'étudier l'évolution des concepts. Le procédé de repérage autorise également une traduction relativement cohérente, même si elle n'est pas uniforme. Il existe, à cet égard, une double difficulté. 见：*Philosophes confucianistes*, textes traduits, présentés et annotés par Charles le Blanc et Rémi Mathieu, Paris：Éditions Gallimard, 2009, p. LV.

② 参见原文：La polysémie marque le chinois classique；elle est manifeste dans des domaines aussi divers que ceux qui sont ici envisagés. l'uniformisation doit donc être relative entre les champs sémantiques, elle l'est évidemment encore à l'intérieur du même champ pour des raisons stylistiques. 见：*Philosophes confucianistes*, textes traduits, présentés et annotés par Charles le Blanc et Rémi Mathieu, Paris：Éditions Gallimard, 2009, p. LV.

语世界和法语世界）研究中的哲学术语研究是非常有价值的，因为对中国典籍中的哲学术语的理解，学界还远未达成共识。①

白光华和马蒂厄的译著在内容和形式上都体现出非常严谨、踏实和细致入微的汉学研究态度。例如，关于《论语》，他们特别指出，书中人名也是一个难点。因为《论语》是一部对话体作品，其中出现了大量的说话人，而且同一人物在各章中被提及时的称呼又有变化：姓、名、字、号等。读者在阅读中如果没有注释的帮助，就会理不清其中的人物。因此，译者在译本中加入了不少脚注用以介绍，并在附录中增加了人物姓名索引，详细介绍人物的信息，以及出生时间和地点。例如《论语·颜渊篇·第十二》中第三章句提到"司马牛"，白光华的译本中便用脚注注明：

Sima Niu：nom alternatif de Sima Geng；nom social Zi Niu；un disciple peu connu，frère cadet de Huan Tui，ministre des Armées et de la Sûreté de Song；celui-ci voulut éliminer Confucius lors de son séjour à Song en ~ 492. Plus tard，Sima Niu，en raison de troubles domestiques à Song，émigra à Lu. ②

这段脚注中详细介绍了司马牛的名、字，在孔子弟子中的地

---

① 参见原文：La plus grande difficulté réside dans le choix et surtout l'utilisation appropriée des termes techniques philosophiques récurrents. La langue chinoise classique ne prise pas les définitions. Au mieux，elle énonce dans des glossaires，relativement succincts et tardifs，des équivalents supposés. Le concept varie selon le domaine traité，le contexte et l'idéologie dominante，en fonction des auteurs-seraient-ils de la même école—et de leur époque. Il a fallu，en outre，tenir compte de ces évolutions sémantiques sur lesquelles bien souvent ni les traducteurs ni les commentateurs ne s'accordent. La chose vaut assurément plus pour la terminologie philosophique sur laquelle l'entente ne se fait pas—loin s'en faut—dans la sinologie occidentale（anglo-saxonne et francophone pour l'essentiel）. Nous nous en expliquons généralement dans les notes de bas de page. 见：*Philosophes confucianistes*，textes traduits，présentés et annotés par Charles le Blanc et Rémi Mathieu，Paris：Éditions Gallimard，2009，p. LV.

② *Philosophes confucianistes*，textes traduits，présentés et annotés par Charles le Blanc et Rémi Mathieu，Paris：Éditions Gallimard，2009，p. 139.

位是"很少被提及",还介绍了他的身份,以及主要生平经历。

白光华和马蒂厄研究孔子的参考资源主要有三:首要的便是《论语》,第二是《孔子家语》,他将之译为 *Propos de l'école de Confucius*,第三是司马迁的《史记》,他将书名译为 *Les Mémoires de l'historien*。因此在他看来,《论语》对于儒家思想最主要的代表人物孔子的意义,自然不言而喻。

白光华《论语》译本的导言又包括三个部分:"孔子与当时的中国"(Confucius et la Chine de son temps)、《论语》(*Lunyu: «les Entretiens»*)和"思想"(La Pensée)。这三个方面共同展示了他对孔子其人和《论语》其作的研究成果。

白光华几乎是唯一一位在译本导论中对《论语》书名的翻译作如此考究的译者。在随后的段落中,他接着丰富并翔实地介绍并评论了《论语》一书在编辑、流传、注疏各个方面的历史。在题为"刘向对《汉书》和《论语》的编辑和流传记载"(la composition et la transmission du *Lunyu* d'après Liu Xiang et le *Han shu*)这一部分里,作者肯定了刘向在《论语》研究中的贡献,认为"在刘向编集的书目里,首次记载了《论语》的来源和本质"。在题为"最初的《论语》注疏家"(Les premiers grands commentaires sur le *Lunyu*)这一部分,作者介绍了东汉时期《论语》注疏的丰厚成果、宋代邢昺为代表的注疏家的丰厚成果,以及被他称为"中国历史上最伟大的哲学家之一"的朱熹的"四书"研究成果。

白光华在这部分的文末指出《论语》在中国历史上的地位:"《论语》是历史上被研究最多的作品,两千年来有四百多部评论、著作围绕其展开研究。"① 但讲到这一点,白光华在脚注中

---

① *Philosophes confucianistes*, textes traduits, présentés et annotés par Charles le Blanc et Rémi Mathieu, Paris: Éditions Gallimard, 2009, p.17

特别指出，在传统的注疏、评述研究中，尽管已经非常严谨，但都几乎没有人质疑《论语》各章的完稿顺序。直到清代崔述(1740—1816)① 和19世纪的日本研究者们才开始对这一点进行考据和辨伪研究。白光华认为，时至今日，研究者普遍比较认同的是，第三章至第九章是《论语》最初的部分，第一、二章以及第十至二十章则是后来加入的。②

白光华此处对《论语》篇章辨疑的关注，也是他的儒家研究具有严谨、细致、翔实、考究等特点的又一证明。同时，对《论语》辨伪的关注也同样体现在马蒂厄的另一部儒家研究专著《孔子》一书中，马蒂厄在其中用更长的篇幅仔细梳理了《论语》研究史特别是海外汉学界的研究中对这一问题的关注以及得出的结论。

二、白光华翻译的《孔子：即凡而圣》专著

白光华于2004年在蒙特利尔大学出版社出版了他翻译的美国哲学家赫伯特·芬格莱特（Herbert Fingarette）的孔子研究专著《孔子：即凡而圣》（*Confucius: The Secular as Sacred*）。这部译著为白光华的《论语》翻译奠定了坚实的学术基础，因为赫伯特·芬格莱特的这部孔子研究专著的来源主要是《论语》文本。"我所依据的主要材料之一，就是《论语》的原典。一方面，我要努力发现原典所说明的、所暗示的；另一方面，我又要

---

① 崔述是清代乾嘉时期的辨伪家，平生致力于古史考信，其《洙泗考信录》是对《论语》进行辨伪、对孔子进行研究的一部颇有影响力的作品。他的《论语》考证研究主要体现在篇章质疑上。

② 参见原文：Fait remarquable, très peu de commentaires traditionnels, malgré leur minutie extrême, mirent en cause l'ordre des chapitres du Lunyu. Il fallut attendre Cui Shu (1740 - 1816) et les commentaires japonais du XIXe siècle. Aujourd'hui, on soutient généralement que les chapitres III-IX forment le bloc primitif et que les chapitres I-II et X-XX sont des ajouts postérieurs. 见：*Philosophes confucianistes*, textes traduits, présentés et annotés par Charles le Blanc et Rémi Mathieu, Paris：Éditions Gallimard, 2009, p. 17.

看清它没有说明的，或不必暗示的。"①

　　赫伯特·芬格莱特是美国著名的哲学家，1921 年出生，1948 年起长期任教于加州大学圣巴巴拉分校哲学系，曾任美国哲学学会主席。他的主要研究领域包括古典儒学、孔子思想，以及道德哲学、心理学等，拥有杰出的学术成就。同处北美文化圈、主要学术语言为法语的白光华，对赫伯特·芬格莱特这部《孔子：即凡而圣》的翻译工作，有着重要意义。

　　翻译此作的第一个意义，是他向法语世界介绍了美国汉学研究的一项重要成果。法国是传统汉学中心，美国是现代汉学中心，而语言是两国之间最重要的差异，因此翻译学术成果在两国学术交流中起着重要的作用。赫伯特·芬格莱特的这部著作对孔子思想持非常肯定的态度，他从几个方面展示了西方人对《论语》研究的特征。

　　首先，笔者将他指出的这些特征与法国汉学界对《论语》的研究对比，梳理得出，从对《论语》研究的出发点和关注点来说，法国更多的是从语言层面上思考，美国更多的是哲学上的思考。赫伯特·芬格莱特指出，《论语》里的睿见卓识，"在精神实质上接近于这种西方哲学最新发展的一些最显著的特征。就此而言，孔子是迄今为止'超越于我们时代的'思想家，这是数个世纪以来他在相当程度上受到西方世界忽视的一个重要原因。"② 同时，谈到他自己这部著作的学术兴趣和落脚点，他说：

----

　　①　此处，白光华的法语原文是：À la suite de ce constant et de mon désir d'en founir une explication，l'une de mes principales ressources a été le texte original：j'ai tenté de voir ce qu'il dit，ce qu'il implique et ce qu'il ne dit pas et n'implique pas nécessairement. 见：*Confucius: du profane au sacré*，Fingarette，Herbert，traduit de l'anglais par Charles Le Blanc，Montréal：Presses de l'Université de Montréal，2004，p. 23. 译文参见［美］赫伯特·芬格莱特：《孔子：即凡而圣》，彭国翔、张华译，南京：凤凰出版传媒股份有限公司/江苏人民出版社，2010 年，第 3 页。

　　②　［美］赫伯特·芬格莱特：《孔子：即凡而圣》，彭国翔、张华译，南京：凤凰出版传媒股份有限公司/江苏人民出版社，2010 年，第 1 页。

"……我的终极兴趣在（孔子的）哲学上，因此，对我来说重要的是：认真研读我所精选的《论语》文本，以求发现其中所蕴含的哲学性的睿识洞见。"①

其次，赫伯特·芬格莱特总结了西方各个时期对《论语》研究的特征。他认为，《论语》在西方最初可能是被当作近似基督伦理箴言的东西来阅读的，或者由于预示了基督教神学，孔子因此被发现是值得尊崇的。因此他认为，与其说在翻译中这种解读常常受到支持，毋宁说它更为恰当地适应了当时的政治形势。无论如何，当初西方人是以其本能的或直接的方式来解读《论语》的，而且还不自觉地受到了用基督教术语、用欧洲思想的术语来思维的束缚。随后作者也指出了启蒙时期的"中国热"的实质。他总结，在那个时代更多在人类学上颇有造诣和世俗取向的学者，也开始翻译《论语》或者对儒家学说表现出极大的兴趣。那个时代的翻译成果中，基督教思想成分虽然在表面上消失了，但欧洲思想背景的假想观念或预设却还常常存在。这一欧洲思想，即启蒙思想。也就是说，当时西方人对儒家典籍的译介研究，还是站在欧洲中心主义这一出发点来进行的，换句话说，他们还是将中国古老的智慧当作一个"他者"，用以服务于自身的需要，正如伏尔泰研究孔子和中国的落脚点和目的是得出东方"停滞论"和西方"后来居上"论一样。除欧洲思想观念影响之外，西方人感兴趣的佛教和道教思想，也或多或少影响了翻译和研究思路。因此赫伯特·芬格莱特指出当今研究者的不同："渐渐地，我已然确信，孔子能够成为我们今天的一位人师——也就是一位饱经人世沧桑、饱含人生智慧的思想导师，而不只是给我们一种早已流行的、稍具异国情调的思想景象。"②

---

① ［美］赫伯特·芬格莱特：《孔子：即凡而圣》，彭国翔、张华译，南京：凤凰出版传媒股份有限公司/江苏人民出版社，2010年，第4页。

② 同上，第1页。

在以上分析的基础上，作者总结认为，在西方的儒家典籍翻译史上，尽管各个翻译者之间存在着不同层面、不同角度的差异，但在其各自的翻译过程中，都伴随着一种"主观－心理"的解读方式。这种方式的产生是不自觉的，即这种解读方式实质上就是接受者自身的文化背景的产物，其实也是具有偏见的。因此，他这部著作论证的是：基于这个根本性的偏见，所有现存的《论语》翻译都误入了歧途。他进而得出结论："那些翻译者们引入了一种观察人类的方式，而那不是孔子的方式。因此，他们不能显示——他们的翻译甚至也不容许——孔子有关人的观点具有某种鲜明的非欧洲人、非佛教式的特征。"①

最后，作者提出了自己的研究方法——使用典籍原著而非诠释性的材料，因为诠释性材料是后世中国人的理解。"在我看来，在中国'诸子'辈出的时代，形形色色的中国哲学思想的交融互补，似乎很快就被孔子的思想学说赋予一种不同的性质和特征。"②

翻译此作的第二个意义，是该著作中的思想使译者白光华自己的翻译和研究受到了一定的影响。在将这部《孔子：即凡而圣》译为法文之前，白光华对中国典籍的翻译工作才刚开始——2003 年他出版了和马蒂厄合作翻译的道家典籍《淮南子》。白光华的《论语》等几部儒家典籍的法文译本，直至 2009 年才正式出版。所以首先从时间上看，他的儒家典籍翻译和研究工作应该是受到过赫伯特·芬格莱特的影响。其次，从《儒家哲学》一书中收录的白光华的《论语》《孟子》《孝经》的法语译本和他的相关研究成果中可以看出，他的翻译策略、研究思路在很多地方都与赫伯特·芬格莱特在《孔子：即凡而圣》中提

① ［美］赫伯特·芬格莱特：《孔子：即凡而圣》，彭国翔、张华译，南京：凤凰出版传媒股份有限公司/江苏人民出版社，2010 年，第 3 页。
② 同上。

到的相同。例如，白光华对《论语》的翻译，在多处的处理策略上都是遵循"回归时代语境去理解"，以及"回归《论语》原文去理解"等原则。

第五节
朱利安的孔子研究

弗朗索瓦·朱利安（François Jullien，1951—）是一位"特立独行"的学者，在法国学界也是一个备受争议的人物：他的"哲学家"标签会因他的汉学研究而受到不少法国哲学家的质疑，他的"汉学家"身份也不被很多法国汉学家认可。事实上，朱利安的主要身份是哲学家，哲学著作等身，曾担任国际哲学学会同衔议会会长；而在他的哲学研究中，中国是一个关键的对象和内容，他曾担任巴黎第七大学汉学系系主任，因此我们也无法否认他的汉学家身份。同时，他从 20 世纪 80 年代起就开始进行中国古代文学研究，是我国古代重要文论著作《文心雕龙》的第一批法国研究者。朱利安的学术研究之所以会引发争议，应该与他独特的研究方式不无关系。

一、与传统"断裂"的研究新方法

传统的汉学研究都以中国为研究对象，对中国文化、历史或思想进行研究，尽管会有不同的角度、不同的研究方法，但这些研究的对象和目标都是中国。不同于传统的汉学研究，在朱利安的研究中，"中国"不再作为一个研究对象和目标，而是作为一个研究方式：他企图用研究中国的方式去达成研究西方问题的哲学目标。因此，他将自己的代表作命名为《迂回与进入》（Le Détour et l'accès）——他用一种"迂回"的方式"进入"他的研究目标，"迂回"到中国，为的是"进入"欧洲的实质。朱利安认为，直至目前，西方哲学都一直是在希腊的传统中发展的，没有一个西方哲学派别真正彻底与希腊传统断裂，因此也无法从真正意义上开创未来，发现"欧洲衰落"危机问题的根本。而要真正摆脱希腊传统，只能从欧洲这个希腊文化传统圈的外部来审视它。

基于此，把朱利安的身份定位为"比较文学家"也许最为合适。在通过与欧洲文化的比较来分析中国文化的特性时，他说："……中国文明是最古老的文明之一，是在与欧洲没有实际的借鉴或影响关系之下独自发展时间最长的文明。在我看来，中国是从外部正视我们的思想——由此使之脱离传统成见——的理想对象。"① 朱利安认为，正是由于这种相异性，而产生了"可比性"。他以西方哲学家的身份，以扎根于西方的文化背景，站在拥有异质文化的中国的角度，最终将目光转回欧洲。

尽管他的研究目标并非中国，但他用比较文学的研究方法给我们展示了西方哲学家眼中的中国思想。"哲学是扎根于问题之中的。为了能够在哲学中找到一个缺口（边缘），或者说为了整理创造性理论，我选择了不是西方国家中的中国，也就是相异于西方希腊思想传统的中国。我的选择出于这样的考虑：离开我的希腊哲学家园，去接近遥远的中国。通过中国——这是一种策略上的迂回，目的是为了对隐藏在欧洲理性中的成见重新进行质

---

① ［法］弗朗索瓦·朱利安：《迂回与进入》，杜小真译，北京：生活·读书·新知三联书店，2003 年，前言第 3 页。

疑，为的是发现我们西方人没有注意到的事情，打开思想的可能性。"① 因此，他的哲学家、汉学家身份也同样实至名归。

二、以儒学为内容的研究

朱利安对中国的研究是以儒学为内容的。他精通中文，这使他能深入研究中国典籍，他的整个研究体系也都立足于中国典籍。巴黎高师毕业的朱利安于 1974 年获取了法国大学哲学教师资格证，随后两年，他在北京大学学习中文，研学中国思想。除《迂回与进入》以外，朱利安关于中国的研究著作主要还包括《含蓄的价值》（ *La Valeur allusive: Des catégories originales de l'interprétation poétique dans la tradition chinoise* ）、《线索与网络：中国典籍中的经典、想象与秩序》（ *La Chaîne et la trame. Du canonique，de l'imaginaire et de l'ordre du texte en Chine，Extrême-Orient/Extrême-Occident* ）、《圣人无意或哲学的他者》（ *Un sage est sans idée ou l'autre de la philosophie* ）、《道德奠基：孟子与启蒙哲人的对话》（ *Fonder la morale. Dialogue de Mencius avec un philosophe des Lumières* ）、《过程还是创造?：中国文人思想导论》（ *Procès ou Création. Une introduction à la pensée des lettrés chinois* ）、《平庸之赞：从中国思想与美学说起》（ *Éloge de la fadeur. À partir de la pensée et de l'esthétique de la Chine* ）、《事物的癖好：中国效用的历史》（ *La Propension des choses. Pour une histoire de l'efficacité en Chine* ）等。

朱利安说："我不以比较开始，但以比较结束。我认为我探讨的问题是一些普遍性的问题，但这些问题的根基是特殊的。所以我不是泛泛地谈中国，而是谈某个概念，某个具体的文本，某

---

① 杜小真：《远去与归来：希腊与中国的对话——关于法国哲学家朱利安的研究》，北京：中国人民大学出版社，2004 年，第 3 - 4 页。

种特殊的传统。我的工作就是解释这种特殊的传统，使它向外开放，使它承受一种更具普遍性的阐释。中国的概念系统是封闭的，但我们可以对这些概念进行梳理，使它们进入问题状态，而这些问题是开放的。"[①] 基于此，他对中国的研究便是围绕这些问题展开的，而对中国儒家典籍的研究，最醒目的一点是对黑格尔对中国哲学的评价提出了不同意见。在黑格尔看来，孔子的思想并不是一种哲学，因为在他看来孔子就是一位很普通、很俗的老头儿，谈论的仅仅是"善良""诚实"等这些伦理道德，他的思想谈不上任何的思辨。但是朱利安不同意他的这些观点，他在自己的多部著作中探讨和证明了孔子的哲学。

三、朱利安眼中的孔子形象：从"言"说起

《迂回与进入》可以被视为最集中地体现朱利安研究方法的代表作。在书中，作者从"中文"入手，广泛涉及中国古代典籍，包括《诗经》《左传》《论语》《孟子》等，以此来探讨体现在话语方式中的中国哲学。当然，如前文所讲，作者的目的并不在于研究中国哲学，而是以他独特的比较文学研究方法来反观欧洲文明。在论述中，作者不断举例将希腊哲学传统与中国古代哲学相比较，认为中国向欧洲提供了别样的观点。他认为此书的研究是"正面对着中国——间接通过希腊"，然而最终，"我努力要接近的是希腊。事实上，我们越深入，就越会导致回归。这在遥远国度进行的意义微妙性的旅行促使我们回溯到我们自己的思想"。朱利安选取这些儒家典籍并分析论证，证明了从孔子的"言简"特点开始建立和形成的"微言大义"这一中国传统话语方式。此作出版后第二年（1998），朱利安的另一部《圣人无意

① 秦海鹰：《关于中西诗学的对话——弗朗索瓦·朱利安访谈录》，《中国比较文学》1996 年第 2 期，第 82 页。

或哲学的他者》在同一出版社——瑟伊出版社问世，这部书可视为《迂回与进入》话题的延续，书中更多地从比较哲学的角度继续研究了中西方哲学中的语言问题。

（一）"言只是指示"：哲学家孔子

朱利安从多个方面分析总结《论语》所体现的中国传统话语方式，也多角度分析了《论语》中"言"的特点。他总结出《论语》中孔子"言简"的特点，证明了其合理性，挖掘出其中反映出的孔子哲学的特点。《论语》中多处都体现出孔子经常提到的两个方面——"言"和"行"的对立，它们经过不断碰撞，使孔子看似平淡无奇的话语展现出根本的道理。例如，孔子说要"敏于事而慎于言"，并不是他要谴责言语，而是因为"言"与"行"经常会脱节，从而将"言"与孔子道德中的"仁"联系起来。所以他提出"仁者，其言也讱""君子欲讷于言""巧言令色鲜矣仁"。

朱利安进而分析，孔子的"言"停留在工具范围内，没有主体的维度。他先以孔子思想中的"信"一词为例（"与朋友交而不信乎""与朋友交，言而有信"），说明言语在朋友间建立的信任关系，又引用"鲁卫之政，兄弟也"，说明言语建立的这种"信"，还能成为政治领域的重要因素。孔子认为："人而无信，不知其可也，大车无𫐐，小车无𫐄，其何以行之哉？"因此，由"言"建立的"信"作为社会整体和谐的保障，十分重要。朱利安认为，汉学传统中通常用"诚"字来体现"信"的意思，这是不恰当的。因为朱利安认为既然"信"是靠"言"建立的，那就是嘴上说的，而"诚"是心里想的；而孔子关注的，不是言语反映意识，不是言语是否诚实，而是"行"不应相违于"言"，"言"必须是有效的。根据孔子所言，"今吾于人也，听其言而观其行"，他认为"行"才是唯一能表示价值的根据。所以，孔子"言简"是有其依据的。

　　朱利安认为，孔子的表述方式是"指示"，"言"的价值不是用来推动对话，而是"适时"介入时产生的效果。在《迂回与进入》第九章"从导师到弟子，言只是指示"中，朱利安指出，在古代中国圣贤话语中，对这种导致理解本质的归纳步骤并不重视①。朱利安所说的"这种导致理解本质的归纳步骤"，就是欧洲哲学二元对立的思维传统。他说，《论语》中孔子的谈话并没有致力于规定普遍的概念，哪怕是在道德领域中；这种谈话并不以构建一种"科学"为目标，甚至也不想构建一种道德。从理论的角度看，他的谈话什么也不构建；从神秘的角度看，它也不揭示任何东西②。他认为，孔子的话语不是传递给人们符合某种学说的教义，而是要我们在所有情况下、所有境遇中，为了保持"平衡"，都能与我们需要达到的目标更加紧密地和谐一致③。因此，孔子所关注的并不是知识，而是行为（conduite），他的目标是真理，关注的是规范行为（la régulation de la conduite），并将这种规范与整个世界相结合④。笔者认为，他所说的这种想要"规范行为"的方式，即西方人所看到的"道德

---

　　①　笔者参考以下原文自译：Dans les propos de sagesse de la Chine ancienne, cette démarche inductive, conduisant à l'appréhension de l'essence, n'a pas été privilégiée. 见：François Jullien, *Le Détour et l'accès*, Paris：Édition Bernard Grasset, 1995, p, 251.

　　②　笔者参考以下原文自译：Ce propos, tel que nous le donnent à lire les Entretiens de Confucius, n'a pas cherché à définir des notions générales, fût-ce sur un plan moral；n'a pas visé à constituer une «science», même de la vertu. Il ne construit rien, d'un point de vue théorique, il ne «révèle» rien non plus, d'un point de vue mystique. 见：François Jullien, *Le Détour et l'accès*, Paris：Édition Bernard Grasset, 1995. p. 252.

　　③　笔者参考以下原文自译：Ce vers quoi il guide est de nous accorder toujours plus intimement avec ce qu'exigent de nous, pour garder le juste équilibre, chaque situation et chaque occasion. 见：François Jullien, *Le Détour et l'accès*, Paris：Édition Bernard Grasset, 1995, p. 252.

　　④　笔者参考以下原文自译：Son souci avoué n'est donc pas la connaissance, ayant en vue de la Vérité, mais la régulation de la conduite—qui permet d'épouser la régulation du Monde. 见：François Jullien, *Le Détour et l'accès*, Paris：Édition Bernard Grasset, 1995, p. 252.

说教"，而这种规范与世界的结合，即构成了孔子的哲学观。

（二）智慧的教育者

朱利安比较了孔子与古希腊的苏格拉底，他总结出两人的共同点主要有：都身处口头宣教的最后年代，他们的智慧都通过谈话传授，而非通过书本；两者有相同的兴趣和关注，都关心品德与道德经验；两者都谦虚，不把自己表现为某一学说的导师。朱利安认为，孔子之"言"的特点，在教育弟子方面体现为与弟子谈话时的"间接"手法。他认为，孔子的全部教诲都立足于老师尽量少参与，这不是孔子故意要保持沉默，或故作神秘，而是引导学生自己去有所领悟。这一点不仅表现在"言简"，更表现为"间接"而不直接揭晓答案。例如："樊迟请学稼。子曰：'吾不如老农。'请学为圃。曰：'吾不如老圃。'"孔子对樊迟的两次请教都非常生硬地拒绝了，也并未跟他解释原因，而是在他离开之后，孔子对其他的学生说出他认为樊迟作为一个统治者，"焉用稼？"因为孔子明白，樊迟无法因他的拒绝而引发思考，感知到他的言外之意；而他之所以对其他学生解释原因，一是想到其他学生会代为转达老师的道理，二是其他学生通过老师的这种处理方式，也会总结出老师向他们传授知识的这种渐进的路线——通过举一反三地体会老师直接的指示，来感悟老师想传达的真正含义。通过这一教育方式，孔子也对弟子们进行衡量。

朱利安从《论语》中看出，孔子对弟子说的话都是针对具体问题的具体答案，绝不多言。他尽可能不去侃侃而谈，尽管《论语》涉及的都是老师和学生的谈话，但孔子的全部教诲都本着老师尽量少参与的原则，这样学生可以自己尽最大可能挖掘其中的意义。朱利安总结出，这正是中国思维的特殊性，它不像希腊传统下的欧洲哲学那样重在追寻事物背后的本质，从而将世界分成二元化（抽象、具象）的传统。因此，他认为黑格尔对中国哲学的评价，是在套用西方哲学的思维方式来评判孔子，而孔子的思维方式不在于从一个具体事件中抽象出一个一般概念。

有些西方学者觉得孔子在谈话中表面假装赞扬学生，实际是批评学生的自负，这是孔子爱讥讽的表现，这一点与苏格拉底不同，例如《论语》中说："子贡方人。子曰：'赐也贤乎哉？夫我则不暇。'"朱利安认为这是对孔子的偏见。正如他所总结的，这也是孔子间接策略的体现，并引用了中国的注释者的解释来证明。朱利安认为这其实更证明了孔子话语模式的亮点，一则中国式隐喻、迂回的批评，因其并不施强压于对象，而得以更加有效地深入人心；同时，孔子的这种迂回，是要让对方保持距离，从而也加强了言语的力度。

朱利安从《论语》中解读出来的孔子话语模式，构成了他重新思考中国文化传统的基础之一。这种话语模式，正是他所谓的那种并不意在本质普遍性的话语，中国文化暗含意义的智慧和价值便由此产生。

第六节
乐唯的孔子研究

让·乐唯出生于 1948 年，是法国著名汉学家，研究领域主要是中国古代思想、古代哲学。他对道教研究颇深，同时对其他中国古代思想如儒家思想也颇有研究，出版了多部中国古代典籍译著和研究专著。他曾任法国国家科研中心（CNRS）主任，同时，他在全世界法语区的著名大学多次讲学，主要城市包括法国的巴黎、波尔多，瑞士日内瓦，加拿大蒙特利尔等。

乐唯翻译了多部中国古代历史著作和思想典籍，主要包括《商鞅》（*Shang Yang，le livre du Prince Shang*，1980）、《三国》（*Les Trois Royaumes*，1989—1991）、《韩非子》（*Le Tao du prince，oeuvres completes de Han Fei Zi*，1999）、《孙子兵法》（*Sun Tzu，l'Art de la guerre*，2000）、《庄子》（*Les Oeuvres de maître Tchouang*，2006）、《老子》（*le Lao-Tseu*，2009）、《列子》（*Les Fables de maître Lie*，2014）、《论语》（*Les Entretiens de Confucius*，2016）等。

此外，他还撰写了多部研究专著，主要包括《故事中国：东西方小说研究》（*La Chine romanesque: Fictions d'Orient et d'Occident*，1995）、《天子与史官》（*Le Fils du Ciel et son Annaliste*，1992）、《孔子》（*Confucius*，2002）、《庄子别论》（*Propos intempestifs sur le Tchouang-Tseu*，2004）、《庄子》（*Tchouang-Tseu*，2010）等。

纵观乐唯的学术成果，可以看出他的研究涉猎广泛，同时既进行翻译工作，也做思想性研究。而他的学术生涯前期尚未涉及关于儒家思想和典籍的翻译、研究工作，直至 2000 年以后，才出版了著作《孔子》。2016 年，他翻译的《论语》正式出版。

一、基于西方学术方法的孔子研究

乐唯的著作读起来让人有耳目一新的钦佩感，他熟读钻研中国史书古籍，带着西方学术中的批判精神和实证方法进行儒学研究。他的怀疑精神在专著《孔子》和《论语》译本中都有明确体现。

首先，对孔子生平的质疑。乐唯从历史记载中发现，关于的孔子生平几乎是空白的，仅有他的出生和去世年份的记载。而后人所能了解到的在这两个时间之间的记载，其来源主要有二：一是《论语》中记载的碎片化的片段，二是司马迁在《史记》中的记载。并且在乐唯看来，司马迁对孔子生平的记载也是为了"编写鲁国历史的需要"，而他的书写又成了后世孔子研究者的主要资料来源。因此，乐唯认为，建立在此基础上的对孔子生平的书写，是一种"重构"（reconstruction），而这种重构是"武断的"（arbitraire）。①

带着同样的怀疑主义观点，乐唯对孔子的学术贡献也提出了质疑。他认为中国历代儒家学者所认为的"孔子编订了多部文学典籍"这一说法，也是非常不可靠的。② 然而，这样一位具有强烈怀疑精神、深谙中国历史的学者，却丝毫不怀疑孔子作为一位教育家的贡献，而让他深信不疑的原因，就是可以作为"证据"的《论语》。在乐唯看来，《论语》展现了孔子道德高尚、充满智慧并且慈爱的教育者形象。

同时，他也怀着怀疑精神看待孔子的政治生涯，他对"孔子是否真正担任过要职"十分怀疑，特别是历史上记载的公元前499年孔子当上鲁国司寇后，识破了齐国劫持鲁定公的阴谋这一事件，乐唯认为纯属根据民间传说而制造出来的一种"圣徒传记"。③

乐唯的这一观点是独特的，先于他的法国汉学研究学者、与他同时代的学者，都少有在这一方面提出质疑。相比之下，其他学者在提到孔子生平这一问题时，大都是如乐唯所说的"后世研究者"一般，将《论语》和司马迁的《史记》等当作资料来源，从中提取孔子一生中的重要事件，加以介绍和评述。而乐唯在历史研究方面的深厚积累，应该赋予了他实证性的历史研究

---

① *Les Entretiens de Confucius et de ses disciples*, traduction du chinois et présentation de Jean Levi, Paris: Albin Michel, 2016, pp. 7-8.

② Ibid, p. 13.

③ Ibid, p. 13.

观，所以才在他的《论语》法译本导言的开篇第一页就提出了
这一质疑。

二、"不合时宜的" 政治家与最伟大的教育家

乐唯在他的《论语》法译本导言部分介绍孔子生平时，采
用的是从历史事件出发的研究方法，同时运用了一种独特的阐释
视角。乐唯开篇便提出对现有文献中孔子生平记载的真实性的质
疑，随即又展示了汉代历史上对孔子评价的不同声音。用这样的
方式，作者让读者对传统的孔子形象打了一个大大的问号。接着
乐唯在继续陈述历史事件的过程中，展现了儒家学说逐渐形成中
国思想大一统的过程，同时也为读者层层揭开疑惑之纱，用一种
巧妙的"欲扬先抑"的方式展开论述，实际上更加强化了孔子
的正面形象。他说："反对孔子的声音，主要是围绕他的政治失
意和不赞同他的思想。但这些批评之声却让孔子显得更伟大……
这些无休止的相互抨击又和解的论战，造就了孔子的传奇形
象。"① 乐唯还列举了其他研究者很少提到的一个著名历史事
件——汉昭帝时期的"盐铁会议"（公元前81年），引用了桑弘
羊抨击孔子的一席话来展示孔子所遭遇的政治磨难和颠沛的一
生，证明他是一位深知民间疾苦的夫子。

在乐唯眼中，孔子是"不合时宜"的，他企图通过教育的
形式，用符合上古时期"礼"的方式，将当时社会的价值观和
体制"移位"，将"公"与"私"颠倒位置。因此，孔子是一
个革命者，虽然他的政治理想最终未能实现，但乐唯认为孔子也
开创了一种全新的教育模式，这种教育模式被沿用了三百年，在
公元前5世纪至公元前3世纪的整个战国时期，教育的形式是非

---

① *Les Entretiens de Confucius et de ses disciples*, traduction du chinois et présentation
de Jean Levi, Paris：Albin Michel，2016，p. 10.

常开放的，任何地方都是学习的场所。乐唯十分推崇这种"游学"的方式，他认为在现实生活中，任何一个偶然出现的事件，都为理解老师传授的道理提供了现实语境，因为"道"就要在"道路"上去寻获。在"游"的过程中，学生可以运用所学知识；老师也是他所教授的"道"的活生生的榜样和实例，对于孔子所传授的处事之道来说尤其如此。这种方式让学生的求学对象从老师到世界，这样也使师生关系更加优化。

他还从孔子的出生开始展示孔子的"不合时宜"之处。父辈是宋人，孔子在鲁国一出生身份便是"外来人口"（émigré）。由于家世，他一生都没有被当地的贵族阶层认可为同类。加上他自己也承认，年少时起为了生计长期从事"不起眼的工作"，是因为自己出身卑微。而后，又因不能在官府谋到一个职位，而不得不成为一位"夫子"，带领弟子们一起颠沛流离。因此，在乐唯看来，孔子位于贵族统治阶层和贫苦大众两个阶层的夹缝中，在任何一边都得不到身份认同，"两头不是人"，被各方所不容。此处，乐唯引用了司马迁的《史记·孔子世家》中"丧家狗"一段，来形容孔子的尴尬境地①。贵族统治阶级认为孔子是一个野心勃勃、企图侵占他们的特权、制造混乱的江湖骗子，乐唯认为孔子因此成为统治阶级共同的敌人，所以他从一个国家流浪到另一个国家；他经历的磨难次数之多、过程之曲折，其全过程几乎很难统计。

在乐唯看来，孔子的这种个人选择，是为了天下的"道"。他引用了《论语·八佾篇》中"天下之无道也久矣，天将以夫子为木铎"一句，认为孔子因背负了这个特殊的伟大使命，所

---

① 参见原文：L'un d'eux le comparera à «un chien qui a perdu son maître», errant hagard sans trouver personne qui veuille de lui. 见：*Les Entretiens de Confucius et de ses disciples*, traduction du chinois et présentation de Jean Levi, Paris：Albin Michel, 2016, p. 11.

以注定永远流浪。乐唯心中的孔子，如《史记·孔子世家》中的这一典故所提到的，任何怀抱理想，在现实世界找不到精神家园的人，都犹如"丧家之犬"。

综上所述，进入 21 世纪，孔子形象在法语世界的研究及传播范围更深更广。在传统的孔子研究领域，学者们或者运用新的研究范式，或者从新的研究视角出发，或者受到英语世界研究的影响，他们的成果为世界范围的孔子研究增添了新的活力。在大众传播领域，越来越多内容丰富的普及类读物问世，尽管如上文论及的，这类读物中不可避免地出现了一些谬误，但总的来说它们对孔子形象的传播是积极有效的。

文明互鉴中的孔子形象

　　作为跨文化研究的形象学有着自身的复杂性，它涉及多个学科领域，包括文学、历史学、哲学、心理学、语言学等。同时，由于跨文化这一基本属性，形象学研究必然涉及不同国家、不同民族各自的文化基因。因此我们应该把"形象"这一概念置于全人类文明的发展进程中去思考，来探讨"形象"在传播中是如何受形象来源国和形象接受国不同文化的影响，又是如何起作用、使这两者之间的文化产生互相借鉴从而创新发展的。

　　孔子形象在法语世界的接受经历了五个多世纪的漫长岁月，法语世界对孔子进行了丰富的书写与再现：中国的孔子是一位"述而不作"诚实的学者、一位"有教无类"的夫子、一位明乎礼仪的君子、一位道德高尚的哲学家、一位既仁且知的圣人、一位受世代儒生供奉朝拜的偶像，抑或是一位心怀天下的人文主义者、一位失意的政治家。受自身社会文化阶段性特征的影响，法语世界孔子形象研究呈现三个历时性的特点。

　　从16、17世纪的传教士来华时期到19世纪中叶，西方对孔子的研究都是基于一种西方本位主义的研究视角。16、17世纪的西方本位主义视角源于两国交流初期，由于航海交通等物质技术的局限性，东西方各自封闭在自己的文化内部，这一世界历史背景造成了各自的"短视"和对未知事物的或排斥或猎奇的心理出发点。最初接触到遥远中国文化之时，法国在文化上刚刚经历过文艺复兴的辉煌，随即又迎来封建王朝最鼎盛的时期——政治上处于"太阳王"路易十四的时代，经济和军事都可以称霸欧洲，文化上也是欧洲古典主义时期的楷模与典范。即便在岌岌可危的封建王朝被法国大革命摧毁之后，也有重新作为民族偶像的拿破仑出现，他几乎称雄大半个欧洲的赫赫战功也足以延续整个法兰西民族的心理优势。在这样的历史背景下，无论是早期传教士以传教为目的的研究，还是后来启蒙哲学家为革命寻求武器，抑或 19 世纪欧洲中心主义开始形成时期对孔子的"想象"，他们关注孔子的出发点都或多或少带有猎奇性，并且都是以"利己"为目的的，也就是说，他们的关注和研究最终的目的都是证明自身文化的优越性。

自 19 世纪下半叶直至 20 世纪末的一百来年，这一时期法语世界孔子研究成果都以客观性、世俗化等为主要特征。形成这些特征的主要原因，要追溯到 19 世纪中叶实证主义在法国的出现、兴起和对法国各个学科产生的影响。这一时期科学技术发展迅速，世界各国各民族间的交流频繁。实证主义哲学由法国哲学家孔德（Comte）提出后，对其后一个半世纪整个社会科学产生了重要影响，它反对神秘和玄想，主张以科学方法建立经验性的知识。另外，这一时期法国众多汉学研究机构的设立也为学术性研究成果的产生提供了支持与保障。

自 20 世纪末以来的二三十年间，孔子研究的多元化与世界文明的交融趋势密切相关。20 世纪末，世界进入前所未有的"全球一体化"时代，各国各民族之间展开了多领域多层次的频繁交流，中国文化和法语国家文化的相互了解持续增进。同时，另一个重要因素的影响也越来越明显。如果说与法国相比，中国前一个百年的发展暂时停滞和落后，那么最近三十年来，中国国际地位和文化影响力的日益增强与法国社会遭遇的各种危机又形成了鲜明的对比，于是包括法国在内的西方国家又开始对自己的文化进行反思，孔子文化研究也因此又掀起了新的热潮。

由此可见，法语世界对孔子进行研究的基本立场始终是思考自身，西方的孔子研究如此，西方的中国学研究亦是如此。有学者指出，我们应该站在中国学术自身的立场上，建立一种批评的中国学研究，在开放的态度下与域外汉学界、中国学研究展开对话，并秉承学术的态度和精神，对西方汉学的西方中心主义给予学术的批判。那么我们应该如何批判呢？归根结底，是要建立自己的话语体系。正如另一位学者所指出的，我们人文社科领域的学者要积极参与并融入、主导国际主流学术话语，着力推动文明平等、文明交流、文明互鉴。这些观点对我们未来的孔子形象对外传播和中国优秀文化形象对外宣传都有积极明确的启示。

参考文献

［法］艾田蒲（著），许钧、钱林森（译）：《中国之欧洲》（上、下），桂
　林：广西师范大学出版社，2008 年。

安文铸等（编译）：《莱布尼茨与中国》，福州：福建人民出版社，1993 年。

［法］白晋（著），赵晨（译）：《康熙皇帝》，哈尔滨：黑龙江出版社，
　1981 年。

曹顺庆：《比较文学与文论话语——迈向新阶段的比较文学与文学理论》，
　北京：北京师范大学出版社，2011 年。

曹顺庆：《迈向比较文学第三阶段》，上海：复旦大学出版社，2011 年。

曹顺庆：《中西比较诗学》，北京：北京出版社，1988 年。

杜小真（编）：《思考他者：围绕于连思想的对话》，北京：北京大学出版
　社，2011 年。

杜小真：《远去与归来——希腊与中国的对话》，北京：中国人民大学出版
　社，2004 年。

［法］梵第根（著），戴望舒（译）：《比较文学论》，长春：吉林出版集团
　有限责任公司，2010 年。

方豪：《十七八世纪中国学术西被之第二时期》，载《东方杂志》1945 年第
　41 卷 1 期。

［法］伏尔泰（著），梁守锵等（译）：《风俗论》，北京：商务印书馆，
　1995 年。

［法］伏尔泰（著）、王燕生（译）：《哲学辞典》，北京：商务印书馆，
　1991 年。

［法］弗朗索瓦·朱利安（著），杜小真（译）：《迂回与进入》，北京：生
　活·读书·新知三联书店，1998 年。

耿昇：《法国汉学史论》（上、下册），北京：学苑出版社，2015 年。

［德］海德格尔（著），陈嘉映等（译）：《存在与时间》，北京：生活·读
　书·新知三联书店，1987 年。

［美］赫伯特·芬格莱特（著），彭国翔、张华（译）：《孔子：即凡而
　圣》，南京：凤凰出版传媒股份有限公司/江苏人民出版社，2010 年。

［法］亨利·柯蒂埃（著），唐玉清（译）：《18 世纪法国视野里的中国》，
　上海：上海书店出版社，2006 年。

［法］孔多塞（著），何兆武、何冰（译）：《人类精神进步史表纲要》，北京：生活·读书·新知三联书店，1998年。

李凯：《儒家元典与中国诗学》，北京：中国社会科学出版社，2002年。

李零：《丧家狗——我读论语》，太原：山西出版社／山西人民出版社，2007年。

李勇：《西欧的中国形象》，北京：人民出版社，2010年。

［德］利奇温（著），朱杰勤（译）：《十八世纪中国与欧洲文化的接触》，北京：商务印书馆，1962年。

林存光：《历史上的孔子形象——政治与文化语境下的孔子和儒学》，济南：齐鲁书社，2004年。

［美］马弗莉克：《中国：欧洲的模范》，圣安东尼奥：保罗·安德森公司，1946年。

［法］马勒伯朗士（著），陈乐民（译）：《关于神的存在及其本质：一位中国哲学家与基督教哲学家的对话》，北京：生活·读书·新知三联书店，1998年。

［法］孟德斯鸠（著），张雁深（译）：《论法的精神》，北京：商务印书馆，2006年。

孟华：《比较文学形象学》，北京：北京大学出版社，2001年。

孟华：《伏尔泰与孔子》，北京：中国书籍出版社，2015年。

孟华：《中法文学关系研究》，上海：复旦大学出版社，2011年。

孟华等：《中国文学中的西方人形象》，合肥：安徽教育出版社，2006年。

［法］达尼埃尔－亨利·巴柔：《总体文学与比较文学》，巴黎：阿·高兰出版社，1994年。

［法］裴化行（著），管震湖（译）：《利玛窦神父传》（上），北京：商务印书馆，1995年。

钱林森：《中国文学在法国》，广州：花城出版社，1990年。

钱穆：《论语新解》，北京：九州出版社，2011年。

［法］让－雅克·卢梭（著），何兆武（译）：《论科学与艺术》，上海：上海人民出版社，2023年。

［美］史景迁（讲演），廖世奇、彭小樵（译）：《文化类同与文化利用》，

北京:北京大学出版社，1990 年。

[英] 特雷·伊格尔顿（著）、伍晓明（译）：《二十世纪西方文学理论》，北京：北京大学出版社，2007 年。

[法] 汪德迈（著），金丝燕（译）：《中国思想的两种理性：占卜与表意》，北京：北京大学出版社，2017 年。

王宏印：《中国传统译论经典诠释——从道安到傅雷》，武汉：湖北教育出版社，2003 年。

王宁、钱林森、马树德：《中国文化对欧洲的影响》，石家庄：河北人民出版社，1999 年。

王宁：《比较文学：理论思考与文学阐释》，上海：复旦大学出版社，2011 年。

王宁：《翻译研究的文化转向》，北京：清华大学出版社，2009 年。

王宁：《文化翻译与经典阐释》，北京：中华书局，2006 年。

王晓路：《西方汉学界的中国文论研究》，成都：巴蜀书社，2003 年。

[法] 维吉尔·毕诺：《中国与法国哲学精神的形成（1640—1740）》，巴黎：保尔·哥特内出版社，1932 年。

[法] 维吉尔·毕诺（著），耿昇（译）：《中国对法国哲学思想形成的影响》，北京：商务印书馆，2000 年。

[德] 夏瑞春（编著），陈爱证等（译）：《德国思想家论中国》，南京：江苏人民出版社，1997 年。

萧功秦：《儒家文化的困境——近代士大夫与中西文化碰撞》，桂林：广西师范大学出版社，2006 年。

[法] 谢和耐（著），耿昇（译）：《中国社会史》，南京：江苏人民出版社，1995 年。

谢天振、查明建（主编）：《中国现代翻译文学史（1898—1949）》，上海：上海外语教育出版社，2004 年。

谢天振（主编）：《翻译的理论构建与文化透视》，上海：上海外语教育出版社，2000 年。

[英] 休谟（著），杨适（译）：《人性的高贵与卑劣》，上海：上海三联书店，1988 年。

许光华：《法国汉学史》，北京：学苑出版社，2009 年。

许钧（主编）：《翻译思考录》，武汉：湖北教育出版社，1998 年。

［法］雅克·德里达（著），汪堂家（译）：《论文字学》，上海：上海译文出版社，1999 年。

杨焕英：《孔子思想在国外的传播与影响》，北京：教育科学出版社，1987 年。

杨乃乔（主编）：《比较文学概论》（第二版），北京：北京大学出版社，2002 年。

［德］姚斯、［美］R.C.霍拉勃（著），周宁、金元浦（译）：《接受美学与接受理论》，沈阳：辽宁人民出版社，1987 年。

叶朗：《中国美学史大纲》，上海：上海人民出版社，2008 年。

叶维廉：《中国诗学》，北京：人民文学出版社，2006 年。

［法］伊夫·谢弗勒（著），王炳东（译）：《比较文学》，北京：商务印书馆，2007 年。

张涛：《孔子在美国：1949 年以来孔子在美国报纸上的形象变迁》，北京：北京大学出版社，2011 年。

张西平：《儒学西传欧洲研究导论——16—18 世纪中学西传的轨迹与影响》，北京：北京大学出版社，2016 年。

张锡勤：《儒学在中国近代的命运》，北京：人民出版社，2011 年。

周宁：《跨文化研究：以中国形象为方法》，北京：商务印书馆，2011 年。

周宁：《跨文化形象学》，上海：复旦大学出版社，2014 年。

周宁：《历史的沉船》，北京：学苑出版社，2004 年。

朱谦之：《中国哲学对欧洲的影响》，上海：上海人民出版社，2006 年。

朱义禄：《儒家理想人格与中国文化》，上海：复旦大学出版社，2006 年。

BALAZS (Etienne), *Confucius*, 1959 (Sans imformation de publication).

BAUDOUIN (Bernard), *Le Confucianisme: une conception morale de la vie*, Paris：Éditions de Vecchi S. A., 1995.

BERNIER (François), *Confucius ou la science des princes*, Paris：Danielem Horthemels, 1688.

BREMOND (René) , *Pensées morales de Confucius* , Paris: Éditions d'histoire et d'art, 1953.

CARON (P.) , *Confucius, sa vie et sa doctrine* , Paris: Librairie Bloud et C. , 1901.

CHAVANNES (Edouard) , *Les mémoires historiques de Se-ma Ts'ien* , Paris: Ernest Leroux, 1895 – 1905.

CHENG (Anne) , *Histoire de la pensée chinoise* , Paris: Éditions du Seuil, 1997.

CHENG (Anne) , *Les Entretiens de Confucius* , Paris: Éditions du Seuil, 1981.

CHENG (Tien-Hsi) , *La Chine: oeuvre de Confucius* , Bruxelle: Editions de la Baçonnière-Neuchâtel, 1946.

CHIN (Anpin) , *Confucius. un sage en politique* , Paris: Le Seuil, 2010.

CLÉMENT (Frédéric) ill. ; JAVARY (Cyrille) raconté. , *Confucius* , Genève Éditions la joie de lire, 1997.

Confucius, essai historique , Rome: Polyglotte, 1874.

COUVREUR (Séraphin) , *Les Quatre livres avec un commentaire abrégé en chinois (de Tchou Hi) , une double traduction en français et en latin et un vocabulaire des lettres et des noms propres* , Paris: Cathasia; Les Belles Lettres, 1949.

DE MORANT (G. Soulié) , *Les préceptes de Confucius* , Paris: H. Piazza, 1939.

DELAUNAY (Charles) , *Les Dits de Maître Kong rapportés par ses disciples* , Paris: Éditions You Feng, 2011.

DELETIE (H.) , *Confucius, sa vie, son œuvre, son message* , 1949.

DO-DINH (Pierre) , *Confucius et l'humanisme chinois* , Paris: Éditions du Seuil, 1958.

DOEBLIN (Alfred) , *Confucius, textes choisis et commentés* , Paris: Éditions d'aujourd'hui, 1975.

DU HALDE (Jean Baptise) , *Description géographique, historique... de la Chine et de la Tartarie chinoise* , 3 et 4 vol. La Haye, H. Scheurleer. 1736.

DU HALDE (Jean-Baptiste) , *Confucius, le plus célèbre philosophe de la*

Chine, 1735.

DUBOIS (Marcel) , *La sagesse de Confucius et la portée actuelle du confucéen* , Limoge: E. Rivet et Cie, 1950.

ELISSEEFF (Danielle) , *Confucius: Des mots en action* , GALLIMARD (Réunion des Musées Nationaux Religions) , 2003.

ERTINGER (F.) , dess. et grav. ; Louis Le Comte (P.) , aut. du texte, *Illustration de nouveaux mémoires sur l'état présent de la Chine* , Paris: Jean Anisson, 1697.

ÉTIEMBLE (René) , *l'Europe chinoise* (I , II) , Paris: Éditions Gallimard, 1988.

ÉTIEMBLE, *Confucius* , Paris: Éditions Gallimard, 1986.

FERMINE (Maxence) , *Sagesses et malices de Confucius, le roi sans royaume* , Paris: Albin Michel/ Le Grand livre du mois, 2001.

FINGARETTE (Herbert) auteur, LE BLANC (Charles) tra. , *Confucius: du profane au sacré* , Montréal: Les Presses de l'Université de Montréal, 2004.

FOL (Jean-Charles) , *l'art de gouverner selon Confucius* , Paris: La Nouvelle Éditions, 1947.

FOUCHER (Simon) , lettre sur la morale de Confucius, philosophe de la Chine, Paris: Danielem Horthemels, 1688.

FRANCHINI (Phillippe) , *Confucius I : l'envol du phénix* , Paris: le Grand livre du mois, 2003.

FRANCHINI (Phillippe) , *Confucius II : Le maître de lumière* , Paris: le Grand livre du mois, 2003.

FRANÇOISE (Fortoul) , *Les Analectes* , Paris: Guy Trédaniel, 2016.

GERNET (Jacques) , *Le Monde chinois* , Malakoff: Armand Colin, 1972.

GRANET (Marcel) , *La pensée chinoise* , Paris: La Renaissance du livre, 1934.

GRIPEKOVEN (Jeanne) , *Confucius et son temps* , Bruxelle: Office de Publicité, 1955.

GUO Hongming; BORREY; FRANCIS, *Le Catéchisme de Confucius: contribution à l'étude sociologique chinois*, Paris: Marcel Rivière, 1927.

HAUDIQUET (Vincent), *Brèves de Confucius*, Paris: Chiflet & Cie, 2011.

HERVAL (l'Abbé), *Etude historique et philosophique sur Confucius*, Havre: Lepelletier, 1867.

HUNTINGTON (S. P.), *The Clash of Civilizations and the Remaking of World Order*. New York: Simon and Schuster. 1996.

JASPERS (Karl); REINEKE (Anne-Sophie) trad., *Confucius*, Ermenonville: Éditions Noé, 2006.

JAVARY (Cyrille J. − D.), *Paroles de Confucius*, Paris: Albin Michel, 2005.

JAVARY (Cyrille J. − D.), *Sagesse de Confucius*, Paris: Eyrolles, 2016.

JEAN-BAPTISTE (Fr.), *La Philosophie sociale et politique du confucianisme*, Paris: Édition Franciscanes, 1938.

JULLIEN (François), *Le Détour et l'accès*, Édition Bernard Grasset, 1995.

JULLIEN (François), *Procès ou création. Une introduction à la pensée des lettrés chinois*, Paris: Éditions du Seuil, 1989.

JULLIEN (François), *Un sage est sans idée: ou l'autre de la philosophie*, Paris: Éditions du Seuil, 1998.

LA BRUNE (Jean), *La morale de Cofucius philosophe de la Chine*, Amsterdam: Chez Pierre Savouret, 1688.

LAËRCE (Diogène), *Les vies des plus illustres philosophes de l'Antiquité*, Paris: chez P. F. Didot, 1758.

LAVIS (Alexis), *l'Espace de la pensée chinoise*, Paris: Éditions Oxus, 2011.

LAVIS (Alexis), *Les dits de Confucius: suivis des paroles de ses disciples*, Paris: Pocket, 2011.

LAVIS (Alexis), *Précepte de vie*, Paris: Presses du Châtelet, 2008.

LAVIS (Alexis), *Textes essentiels de la pensée chinoise*, Paris: Pocket, 2008.

LE BLANC (Charles); Mathieu (Rémi), *Philosophes confucianistes*, Paris: Éditions Gallimard, 2009.

Le Gobien (Charles), *Histoire de l'édit de l'empereur de la Chine en faveur de la religion christienne*, Paris: Éditions J. Anisson, 1689.

LE VAYER (La Mothe), *De la Vertu des Payens*. Paris: Éditions A. Courbé. 1662.

LELARGE (G.), *Confucius: 18 leçons pour réconcilier éthique et performance*, Paris: Maxima-L. Du Mesnil, 2011.

LESLIE (Daniel), *Confucius*, Paris: Seghers, 1962.

LEVESQUE, *Pensées morales de Confucius*, Paris: Chez Didot l'aîné, 1782.

LEVI (Jean), *Confucius*, Paris: Albin Michel, 2003.

LEVI (Jean), *Les Entretiens de Confucius et de ses disciples*, Paris: Albin Michel, 2016.

LÉVY (André), *Les Entretiens de Confucius et de ses disciples*, Paris: Flammarion, 1994.

LIU WU-Chi, *La Philosophie de Confucius*, Paris: Petite Bibliothèque Payot, 1963.

MASSON (Nicole); CAUDAL (Yann), *Petit recueil de pensées Confucius*, Paris: Chêne, 2015.

MATHIEU (Rémi), *Confucius*, Paris: Éditions Entrelacs, 2006.

MOIOLI (Michèle), *Apprendre à philosopher avec Confucius*, Paris: Ellipses, 2011.

MORANT (G. Soulié de), *la vie de Confucius*, Paris: H. Piazza, 1929.

NAVES (Raymond), *Voltaire, l'Homme et l'Oeuvre*. Paris: Boivin et Cie, 1942.

NOËL (Alexandre), *Recueil des pièces des differens de messieurs des missions étrangères, et des religieux de l'ordre des dominiques, touchant le culte qu'on rend à la Chine au philosophe Confucius*, Cologne: Chez Jean le Sincère, 1700.

NOËL (François), *Livres classiques de l'Empire de la Chine*, Paris: Chez de Bure, 1783.

PAGEAUX (Daniel-Henri), *La littérature générale et comparée*, Paris: Armand Colin, 1994.

PARDO (Joseph) adapt. , GRADASSI (Jean) ill. , *Les quatre piliers de la* sagesse, Nice: Éditions de Prestige, 1988.

PAUTHIER (M. G.), *Les Quatre livres de philosophie morale et politique de la Chine*, Paris: Charpentier, 1858.

PIETRA (Régine), *La Chine et le confucianisme aujourd'hui*, Paris: Le Félin Poche, 2008.

PLUQUET, *Les Livres classiques de l'Empire de la Chine*, Paris: De Bure, Barrois aîné & Barois jeune, 1785.

RACHET (Guy); PAUTHIER (G.) trad., *Les Quatre livres: les Sse-chou ou les Quatre livres de philosophie morale et politique de la Chine*, Paris: France loisirs, 1995.

RYCKMANS (Pierre), *Les Entretiens de Confucius*, Paris: Galllimard, 1987. Collection: Connaissance de l'Orient.

RYGALOFF (Alexis), *Confucius*, Paris: Presses universitaires de France, 1946.

SAINT-DENYS (Hervey de), *Mémoire sur les doctrines religieuses de Confucius et de l'école des lettrés*, Paris: Imprimerie nationale, 1887.

SALET (P.), *Les livres de Confucius*, Paris: Payot, 1923.

SANCERY (Jacques), *Confucius*, Paris: Les Éditions du CERF, 2009.

SANTA MARIA (Antonio Caballero de), *Traité sur quelques points importants de la mission de la Chine*, in Wenchao Li und Hans Poser (eds.), *Discours sur la Théologie Naturelle des Chinois*, Frankfurt: Klostermann, 2002.

SEMENOFF (Marc), *Confucius, sa vie, ses pensées, sa doctrine*, Paris: Guy le Prat, 1951.

STEADMAN (John): *The Myth of Asia*, New York: Simon & Schuster, 1969.

STEENS (Eulalie), *Le livre de la sagesse de Confucius*, Monaco: Éditions du Rocher, 1996.

TRELIBER (Nicolas), *La philosophie de Confucius: qui est Confucius Qu'est-ce que le confucianisme d'où vient la connaissance du bien et de la vertu* Paris: Éditions ESI, 2012.

TSAI Chih Chung; GRAND-CLÉMENT (Sylvie), MARÉCHAL (Claude)

trad. , *Confucius: le message du Bienveillant*, Fillinges: CARTHAME Éditions, 1993.

TSAI Chih Chung, *Confucius et son enseignement: Paroles du Bienveillant*, Traduction: Anne Ta-Thu Bouarouk, Paris: Éditions You Feng, 2008.

TSAI Chih Chung, *Le message de Confucius: un philosophe exceptionnel*, *traduction collective*, Paris: BDLire, 2000.

VACHER-LIU (Pascale), *Confucius: la vie bien étrange d'un grand sage chinois*, Paris: Éditions You-Feng, Musée national des arts asiatiques-Guimet, 2003.

WANG (Chen), *Confucius et confucianisme pour tous*, Paris: Éditions le Plein des sens, 2004.

YOUN Eul Sou; LAURENT (Abbé), *Confucius, sa vie, son œuvre, sa doctrine*, Paris: A. Maisonneuve, 1948.

Pensées morales de Confucius et de divers auteurs chinois, Paris: Chez Victor Lecou, 1851. (Sans information de l'auteur)

Palais de la Sagesse: Recueil de portraits de philosophes et de savants, suivis de planches sur diverses Sciences, Paris: J. Vallet, 1713.

附

图

17 至 19 世纪法国部分出版物中的孔子画像插图

图 1　多名耶稣会士译《中国哲学家孔子》中的孔子画像（1687）

CONFVCIVS, qui en Chinois veut dire comme le Maistre, Prince des-
Filosofes de cette Nation, naquit dans la Ville de KIO FEV en la Province de
XAN TVM. Son Pere qui se nommoit XO LEAM HE estoit Gouverneur du
territoire de CEV. Sa Mere de la tres Noble maison de YEN se nommoit CHIM
Il naquit l'an 20.me de l'Empire de LIM VAM, qui fut le 23.eme de la 3.me Maison
Imperialle de CHEV, 551 ans avant la naissance du fils de Dieu. Il conta
iusqu'à 3000 disciples, entre lesquels se distinguerent 72. et parmi ces 72.
eclaterent quelques choisis dont on void les noms dans les universitez de
la Chine Il travailla a la reformation de l'Empire mais voyant que ses peïnes
étoient inutiles, Il mourut de déplaisir âgé de 73. ans le 23. de l'Empire
de KIM VAM. il y a 2238. ans que la famille de Confucius dure sans avoir
jamais été interrompue, et en cette année 1687. le 68. de ses descendans
continue cette Glorieuse race avec le titre de Duc.
Paris chez Vallet Graveur du Roy rue S. Jacques au Buste de Louïs 14. CPR.

图 2　佚名《智慧的殿堂：哲学家和智者介绍合集》中的孔子画像
（1713）

图 3　杜哈德《中国最著名哲学家孔子》一书中的孔子画像版画插图
（1735）

图4 迪奥盖尔·拉埃斯于著，肖夫皮译为法文的《古代杰出哲学家传略》第三卷里的一幅孔子画像插图（1758）

图5 埃尔芒·赫尔曼一套24幅版画《孔子生活片段概要》中的一幅（1786）

图6 佚名《孔夫子的道德观》中的孔子形象（1818）

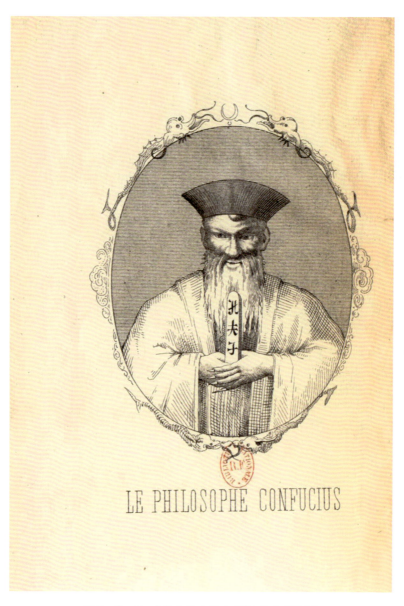

图7　F. G.《孔夫子中国大师》插画(1874)

20 世纪以后法语世界孔子研究部分出版物封面

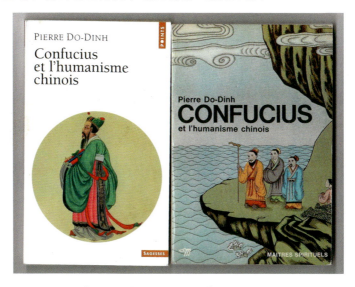

图 8 　杜廷石《孔子与中国的人文主义》两个版本的封面（1958）

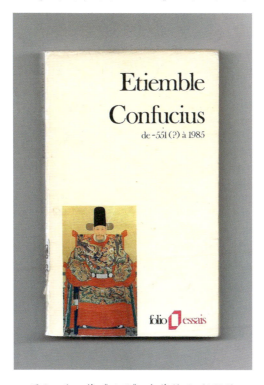

图 9 　艾田蒲《孔子》专著封面（1986）

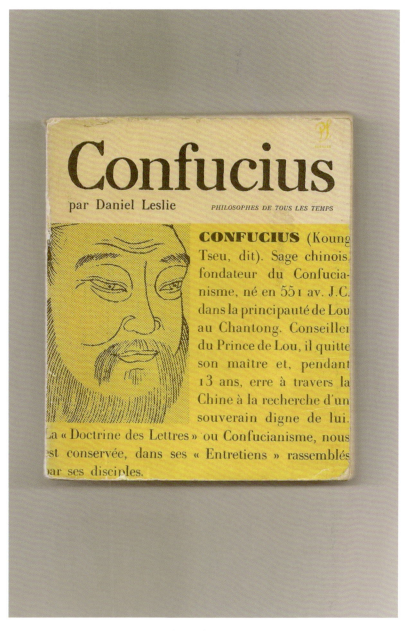

图 10　雷里《孔子》专著封面（1962）

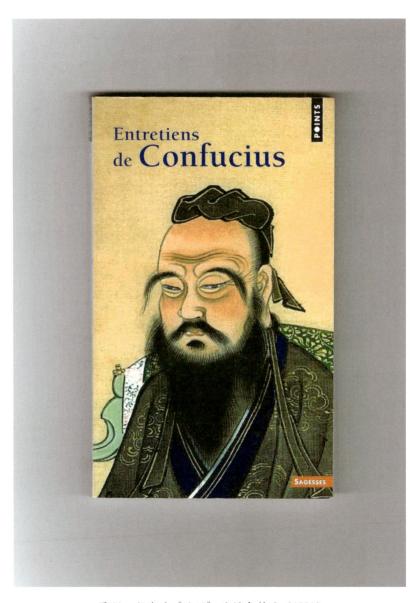

图 11　程艾兰《论语》法译本封面（1981）

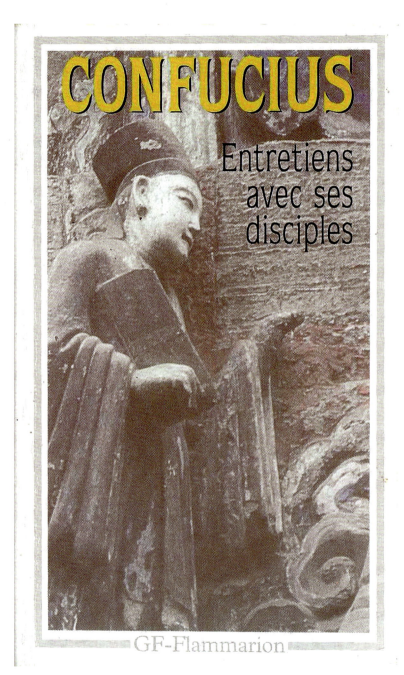

图 12　雷威安《论语》法译本封面（1994）

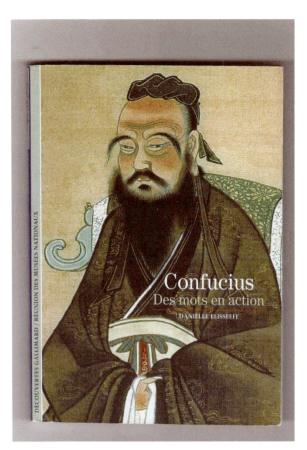

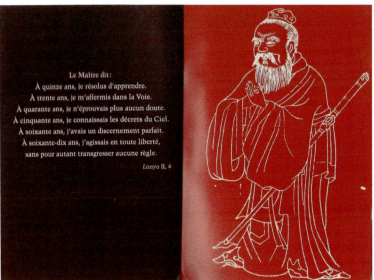

图 13　丹尼艾尔·埃里塞弗《孔子》专著的封面及扉页（2003）

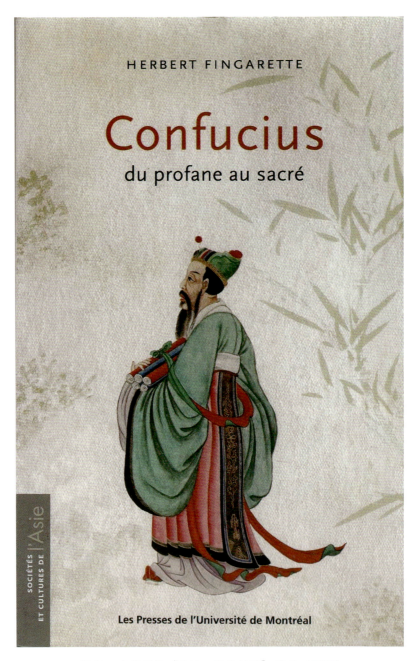

图 14　白光华译《孔子：即凡而圣》封面（2004）

图 15　雷米·马蒂厄《孔子》专著封面（2006）

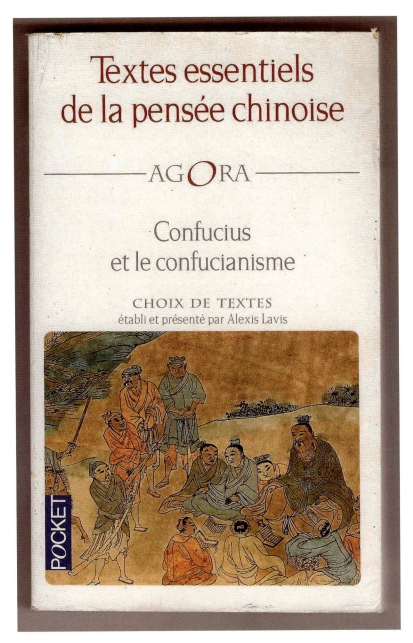

图16 亚力克斯·拉维斯《孔子与儒家思想》专著封面（2008）

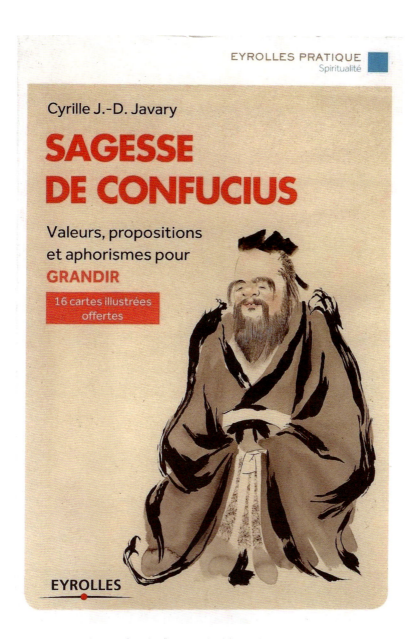

图 17　夏汉生《孔子的智慧》专著封面（2016）

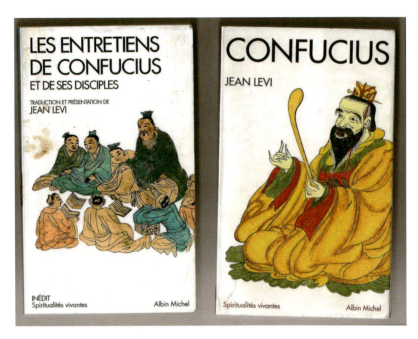

图 18　乐唯《孔子》专著封面（2002）、《论语》法译本封面（2016）